Melissa Gould
Nichts mehr wie zuvor

AF177938

*T*opicus

Das Buch

Mit Mitte 40 ist Melissa plötzlich Witwe und muss ihre 13-jährige Tochter alleine großziehen. Ihr geliebter Ehemann Joel ist nicht mehr an ihrer Seite. In den Tagen, Wochen und Monaten, die folgen, erfährt sie Zuneigung und Unterstützung, aber auch Kritik, weil sie nicht die Erwartungen erfüllt, die an eine »typische« Witwe geknüpft sind.

Tief in ihrem Inneren spürt Melissa jedoch, dass sie ihren eigenen Weg der Heilung gehen muss. Durch Trauer und Verlust, bis sie das Glück und die Liebe wieder zulassen kann.

Eindringlich und bewegend schreibt Melissa Gould von der schwersten Zeit ihres Lebens, um ihre Erfahrungen weiterzugeben und zu zeigen, wie wichtig die Geschichten und Erinnerungen Trauernder sind.

Die Autorin

Melissa Gould ist eine preisgekrönte Drehbuchautorin. Ihre Essays erschienen in der New York Times, der Washington Post und anderen bekannten Zeitungen. Sie lebt in Los Angeles, Kalifornien. Mehr über Melissa Gould unter www.widowish.com.

MELISSA GOULD

Nichts mehr wie zuvor

Der schwierigste Neuanfang meines Lebens

Aus dem Amerikanischen von
Tanja Lampa

Die amerikanische Ausgabe erschien 2020 unter dem Titel
»Widowish. A Memoir of Love, Loss & Love Again« bei Little A., New York.

Deutsche Erstveröffentlichung bei
Topicus, Amazon Media EU S.à r.l.
38, avenue John F. Kennedy, L-1855 Luxembourg
Juni 2021
Copyright © der Originalausgabe 2020
By Melissa Gould
All rights reserved.
Copyright © der deutschsprachigen Ausgabe 2021
By Tanja Lampa

Die Übersetzung dieses Buches wurde durch Amazon Crossing ermöglicht.

Umschlaggestaltung: bürosüd⁰ München, www.buerosued.de
Originaldesign: Caroline Teagle Johnson
Umschlagmotiv: © mikroman6 / Getty; © korinoxe /
Getty; © Luria / Shutterstock
Lektorat, Korrektorat und Satz: VLG Verlag & Agentur,
Haar bei München, www.vlg.de
Gedruckt durch:
Amazon Distribution GmbH, Amazonstraße 1, 04347 Leipzig /
Canon Deutschland Business Services GmbH,
Ferdinand-Jühlke-Str. 7, 99095 Erfurt /
CPI books GmbH, Birkstraße 10, 25917 Leck

ISBN: 978-2-49670-680-2

www.topicus-verlag.de

Für Joel, »was auch immer geschieht«, …
und für Sophie, für immer.

INHALT

Kapitel 1

Helfen Sie ihm!

»Ihr Mann befindet sich in einem kritischen Zustand«, erklärte mir einer der Ärzte auf der kalten Intensivstation. Sie waren zu dritt, standen da in ihren weißen Kitteln und weigerten sich, mir in die Augen zu schauen.

Ich stand vor dem Vorhang, hinter dem Joel in seinem Krankenhausbett lag, das dunkle Haar ein wenig zerzaust, die grünen Augen geschlossen und nur mit einem Krankenhausnachthemd bekleidet. Er hing an einer Infusion und war von Schläuchen und Drähten umgeben.

Im Schwesternzimmer klingelten ständig Telefone, und ich spürte, dass Informationen über die Patienten um uns herum ausgetauscht wurden. Doch ich wollte nur Klarheit über den Zustand meines Mannes haben.

»Was genau wollen Sie mir damit sagen?«, fragte ich. »Wir haben eine dreizehnjährige Tochter. Ich verstehe nicht, was Sie meinen.«

Der Infektiologe, der Joel vor einigen Tagen auf der Suche nach einer Bisswunde, Verletzung oder *irgendetwas,* was der Grund für Joels Krankheit sein konnte, von Kopf bis Fuß untersucht, aber nichts gefunden hatte, sagte: »Joel ist ernsthaft krank.«

Ernsthaft krank? Eben hatte er noch von einem *kritischen Zustand* gesprochen.

Ich verstand nicht, was vor sich ging. Bis vor drei Tagen war Joel noch putzmunter gewesen. Drei Tage waren vergangen, seit mein Mann wegen grippeähnlicher Symptome, die ihn seit fast einer Woche geplagt hatten, in die Notaufnahme gekommen war. Ich spürte, dass die Zeit drängte. Joels Gesundheitszustand hatte sich seit seiner Aufnahme rapide verschlechtert, doch niemand schien zu wissen, warum.

Ich hatte mich bereits daran gewöhnt, dass Joel krank war, da er seit einigen Jahren an Multipler Sklerose litt. MS ist jedoch keine Krankheit, an der Menschen sterben. Sie beeinträchtigt die Lebensqualität, führt zu Problemen mit dem Gleichgewicht, der Muskelkontrolle und anderen Körperfunktionen, ja. Wegen ihr liegt man aber nicht im Krankenhaus und ist nicht mehr ansprechbar.

Ich war an diesem Morgen mit der Erwartung in die Klinik gekommen, dass die Ärzte einige positive oder zumindest schlüssige Neuigkeiten für mich hätten. Eine Erklärung, warum Joel so krank war und was ihm helfen konnte. Ich glaubte, dass die letzte Kernspintomografie oder die verschiedenen Spezialisten, die man hinzugezogen hatte, uns – *mir* – eine Therapie anböten, dank der Joel sich von dieser mysteriösen Krankheit erholen könnte, die ihn auf die Intensivstation gebracht hatte. Stattdessen erzeugten sie durch ihre Aussagen nur noch mehr Angst und Unsicherheit. Wenn Joel ernsthaft krank war, sich sogar in einem *kritischen Zustand* befand, warum konnten sie ihm dann nicht helfen?

»Wir sind doch hier in einem Krankenhaus!«, rief ich. »Sie sind Ärzte. Wenn Joel krank ist, tun Sie etwas, damit es ihm besser geht!« Sie sahen sich schweigend an, als wollte der eine den anderen wortlos bitten, mir zu sagen, was er selbst nicht übers Herz brachte. Der Infektiologe fuhr sich mit der Hand über das Gesicht, der Leiter der Intensivstation hielt sich die Hand vor den Mund und starrte weiter auf seine Füße.

Joels Ärztin, die seine Multiple Sklerose behandelte, arbeitete zwar nicht in diesem Krankenhaus, aber ich hatte mich dafür eingesetzt, dass sie wenigstens seine Akte studieren und mit den anderen Ärzten sprechen konnte. Sie war es, die mich schließlich mit Tränen in den Augen ansah. »Wir glauben nicht, dass wir das können.«

* * *

Ich traf Joel zum ersten Mal 1987, in der Lobby von Atlantic Records am Sunset Boulevard in Los Angeles, wo wir beide arbeiteten. Joel war vier Jahre älter als ich, und das war sein »richtiger« Job gewesen, während ich dort während des Colleges im Sommer jobbte. Er war mir auf den ersten Blick sympathisch, als ich seine langen Rockerhaare, die Shorts, die Kampfstiefel und das »The Who«-T-Shirt sah. Dass es Liebe war, wusste ich ein paar Tage später, als er mir einen Witz erzählte. Wir waren gerade in seinem »Büro« – der Poststelle. Ich saß auf dem Tresen und ließ die Beine baumeln, und Joel druckte Versandetiketten aus, als er plötzlich innehielt und mich ansah.

»Wie nennt man einen Musiker ohne Freundin?«

»Keine Ahnung.«

»*Obdachlos.*«

Er hielt inne und wartete auf meine Reaktion. Ein Lächeln huschte über sein Gesicht, seine grünen Augen funkelten, und ich musste einfach lachen. Tatsächlich lachte ich so sehr, dass mir die Tränen kamen. Er lachte ebenfalls.

Bei diesem dummen Witz beschloss ich, dass ich irgendwann jemanden wie ihn heiraten wollte. Ich hätte nie gedacht, dass *er* das sein würde, aber in diesem Moment hatte er die Messlatte sehr hoch gelegt.

Er war cool. Er war lustig. Er war Jude. Eine Dreierkombination, die mir andernfalls entgangen wäre. Zu dieser Zeit führte ich gerade meine erste ernsthafte Beziehung, und Joel lebte mit seiner Freundin zusammen. Obwohl wir uns sehr verbunden fühlten, war unsere Freundschaft rein platonisch. Abends trafen wir uns auf Veranstaltungen, tagsüber hingen wir während der Arbeit in der Poststelle herum, und er spielte seine aktuellen Lieblingslieder, »What's My Scene« von Hoodoo Gurus … »Alex Chilton« von den Replacements … »World Shut Your Mouth« von Julian Cope.

Da ich sowohl in New York als auch in Los Angeles aufgewachsen war, war ich schon früh mit den Künsten in Berührung gekommen und hatte einen vielseitigen Musikgeschmack. Ich kannte mich zwar ganz gut aus, aber Joel war mehr als nur ein Musikfan, er war ein absoluter Kenner. Sein Wissen ging weit über die Top-100-Hits, Bandformationen und Genres hinaus – er wusste *alles*. Er kannte alternative Musik, bevor man sie als alternativ bezeichnete. Er kannte B-Seiten und kuriose Fakten über Tonaufnahmen und aufstrebende Musiker. Er kannte Tourdaten und wusste, welcher Talentsucher für welche Bands bei welchen Labels Verträge ausgehandelt hatte. Er kannte und sah Bands, bevor sie überhaupt Bands wurden. Er wusste alles über das Geschäft, und sein Wissen, sein Interesse und seine Neugier machten ihn glücklich.

Wir verbrachten fast jede Mittagspause zusammen, fuhren mit seinem Karmann-Ghia den Sunset Boulevard zum Taco-Laden hinunter, schauten bei Tower Records rein, um zu sehen, was es Neues gab, oder hingen einfach nur herum – und teilten unsere Lieblingsentdeckungen.

Als der Sommer zu Ende ging, wusste ich, dass Joel zeitlebens ein Freund sein würde. Er blieb bei Atlantic, ich schloss das College mit dem Bachelor of Arts in Englisch ab und zog nach New York, wo ich im Kreativbereich einer Werbeagentur arbeitete. Doch nach einigen Jahren bekam jemand anderes die Beförderung, auf die ich gehofft hatte, und mein damaliger Freund und ich trennten uns. Ich wusste, dass ich schreiben wollte, war mir aber nicht sicher, ob Werbung das Richtige für mich war. Ich wollte mich als Drehbuchautorin versuchen und beschloss, nach Los Angeles zurückzukehren. Kaum war ich wieder zu Hause, lud mich meine beste Freundin aus der Highschool zu einem Spiel der Dodgers ein.

Obwohl ich mich nie für Sport interessiert hatte, war ich schon einmal im Stadion der Dodgers gewesen. Es kam mir größer vor, als ich es in Erinnerung hatte. Ich gab mein Ticket ab und ging durch das Drehkreuz. Um mich zu orientieren, schaute ich kurz auf und entdeckte plötzlich ein vertrautes Gesicht, das zu mir herübersah. Es war Joel. Der Blick aus seinen grünen Augen traf meinen, und mein Herz schlug plötzlich auf eine Art und Weise, wie es noch nie zuvor geschlagen hatte. Ich war gerade erst zurückgekehrt, und mein ganzes Leben schien sich zu verändern. Hätte ich Joel an diesem Abend in einem Klub oder auf einem Konzert getroffen, hätte es mehr Sinn ergeben. Dieser Ort schien so aus dem Zusammenhang gerissen, so seltsam und surreal.

Joel und sein Freund kamen zu uns, und als wir uns umarmten, fühlte es sich an, als wäre keine Zeit vergangen, obwohl wir uns einige Jahre weder gesehen noch gehört hatten.

»Das ist echt verrückt«, meinte Joel lächelnd. »Das sind nicht einmal meine Plätze!«

»Ich kann nicht glauben, dass ich dich hier treffe!«, antwortete ich lachend.

»Seit wann bist du in der Stadt?«, erkundigte er sich.

»Ich bin gerade erst zurückgekommen. Ich lebe jetzt wieder hier.«

»Echt? New York hat es also nicht gebracht?«

Ich war zu überrascht über unser Wiedersehen, um zu antworten.

»Komm jetzt!« Meine Freundin zog mich am Arm. »Wir müssen unsere Plätze suchen.«

»Darf ich dich anrufen?«, fragte Joel.

Ich schrieb meine Telefonnummer auf sein abgerissenes Ticket. Unsere Finger berührten sich, als ich es ihm zurückgab. Es kam mir vor, als ob das Stadion plötzlich leer wäre und es nur uns beide gäbe. Ich wollte nicht, dass der Moment endete.

»Ich bin froh, dass wir uns in die Arme gelaufen sind«, sagte er.

Meine Freundin und ich gingen zu unseren Plätzen, aber als ich mich noch einmal umdrehte, waren Joels Augen noch immer auf mich gerichtet. Er lächelte.

* * *

Wir waren fast zehn Jahre verheiratet, als Joel Probleme mit seinen Beinen bekam. Er war zu seinem wöchentlichen Basketballspiel gegangen. Ich hatte einen anstrengenden Drehtag gehabt, das Abendessen für unsere dreiköpfige Familie zubereitet und die Abendroutine unserer Tochter Sophie mit Bad, Büchern und Bett beendet. Die Küche war sauber, die Hunde schliefen und alles war ruhig. Endlich hatte ich Zeit für mich. Ich goss mir ein Glas Wein ein, schnappte mir etwas Schokolade und wollte es mir gerade mit »The Real Housewives of New Jersey« gemütlich machen, als ich die Haustür hörte. Ich war überrascht, da Joel erst vor dreißig Minuten gegangen war.

»Schatz?«, fragte ich.

Er kam auf mich zu und wirkte sehr verzweifelt.

»Irgendetwas stimmt nicht«, meinte er. »Meine Beine. Sie funktionieren nicht mehr richtig. Als würde ich sehen, wie der Ball das Feld hinunterrollt, und meinem Hirn sagen, dass es ihn holen soll, aber ich kann es nicht.«

Ich brauchte einen Moment, um das zu verarbeiten. »Was? Was sagst du da? Hast du Schmerzen?«

»Nein, aber es fühlt sich so an, als könnte ich kein Basketball mehr spielen. Ich will es, stehe aber nur da und sehe zu, was um mich herum geschieht. Sosehr ich mich auch bemühe, ich kann mich einfach nicht bewegen.«

Das ergab keinen Sinn. Joel war *gesund*. Er war ein aktiver Mann, und körperliche Betätigung bedeutete ihm alles. Mindestens einmal pro Woche spielte er Basketball und Softball, ein paar Mal im Monat Racquetball. Und er ging jeden Morgen ins Fitnessstudio. Er hatte ein optimistisches und ausgeglichenes Gemüt, aber diese Unfähigkeit, sich zu bewegen, diese Trennung zwischen seinem Gehirn und seinem Körper, war alarmierend.

Er ließ sich auf dem Sofa nieder, tief in Gedanken versunken. Ich setzte mich neben ihn und lehnte mich an ihn. Er sah mich an.

»Irgendetwas stimmt nicht«, wiederholte er. »Irgendetwas stimmt ganz und gar nicht.«

Ich legte meine Arme um ihn. »Okay, wenn etwas nicht stimmt, werden wir herausfinden, was es ist.«

Joel nickte, aber ich konnte sehen, dass seine Gedanken rasten.

Er ging von einem Neurologen zum nächsten, aber da Joel wie das blühende Leben aussah, nahm kein Arzt seine Beschwerden ernst. Er war jung, nicht einmal zweiundvierzig. Er hatte immer sein Gewicht gehalten, rauchte nicht, und es gab keinen Grund, eine Praxis aufzusuchen. Jeder Arztbesuch war frustrierend, und daher dauerte es einige Zeit, die Ursache seiner Probleme herauszufinden. Doch Joel blieb hartnäckig – er wusste, dass etwas nicht stimmte, er spürte es tief in seinem Inneren. Schließlich machte ein neuer Neurologe ein MRT von Joels Rücken und entdeckte die Vorwölbung einer Bandscheibe. Also verschrieb er ihm Physiotherapie.

»Es wird einfach nicht besser«, klagte Joel nach einigen Wochen Behandlung. »In meinem Alter findet man bei jedem irgendwo eine Bandscheibenvorwölbung, wenn man ein MRT des Rückens macht. Das ist doch Blödsinn!« Er litt unter der Situation. Jede Woche ging er in der Hoffnung auf ein anderes Ergebnis zum Basketball, nur um wieder früh nach Hause zu kommen. »Ich lass es einfach eine Weile sein«, sagte er schließlich, »und gönne meinen Beinen eine Pause.«

Während dieser Basketballpause trat ein weiteres Symptom auf – ein gelegentliches Taubheitsgefühl und Kribbeln in den Füßen. Also wurde ein zweites MRT angeordnet, eines, das Aufschluss über alles geben sollte, was man bei einer gesunden Person normalerweise nicht sieht. Natürlich lieferte es ganz andere Ergebnisse.

Eines Abends saß Joel in unserem Arbeitszimmer, Sophie badete gerade.

»Der Arzt hat angerufen«, meinte er. »Ich muss dir etwas sagen.« Ich erkannte an seinem Tonfall, dass es etwas Ernstes war, und setzte mich ihm gegenüber auf den Stuhl. »Er hat mir meine MRT-Ergebnisse durchgegeben.«

»Okay«, meinte ich. »Wir kommen damit klar, was auch immer es ist.« Aber meine Stimme brach, und ich spürte, wie mir die Tränen kamen. Joel sah mich an, und Wut blitzte in seinem Gesicht auf.

»Nicht!«, sagte er. »Wenn du anfängst zu weinen, stehe ich das nicht durch!«

Also riss ich mich zusammen, holte tief Luft und griff nach seiner Hand. Er sah mich an und sagte leise: »Ich habe zwei Läsionen am Gehirn und eine am Rückenmark. Das bedeutet, dass es MS ist. Ich habe MS.«

Eine Million Gedanken schossen mir durch den Kopf, während mir doch die Tränen über das Gesicht rannen. Ich versuchte, sie wegzuwischen. Ich wollte nicht, dass Joel zusammenbrach. Er drückte meine Hand noch fester.

»Ich habe Angst«, flüsterte er.

Und dann begann ich richtig zu weinen. Ich stand auf, legte den Arm um ihn und hielt ihn ganz fest, während ich Sophie in der Wanne planschen hörte. »Ich liebe dich.«

»Dito«, antwortete er leise.

»Dito« war unsere Formel, unser Spruch und die Antwort auf »Ich liebe dich«.

Joel traten die Tränen in die Augen. Wir beide wussten über MS Bescheid. Wir kannten sie nur zu gut. Nicht nur der beste Freund seines Vaters litt daran, sondern auch mein Vater, der zu dieser Zeit aber weitgehend symptomfrei war. Trotzdem hatten Joel und ich das nie in Erwägung gezogen. Wie wenn man eine halbe Stunde lang nach seinen Schlüsseln sucht und dann merkt, dass man sie die ganze Zeit in der Hand gehalten hat. Natürlich war es Multiple Sklerose. Die Probleme mit seinen Beinen, das Kribbeln, das Gefühl, der Körper sei vom Gehirn abgetrennt … Wir hatten die Wahrheit wohl nicht sehen wollen.

Nach diesem Abend versuchten wir, so normal wie möglich weiterzumachen – wir sorgten dafür, dass Sophie aufstand, sich für die Schule fertig machte und ihre Routine beibehielt. Joel ging zwar jeden Tag zur Arbeit, konnte sich aber nicht konzentrieren. Wir standen unter Schock. Joel, der immer ein extrovertierter Mensch gewesen war, zog sich plötzlich zurück. So hatte ich ihn noch nie erlebt. Er war sehr still, unnahbar, in sich gekehrt.

»Ich will nicht in einem Rollstuhl enden«, sagte er. »Ich möchte auf Sophies Hochzeit tanzen … Ich möchte, dass wir drei verreisen, solange ich noch laufen kann.«

»Du wirst wieder gesund, Schatz!«, antwortete ich. Doch dessen war sich keiner von uns sicher.

Damals war die Schauspielerin Selma Blair noch Jahre davon entfernt, ihre Diagnose bekannt zu machen, aber einige Prominente hatten bereits erklärt, dass sie an MS litten – Montel Williams, Jamie-Lynn Sigler, Jack Osbourne. Das spendete uns auf seltsame Weise Trost. Joel wollte nicht wie Richard Pryor, Annette Funicello oder Teri Garr enden. Sie waren die öffentlichen Gesichter der MS in ihrer schlimmsten Form, und wir befürchteten, dass Joels Zukunft so aussehen könnte.

MS ist eine komplizierte Krankheit, die das zentrale Nervensystem beeinträchtigt. Die Kommunikation des Gehirns mit dem Körper bricht aufgrund des geschädigten Myelins (der »Beschichtung« der Nervenenden) zusammen, und das verursacht viele Symptome. Zu diesem Zeitpunkt schränkte die Krankheit Joels Gleichgewicht und Beweglichkeit ein. Verlauf und Schweregrad sind nicht vorhersehbar und äußern sich bei jedem Patienten anders.

Nach einigen Monaten Wartezeit wurde Joel von einem renommierten MS-Spezialisten untersucht. In seiner Obhut zu sein bedeutete, dass ein ganzes Team zu unserer Unterstützung bereitstand, und eine Ärztin, die wir sehr mochten, wurde Joels wichtigste Kontaktperson. Sie war es auch, die seine Medikation überwachen sollte. Ich begleitete Joel zu jedem Arzttermin, und er begann, ein Tagebuch über seine Symptome zu führen, das sie bei jeder Sitzung durchgingen. Nach einiger Zeit kamen wir überein, dass Joel Copaxone einnehmen sollte, das damals als eines der »besseren« Medikamente galt und von dem man glaubte, es könne das Fortschreiten der MS verlangsamen und manche Symptome lindern. Joel half es einige Jahre hervorragend. Er injizierte sich die verschriebene Dosis an drei Abenden pro Woche selbst.

Bei jeder Injektion sagte er: »Leck mich, MS!«

Eis … Spritze … Schmerzmittel. Das wurde zur Routine. Wir gewöhnten uns daran. Natürlich gab es gute und schlechte Tage, aber Joel kam damit zurecht. Die Medikamente hielten die Krankheit in Schach, und Joel wurde wieder aktiv. Er fuhr mit dem Fahrrad zur Arbeit, besuchte Konzerte. Er lebte sein Leben, und das Leben war gut.

Kapitel 2

Meilensteine

Aus einer Laune heraus meldete sich Joel kurz nach Erhalt der Diagnose für einen Monat in einem Yogastudio an, das in unserem Viertel neu eröffnet hatte. Er suchte verzweifelt nach etwas, das ihm den gleichen Endorphinrausch und körperlichen Ausgleich verschaffte wie das Auf- und Ablaufen auf dem Basketballfeld. Er hatte sich noch nie an Yoga versucht, glaubte aber, von diesem ganzheitlichen Ansatz profitieren zu können.

Nach der ersten Stunde kehrte er strahlend zurück.

»Es war großartig«, sagte er. »Fühl mal mein T-Shirt. Es ist klatschnass!« Er war glücklich, weil er geschwitzt und sich auf ganz neue Art und Weise bewegt hatte. Und dann hatte dieses ungewöhnliche Studio während des Unterrichts auch noch einige seiner Lieblingslieder gespielt.

»Man kann im herabschauenden Hund dem König der Löwen zuhören und dann zu den Pretenders in den Fluss kommen«, erzählte Joel. »Und während wir Shavasana praktizierten, lief Elliott Smith!«

Diese Art von *Anti-Yoga* sprach Joel an, und er liebte es. Wir übten es gemeinsam aus. Er konnte Haltungen einnehmen, bei denen ich mich schwertat. Er schwitzte und brachte mich zum Lachen, und wenn wir in der Ruhehaltung auf dem Rücken lagen, verhakten sich unsere Zeigefinger auf dem Holzboden ineinander.

Jahre später *spürte* Joel zum ersten Mal seit seiner Diagnose wieder, dass er an Multipler Sklerose litt. Das Copaxone wirkte nicht mehr. Joel ging zum Yoga und kam niedergeschlagen nach Hause.

»Eigentlich habe ich die ganze Zeit nur auf meiner Matte gesessen. Ich konnte mich kaum bewegen«, klagte er.

Widerstrebend gab er das Yoga auf. Er konnte auch nicht mehr Fahrrad fahren, weil es ihn zu viel Kraft kostete, in die Pedale zu treten und das Gleichgewicht zu halten. Es hatte eine Zeit in unserem Leben gegeben, in der Joel mehrmals pro Woche Konzerte besucht hatte. Nun konnte er nur noch dorthin gehen, wenn es Sitzplätze gab – stundenlanges Stehen war unmöglich geworden. Indem sie ihm die Möglichkeit nahm, Sport zu treiben und Livekonzerte zu besuchen, nahm die MS Joel die Dinge, die ihn *ausmachten*.

Copaxone hatte jahrelang gut funktioniert, aber nun erfuhren wir, dass die meisten MS-Medikamente eine begrenzte Wirkdauer haben und dass es an der Zeit war, ein neues Mittel zu finden. Viele Arzneimittel für chronische Krankheiten können schwerwiegende Nebenwirkungen hervorrufen. Joel und ich lachten über sie – eine war schlimmer als die andere. Wie bei einem lächerlichen »Saturday Night Live«-Sketch zählten zu den möglichen Nebenwirkungen *dauerhafte Hirnschäden … Herzinsuffizienz … Selbstmordgedanken …*

Die Liste nahm kein Ende.

»Keine Sorge, Schatz«, witzelte Joel. »Schlimmstenfalls schwillt meine Zunge an und blockiert meine Atmung. Oder ich bekomme eine schwere Gehirnentzündung, die mich vielleicht umbringt. Klingt doch alles ganz wunderbar!«

Trotzdem gab es Hoffnung. Ständig wurden neue Medikamente entwickelt und getestet. Wir waren optimistisch, dass Joel wieder relativ normal würde leben können, sobald er mit einer neuen Therapie begonnen hatte.

Joel bekam ein neues Medikament verschrieben, doch schon nach einem Monat half es einfach nicht mehr. Er konnte kaum gehen und keinen klaren Gedanken fassen. Er tat etwas Einfaches, wie den Geschirrspüler auszuräumen, und wurde davon so müde, dass er sich hinlegen musste. Er litt, und ich konnte nichts tun, um ihm zu helfen. Sophie wurde sich des Zustands ihres Vaters immer deutlicher bewusst. Joel wollte nicht, dass sie sich Sorgen um ihn machte oder das Gefühl hatte, er könne nicht mehr der lustige und liebevolle Dad sein, der er gewesen war.

Als Sophie geboren wurde, wohnten wir in einem kleinen Haus im San Fernando Valley. Wir liebten dieses Haus mit dem mächtigen Baum, der den größten Teil des Gartens einnahm, und dem Pool mit Rutsche und Sprungbrett.

Joel, Sophie und unser Schäferhundmischling Lucy waren oft zusammen im Garten. Joel trug Sophie auf dem Arm, während er sich um unsere Pflanzen kümmerte, oder hielt Sophie hoch über den Kopf, während er langsam die Rutsche in den Pool hinunterglitt. Als Sophie laufen konnte, jagten sie beide Lucy hinterher – Joel in Badeshorts und Flip-Flops mit einem Hundekotbeutel und einer Schaufel in der Hand, Sophie in T-Shirt und ihren kleinen Regenstiefeln, wobei ihr blanker Po zu sehen war. Sie marschierte herum und zeigte auf Lucys Haufen, damit Joel sie eintüten konnte.

»Da ist einer!«, quietschte sie.

»Siehst du noch einen?«, fragte Joe immer.

Und sie suchte weiter und quiekte bei jedem Haufen, den sie fand. Das mag ekelhaft gewesen sin, aber Joel gefiel es, und Sophie genoss die Zeit mit ihrem Daddy.

Inzwischen war Sophie dreizehn Jahre alt, wollte nichts anderes als lila Strähnen in ihrem dicken, langen Haar und bettelte ständig um ein neues Handy. Probleme hatten wir mit ihr nur, wenn wir – und insbesondere ich – bei den Hausaufgaben helfen wollten.

Eines Abends rief ich die beiden zum Abendessen. Sophie antwortete, sie müsse erst noch eine Aufgabe zu Ende bringen.

»Komm zum Essen, ich helfe dir nachher«, gab ich zurück.

Als sie sich setzte, schnaubte sie: »Als ob du helfen könntest.«

Ich schüttelte nur den Kopf und seufzte.

»Sprich nicht so mit deiner Mutter!«, sagte Joel.

»Wie denn?«

»So unhöflich. Das ist nicht okay.«

»Wenn du meinst.« Sophie zuckte die Achseln.

Joel stand auf. Seine Beine waren steif.

»Geh in dein Zimmer, Sophie«, sagte er. »Mir gefällt dein Verhalten nicht.«

»Schatz, ist schon okay«, versuchte ich zu schlichten.

»Nein! Das ist nicht okay. So kann sie nicht mit dir reden!«

Ich versuchte, es herunterzuspielen. »Sie redet immer so mit mir, ich höre das gar nicht mehr.«

»Ganz genau!«, sagte Joel frustriert und hielt sich an der Tischplatte fest.

»Wenn es ihr egal ist, sollte es dir auch egal sein!«, blaffte Sophie.

»Geh sofort in dein Zimmer!« Joel griff nach Sophies Stuhl und wollte ihn mit ihr vom Tisch wegziehen.

»Gern!«

Sophie stürmte in ihr Zimmer und knallte die Tür hinter sich zu. Das machte Joel wütend. Er wollte ihr nachlaufen, aber seine Beine gehorchten ihm einfach nicht. Er sah aus, als liefe er auf Stelzen. Joel rief ihr hinterher: »Und komm ja nicht wieder runter, bevor du dich entschuldigt hast!«

Dann brach er ohne Vorwarnung zusammen. Er konnte seine Beine nicht einmal mehr beugen. Es geschah so schnell und unerwartet, dass ich nach Luft schnappte. Ich hatte ihn noch nie so gesehen, so schwach und zerbrechlich. Ich eilte zu ihm und wollte ihm aufhelfen.

»Nein!«, brüllte er und stieß mich weg. Irgendwie schaffte er es, aufzustehen. »Es ist nicht in Ordnung, dass sie so mit dir spricht!«

»Aber deine Beine …«, sagte ich.

»Nein!«, rief er wieder.

Mit ungeheurer Anstrengung stakste er in unser Schlafzimmer. Ich ging ihm nicht nach. Ich wusste, dass er das nicht wollte.

Also tat ich nichts.

Und so ging es weiter. Joels Gesundheitszustand verschlechterte sich, und die Krankheit beeinträchtigte ihn nicht mehr nur physisch, sondern auch emotional und psychisch. Normalerweise sprachen wir über alles. Von der sehr persönlichen Form der Unterhaltung von Ehepaaren *(Bist du heute gelaufen?)* bis zu profaneren Dingen *(Hast du dieses Dingsbums für das Dingsda gefunden?),* aber das eine Thema, über das wir plötzlich nicht mehr sprachen, war das Wichtigste – seine Gesundheit.

Also beschloss ich, Joels Mutter anzurufen.

»Ich brauche Hilfe, Nancy«, erklärte ich ihr. Ich wollte nicht, dass sie sich Sorgen machte, aber sie sollte wissen, dass die MS Joel inzwischen beeinträchtigte. Außerdem musste ich mit jemandem reden. Sein Zustand verschlechterte sich so schnell, und unsere Freunde wussten oder verstanden nicht, wie ernst unsere Situation war.

»Es geht um Joel. Er ist in letzter Zeit so deprimiert und sagt, dass seine Beine nicht mehr richtig funktionieren.«

»Oh nein!«, schluchzte sie.

»Wahrscheinlich ist es nur ein kurzes Aufflammen«, versuchte ich die Sache herunterzuspielen, wusste aber selbst nicht, wie lange diese *Episode* andauern würde. Und ich erkannte, dass keine Mutter, egal wie alt ihr Kind ist, hören will, dass es ihm nicht gut geht. »Vielleicht kannst du ihn ja mal anrufen, nachfragen, wie es ihm geht, und uns zum Abendessen einladen.«

»Natürlich, das mache ich doch gern«, sagte sie.

Nancy kochte mit Begeisterung für uns, auch wenn wir nie wussten, ob sie immer noch Veganerin war oder wieder Fleisch aß oder nur glutenfrei oder ohne Zucker. Wenn Nancy zu Besuch kam, brachte sie uns irgendwelchen Nippes mit, den sie auf verschiedenen Flohmärkten erstanden hatte. Solche Sachen machten sie glücklich – Joel und mich dagegen verrückt. Nichts, was sie jemals in den Händen hatte, wurde entsorgt. Das konnte eine bunte Glasscherbe sein, altes Geschenkpapier oder auch eine Zigarrenkiste. Nancy suchte dann nach einem Platz dafür in ihrem Haus – dem Haus, in dem Joel aufwuchs. Überall standen und lagen so viele Dinge herum, dass Joel immer scherzte: »Leg bloß nicht deine Schlüssel irgendwohin, wenn wir bei meiner Mutter sind. Wir würden sie nicht mehr wiederfinden, wenn wir gehen.«

Joels Eltern waren, wie meine, geschieden. Also rief ich auch Joels Vater an. »Bitte, Hal. Wenn du dich zum Mittagessen mit ihm treffen könntest, wenn es auch nur einmal pro Woche ist, würde das vielleicht schon helfen.«

Joel und Hal standen sich sehr nahe. Sie telefonierten oft miteinander, und als er in Rente gegangen war, hatte Hal sich einen Platz in Joels Büro gemietet, um jeden Tag einen Ort zu haben, zu dem er gehen konnte. Hals Frau Rita hatte ihn dazu überredet.

Joel war Mitte zwanzig gewesen, als Hal und Rita geheiratet hatten, und Joel und sie kamen gut miteinander aus. Alle verstanden sich gut mit ihr.

Ich erzählte Hal, dass Joel womöglich wegen der MS so deprimiert sei.

Sie hatten eine typische Vater-Sohn-Beziehung, in der sich meist alles um Sport drehte. Sie gingen zusammen zu den Spielen der Dodgers und der Lakers. Joel war Hals ganzer Stolz. Hal sah Joel so an, wie Joel und ich Sophie ansahen. Er leuchtete regelrecht auf, sobald Joel den Raum betrat.

»Natürlich. Wie wäre es, wenn ich ihn gleich morgen anrufe?«, schlug Hal vor.

»Perfekt«, sagte ich.

Joels Schwester, die in Nordkalifornien lebt, leidet selbst an einer Autoimmunerkrankung. Als bei Joel MS diagnostiziert wurde, lebte Andrea bereits seit fast zwanzig Jahren mit Lupus – und das mit stoischer Gelassenheit. Wir besuchten sie und ihre Familie einmal, als sie gerade einen Schub erlebte und sich von einer Gürtelrose erholte. *Gürtelrose!* Trotzdem schaffte sie es, an einem Tag buchstäblich durch ganz San Francisco zu spazieren, ohne sich ein einziges Mal zu beschweren.

Ich rief sie an, um ihr zu sagen, dass ihr älterer Bruder nicht in bester Verfassung sei. Sie hatten die Sorge um ihre beeinträchtigte Gesundheit gemeinsam, und in gewisser Weise hatte Joels Diagnose sie einander nähergebracht. Auch Andrea versprach, sich um ihren großen Bruder zu kümmern.

Einige Monate zuvor waren die beiden Familien wegen Sophies Bat-Mizwa zusammengekommen. Das war eine richtig große Sache gewesen, und Freunde und Familie waren aus dem ganzen Land eingeflogen. Wie bei einer großen Hochzeit nahmen die Feierlichkeiten das komplette Wochenende in Anspruch. Am Vorabend gab es ein Essen für alle, die an der Probe teilgenommen hatten, und auf die Zeremonie selbst folgte eine riesige Party und am Tag danach ein Familienbrunch. Die Planung des Festes hatte fast ein Jahr gedauert, und Sophie hatte jahrelang die hebräische Schule besucht, um sich darauf vorzubereiten. Die Rituale einer jüdischen Erziehung waren mir völlig unbekannt gewesen. Ich wurde zwar als Jüdin geboren und kannte die Feiertage, aber mein Zuhause war nur im kulturellen Sinne jüdisch. Meine Mutter feierte sogar lieber Weihnachten als Chanukka.

Obwohl Sophies Bat-Mizwa ein wunderbares Fest war, war es offensichtlich, dass Joel sich nicht wohlfühlte. Die vielen Aktivitäten erschöpften ihn. Er versuchte, seine Müdigkeit und das allgemeine Unbehagen zu überspielen. Aber er war so dünn geworden! Und das Gehen fiel ihm schwer. Obwohl es ein fröhlicher und freudiger Anlass war, bemerkte ich, dass sich Joels Gesundheitszustand verschlechtert hatte. Auf den Fotos von diesem Tag lächelt Joel voller Stolz und Begeisterung – aber ich kann die Verzweiflung und die Schmerzen in seinen Augen sehen.

Während der Zeremonie lehnte er sich diskret zu mir herüber und flüsterte mir zu: »Ich weiß nicht, ob ich es schaffe.«

Ich sah ihn fragend an.

»Ich weiß nicht, ob ich meine Beine bewegen kann«, sagte er.

Wir saßen auf einer erhöhten Bühne, der Bimah, über unseren Freunden und der Familie. Alle Augen waren auf uns gerichtet, und weder er noch ich wollten unangenehm auffallen.

Der Rabbiner und der Vorsänger wechselten sich während der gesungenen Rituale mit Sophie ab, wobei der Gottesdienst zum Großteil sowohl auf Englisch als auch auf Hebräisch gehalten wurde. Ich hielt Joels Hand – mit Besorgnis in den Augen und einem Lächeln auf dem Gesicht. Ich wusste nicht, wie ich gleichzeitig auf ihn und Sophie achten sollte.

Als Joel seine Rede halten sollte, mit der die Eltern während des Gottesdienstes die Leistung ihres Kindes anerkennen, nickte er mir kurz zu.

»Bist du okay?«, fragte ich.

Er stand langsam auf und sammelte sich. Mühsam schleppte er sich über die Bühne zum Podium. Seine Beine, so erzählte er mir später, hätten sich wie Stahlträger angefühlt.

Wenn ich heute darüber nachdenke, plagen mich Schuldgefühle. *Warum habe ich ihm nicht geholfen?* Es wäre so einfach gewesen. Ich hätte mich bei ihm einhaken oder den Arm um seine Taille legen können. *Ich hätte ihm helfen können!* Doch ich saß regungslos da und tat nichts.

Später meinte meine Schwester zu mir, dass sie Joels Schwierigkeiten beim Gehen bemerkt habe. Einige unserer engsten Freunde hatten jedoch überhaupt nichts mitbekommen. Nach der Zeremonie fühlte sich Joel wie durch ein Wunder besser. Das ist wohl typisch für MS; sie ist völlig unvorhersehbar.

Bei der Feier wurde Joel während der Hora in den Stuhl gehoben – eine Hand triumphierend in die Luft haltend, die andere am Sitz festgeklammert. Er war glücklich. Freunde kamen auf uns zu, gratulierten und wünschten uns »Mazel tov!«, viel Glück. Wir hatten uns viel Mühe gegeben, um für uns alle, aber vor allem für Sophie, einen unvergesslichen Abend zu schaffen. Lichterketten bildeten ihren Namen, und der DJ hatte eine Tanzliste mit ihren Lieblingsliedern zusammengestellt. Sie hatte fast siebzig Freunde eingeladen, Joel und ich, ähnlich wie bei unserer Hochzeitsfeier, fünfzig Gäste, darunter unsere Freunde und Familie. Es gab Horsd'œuvres, ein großes Büfett mit Hähnchen-Nuggets für die Kinder und Lachs mit Zitrone und Kapern für die Erwachsenen. Zum Dessert wurde Eiscreme mit überquellendem Topping serviert.

»Du hast es geschafft, Schatz!«, sagte ich zu Joel, als wir uns auf der Tanzfläche küssten. Er hatte sogar einen Vater-Tochter-Tanz mit Sophie gemeistert.

»Ich weiß nicht, was passiert ist«, freute sich Joel. »Es ist, als hätte Gott mir die Kraft gegeben, den Tag zu überstehen. Ich habe nicht geglaubt, dass ich es schaffen würde.«

Ich legte die Arme um ihn. »Du warst großartig!«

Die Bat-Mizwa war eine Momentaufnahme der Person, die Sophie mit dreizehn Jahren war. Sie war selbstbewusst, wortgewandt und glücklich. Glücklich auf die Art und Weise, wie es sich alle Eltern für ihr Kind wünschen. Denn es kam von innen. Sie strahlte Selbstvertrauen und ein Gefühl des Wohlbefindens aus. Sie fühlte sich sicher in der Welt, war geerdet und bekam all die Liebe, die wir ihr – und nur ihr – geben konnten.

Wir waren überwältigt von Stolz und Freude. Doch in den wenigen ruhigen Momenten, die ich an diesem Wochenende hatte, wuchs meine Sorge um Joel. Es war ein schweres Jahr gewesen, und ich konnte keine Anzeichen für eine Besserung erkennen. Joels ganzes Verhalten war anders. Er war hager, seine Stimmung gedrückt. Die MS ließ sich immer schwerer ignorieren.

Angesichts seines bevorstehenden fünfzigsten Geburtstags hielten wir einen Tapetenwechsel für das Beste und buchten einen Urlaub in Cabo San Lucas. Joel sagte immer, dass er Mexiko Hawaii vorziehe. »Der Flug ist kürzer, der Urlaub kostet nicht so viel und das Essen ist besser.« Das Hotel, für das wir uns entschieden hatten, war wunderschön. Es gab mehrere Pools mit Swim-up-Bars, verschiedene Restaurants, einen Wellnessbereich und direkten Zugang zum Strand, den riesige, bettähnliche Liegen säumten. Unsere kleine Cabana mit den Ventilatoren und Wassersprühern schützte uns vor der Sonne und der Hitze, wenn wir es uns dort mit Chips und Guacamole und unseren Zeitungen und Zeitschriften gemütlich machten. Sophie bekam Joels iPad, und wir genossen es, einfach nichts zu tun. Trotzdem fühlte Joel sich nicht wohl. Eines Nachmittags zog er sich in unser Zimmer zurück und murmelte etwas von Arbeit. Und obwohl ich wusste, dass Hitze die Symptome von MS verschlimmert, rief ich ihn nach ein paar Stunden von einem der Telefone am Pool aus an. »Schatz, komm doch zurück an den Strand. Sophie und ich vermissen dich.«

Eine halbe Stunde verging, bevor ich ihn auf der riesigen Wendeltreppe entdeckte, die von den Zimmern des Hotels zu den Pools und zum Strand führte. Zuerst erkannte ich ihn nicht. Er trug einen breitkrempigen Hut, und eine dunkle Sonnenbrille bedeckte sein Gesicht. Er sah so zerbrechlich aus! Er mühte sich die Treppe herunter und hielt sich am Geländer fest, während er langsam einen Schritt nach dem anderen tat. Ich verbarg meine Tränen hinter meiner Sonnenbrille.

Der nächste Tag war besser. Es war nicht mehr so heiß und das Meer ruhiger. Sophie wollte schwimmen gehen, also bot Joel an, mitzukommen. Ich ging mit ihnen zum Strand hinunter und schaute vom Ufer aus zu. An den Stränden in Mexiko gibt es keine Rettungsschwimmer, und überall, wo man hinschaut, warnen Schilder vor der starken Strömung. Nach einer Weile schwamm Sophie mühelos ans Ufer zurück. Joel war immer noch im Wasser.

»Das hat richtig Spaß gemacht!«, rief sie, als ich ihr ein Handtuch gab.

»Was macht denn Daddy da?«, fragte ich sie und versuchte, unbesorgt zu klingen. Er schwamm auf das Ufer zu, hüpfte aber wie ein Korken im Wasser zwischen den Wellen herum.

»Das Wasser ist so schön«, erwiderte Sophie, »er will wahrscheinlich noch nicht rauskommen.«

Doch ich bemerkte, dass Joel selbst im flachen Wasser keinen Halt finden konnte. Die Wellen warfen ihn immer wieder um, während er versuchte, ans Ufer zu gelangen. Sophie lachte und dachte, Joel übertreibe mit seinen Bemühungen. Ich lachte auch – bis ich erkannte, dass es kein Scherz war.

»Das war nicht fair«, sagte ich zu ihr. »Ihr beide seid ohne mich reingegangen. Ich schwimm zu Daddy.«

In dem Moment, in dem ich den Wellenbrecher passierte, wurde ich unter Wasser gezogen. Es war nicht tief, aber der Sog erschreckend stark. Schließlich gelang es mir, Joel zu erreichen.

»Bist du okay?«

»Ja, es ist nur nicht so einfach, hier wieder rauszukommen.«

Ich stieß Joel in eine Welle, die ihn über den Wellenbrecher hinaustrug. Dann schwamm ich hinterher und versuchte, das Ganze wie einen Spaß aussehen zu lassen, indem ich ihn trug wie ein Bräutigam seine Braut über die Schwelle ins neue Heim. Ich wollte ihn nicht in Verlegenheit bringen, weil er Hilfe brauchte. Und Sophie sollte nicht merken, dass Joel es allein nicht geschafft hätte. Wir wollten beide nicht, dass sie erfuhr, wie schwer es ihm tatsächlich gefallen und wie beängstigend das Schwimmen im Meer gewesen war. Natürlich wusste sie, dass er MS hatte. Sie sah, wie er seine Medikamente einnahm, und bemerkte, dass er manchmal müde wurde oder Probleme mit den Beinen bekam. Aber das hatte keine Auswirkungen auf ihren Alltag. Wir schützten sie vor den Einschränkungen ihres Vaters, selbst als er darum kämpfte, aus dem Wasser an den Strand zu kommen.

Den Rest unserer Reise verbrachten wir am Pool.

Seinen Geburtstag feierten wir in einem schönen Restaurant auf einem Biohof, der uns an das Weinland Kalifornien erinnerte. Wir genossen ein köstliches Essen und stießen in einer wahrhaft magischen Umgebung mit Margaritas auf Joels Fünfzigsten an. Doch die Reise verschaffte uns dennoch nicht die Atempause, die wir erhofft hatten.

Wir waren bereit, nach Hause zu fahren.

Kapitel 3

Ungewissheit

Zwei Monate nach unserer Rückkehr aus Cabo brachte ich meinen Mann in die Notaufnahme. Zuvor hatte er zwei Tage lang hohes Fieber gehabt, das er größtenteils verschlafen hatte. Im Wachzustand hatte er unter Schüttelfrost und Orientierungslosigkeit gelitten. Als wir gemeinsam die Entscheidung getroffen hatten, ihn ins Krankenhaus zu bringen, war er bei klarem Verstand gewesen. Und er ging selbstständig in die Klinik hinein. Er brauchte weder einen Rollstuhl noch meine Hilfe. Keiner von uns kannte sich mit den Abläufen in einem Krankenhaus aus, aber ich dachte, man würde ihn aufnehmen und nach ein paar Tagen wieder entlassen.

Auch wenn ihm die MS in letzter Zeit ziemlich zugesetzt hatte, passten Fieber und Schüttelfrost *nicht wirklich* zu dieser Krankheit. Wir verstanden nicht, was Joel so krank machte. Man nahm Blut- und Urinproben, aber alle Testergebnisse waren negativ oder uneindeutig. Da es Joel offensichtlich nicht gut ging, wurde er nach einigen Stunden von der Notaufnahme in ein Krankenhauszimmer verlegt.

Das neue Medikament, das Joel seit einigen Monaten nahm, schien immer noch nicht zu helfen. Und er hatte es so satt, krank zu sein. Von der Minute an, in der wir aus Mexiko zurückgekehrt waren, stand er in ständigem Kontakt mit seinen Ärzten. Am Tag unserer Rückkehr schrieb er eine E-Mail, in der unter anderem stand:

> Sehr geehrte Dr. K., seit Anfang des Jahres geht es mit mir rapide bergab ... Mir geht es von Tag zu Tag schlechter. Ich kann kaum noch gehen, aber auch das Stillstehen ist.eine Herausforderung. Ich habe Angst, dass ich überhaupt nicht mehr laufen kann, bis die neuen Medikamente endlich wirken.

In dieser Zeit ordneten seine Ärzte ein weiteres MRT an. Sie entdeckten eine besonders schlimme Läsion in seinem Gehirn und waren überzeugt, dass sie der Grund für den Schub war, den er seit Jahresbeginn erlebte. Sie glaubten, dass Joel sich wieder mehr wie er selbst fühlen würde, wenn diese Läsion zurückginge, und verschrieben ihm Steroide.

Die Behandlung sollte einen Energieschub bewirken und eine Verschlimmerung der Symptome verhindern. Fünf Tage lang kam jeden Morgen eine Krankenschwester ins Haus, um ihm über eine Infusion die Steroide zu verabreichen. Da sie das Immunsystem schwächen, soll der Patient nach Möglichkeit zu Hause bleiben und wenig bis gar keinen Kontakt zur Außenwelt haben, um sich nicht mit irgendwelchen Keimen anzustecken. Die einzigen Menschen, die Joel in dieser Woche sah, waren Sophie, die Krankenschwester und ich. Wir wuschen uns ständig die Hände, und ich rieb sämtliche Oberflächen, mit denen einer von uns in Kontakt kam, mit antibakteriellen Tüchern ab.

Joel hatte zuvor oral Steroide eingenommen, die ziemlich gut gewirkt hatten, aber diese Form der Medikation, die exponentiell stärker war, schien nicht anzuschlagen. Die Ärzte gingen davon aus, dass eine weitere Gabe in den folgenden Monaten zum gewünschten Ergebnis führen würde. Doch Joel war frustriert. Es war ein schweres Jahr gewesen, in dem ständig neue Symptome auftraten. Medikamente, die sein Unwohlsein lindern sollten, zeigten kaum Wirkung. Und all dies hatte auch Einfluss auf seine berufliche Tätigkeit. Er arbeitete oft von zu Hause aus, was zwar ein wenig half, aber er sehnte sich dennoch verzweifelt nach irgendeiner Art von Linderung. Er stellte seine ohnehin schon gesunde Ernährung um und begann mit Akupunktur, doch nichts brachte Erleichterung.

Seine Ärzte waren freundlich und mitfühlend; da Joel jedoch immer unbekümmert tat und ansonsten gesund war, ermutigte ich ihn, nicht immer so tapfer und zurückhaltend zu sein, damit sie endlich verstanden, wie sehr er tatsächlich litt. Zwei Wochen nach seiner ersten E-Mail schrieb er eine weitere:

> Guten Morgen, Dr. K., ich weiß, dass Sie sehr beschäftigt sind, aber als Patient, der gerade eine sehr schwere Zeit durchmacht, brauche ich etwas Aufmerksamkeit. Dieses Jahr ist furchtbar für mich, und ich versuche, so viele Antworten wie möglich zu bekommen, um meinen Seelenfrieden zu bewahren. Ich habe mit Akupunktur und einem entzündungshemmenden Ernährungsprogramm begonnen. Die Infusionen haben leider nicht die erhoffte Wirkung gezeigt, und ich würde mit der nächsten Gabe gern bis Mitte Oktober warten.

Doch im Oktober würde Joel im Krankenhaus sein, ohne dass wir wussten, warum.

* * *

»Was passiert jetzt mit Ellie und dir?«, fragte mich Joel eines Abends, als ich mich gerade wusch.

Er saß auf dem Rand der Badewanne, die Streichholzbeine unbeholfen vor sich ausgestreckt. Er konnte sie kaum noch beugen.

»Das versuchen wir gerade herauszufinden.«

Ellie und ich hatten uns über unsere Kinder kennengelernt, die die gleiche Grundschule besucht hatten. Nachdem ihre Firma umgezogen war, hatte sie ihre Arbeit bei den Fernsehnachrichten aufgeben müssen. Und der Streik der Writers Guild of America, der amerikanischen Gewerkschaft der Autoren in der Film- und Fernsehindustrie, bedeutete für mich, dass meine langjährige Karriere als Fernsehautorin im Wandel begriffen war. Sowohl Ellie als auch ich wollten uns beruflich verändern. Eigentlich hatten wir einen erstklassigen Concierge-Service für werdende Eltern geplant. Letztlich wurden wir dann jedoch zu einer Anlaufstelle für die Medien, wenn es um werdende Eltern in Hollywood ging. Als beispielsweise Brad Pitt und Angelina Jolie ein Baby bekamen, sprachen Ellie und ich mit den Morgenmagazinen darüber, wie sie ihr Kinderzimmer einrichten konnten. Diese Aufmerksamkeit führte dazu, dass um unser Unternehmen herum nicht nur eine, sondern gleich zwei verschiedene Realityshows entwickelt wurden. Wir beide verstanden uns als Fernsehleute hinter den Kulissen. Wir waren nicht unbedingt telegen, aber so entwickelten sich die Dinge nun mal.

Vor Kurzem war jedoch herausgekommen, dass die Realityshows nicht verwirklicht werden würden. Wir hatten keine Kunden und mussten der Tatsache ins Auge sehen, dass unser Firmenkonto trotz unseres Erfolgs in Sachen Werbung und Öffentlichkeitsarbeit leer war. Wir waren zu einer Zeit Influencer, als es diesen Begriff noch nicht gab. Da wir nicht wussten, wie wir mit dem, was wir taten, Geld verdienen konnten, gewöhnten Ellie und ich uns an den Gedanken, unser Unternehmen schließen zu müssen.

»Was ist mit deinem Film?«, fragte Joel.

Als unsere erste Realityshow ein Jahr zuvor kein grünes Licht bekommen hatte, war ich in die Welt des Fernsehens zurückgeschlichen und hatte eine Filmidee an den Disney Channel verkauft. Ich hatte das Drehbuch geschrieben, mit dem Sender hin und her diskutiert und es immer wieder umgeschrieben. Nun lag es in den Händen neuer Autoren, in der Hoffnung, dass es einen Produktionsauftrag erhalten würde. In diesem Fall würde ich einen Bonus und in Zukunft Wiederholungszahlungen erhalten – und vor allem würde unsere Krankenversicherung um mindestens ein oder zwei weitere Jahre verlängert werden. Sollte das Projekt kein grünes Licht bekommen (und es bekam keines), hatte ich trotzdem schon mein Geld verdient.

Ich wusste, warum Joel fragte. Ich drehte mich zu ihm um.

»Ich muss endlich wieder für ein regelmäßiges Einkommen sorgen«, sagte ich.

»Ja, das würde helfen. Es tut mir leid, Schatz. Ich ... ich weiß nicht, wie viel ich noch arbeiten kann. Ich kann nicht ...« Seine Stimme brach. Das brachte ihn um. Ich setzte mich neben ihn und vergrub den Kopf an seiner Schulter.

»Ich fühle mich einfach nicht gut. Ich kann nicht weiterarbeiten, wenn ich mich so fühle«, sagte er und war den Tränen nahe. »Es tut mir leid.«

»Ist schon gut«, tröstete ich ihn und massierte seinen Rücken. »Ist schon gut. Das kriegen wir schon hin.«

Doch meine Gedanken rasten.

Joel leidet. Es geht ihm immer schlechter. Ich muss irgend-etwas tun.

Am nächsten Tag rief ich Agenten und Produzenten an, mit denen ich in der Vergangenheit zusammengearbeitet hatte. Ich verschickte E-Mails und arrangierte Mittagessen. Ich hatte eine Idee für eine halbstündige Sendung und beschloss, dieses Drehbuch auf gut Glück zu schreiben und es als Probestück zu verwenden, um für eine bereits etablierte Sendung engagiert zu werden. Wenn ich das Interesse an meinem Projekt wecken konnte und jemand interessiert gewesen wäre, *das* zu produzieren, wäre das großartig gewesen, aber letztendlich wollte ich einfach nur einen Schreibjob ergattern. Denn ein solcher bedeutete regelmäßige Arbeit und Einkommen.

Ich arbeitete an meiner Idee, schrieb einige Monate am Drehbuch und fühlte mich gut bei dem Gedanken, es als Arbeitsprobe zu verwenden. Ich wollte mein Skript am folgenden Montag verschicken.

Doch das war das Wochenende, an dem ich Joel in die Notaufnahme brachte.

Sobald er sich in seinem Krankenhauszimmer eingerichtet hatte – *als ob er in einem Hotel gewesen wäre!* –, wollte ich nach Hause gehen, das Haus desinfizieren und mich um die Wäsche kümmern. Ich wollte nicht, dass Sophie oder ich uns *einfingen,* was auch immer Joel hatte. Wir mussten gesund bleiben.

Ich will nicht, dass Sophie sich Sorgen macht.

Ich will nicht, dass es Joel schlechter geht.

Was geschieht da gerade mit meinem Mann?

In der ersten Nacht, in der Joel im Krankenhaus war, schlief Sophie in unserem Ehebett. Ich versuchte, positiv zu bleiben, als ich ihr vor dem Einschlafen sagte: »Morgen wirst du mit Nana und Papa etwas Lustiges machen! Wir beide treffen uns dann nachmittags im Krankenhaus, wenn du Daddy besuchst.«

»Okay«, sagte sie und gähnte.

Das schien ein absolut vernünftiger Plan zu sein.

Am nächsten Morgen kehrte ich mit Joels Pyjama und einigen seiner Lieblingsspeisen ins Krankenhaus zurück. Ich dachte, wir würden uns zusammen hinsetzen und Zeit miteinander verbringen … Doch als ich dort ankam, traute ich meinen Augen nicht. Joel saß zwar aufrecht in seinem Bett, wirkte aber völlig abwesend. Er hatte die Stirn in Falten gezogen, wirkte verängstigt und konnte nicht sprechen. Er wusste, dass ich da war, erkannte mich aber nicht. So hatte ich ihn noch nie gesehen. Ich wusste nicht, was ich tun sollte. Ärzte kamen herein und gingen wieder, Krankenschwestern zeichneten seine Vitalfunktionen auf. Ich verstand nicht, was ich sah. Es ergab einfach keinen Sinn. Ich hatte Angst.

Vor zwei Tagen war Joel noch zu Hause gewesen. Er hatte zwar Fieber gehabt, aber wir hatten trotzdem noch Witze gemacht. Er hatte in unserem Bett gelegen, in Decken gewickelt und auf Kissen gestützt, als er meinte, ich solle ihn von seinem Elend erlösen.

»Bring mich einfach um, Schatz. Wir müssen nur noch herausfinden, wie du das tun kannst, ohne erwischt zu werden.«

Ich setzte mich neben ihn und legte ihm ein kühles Tuch auf die Stirn.

»Jepp, ich will schließlich nicht im Gefängnis landen«, antwortete ich grinsend.

»Genau. Was würde dann mit Sophie passieren? Also brauchen wir einen guten Plan.«

»Ich könnte dich mit einem Kissen ersticken.«

»Das könnte funktionieren«, meinte er nachdenklich und schlang den kleinen Finger um meinen. Ich küsste seine Hand, und wir mussten beide lachen, weil wir oft solche Gespräche führten. Wegen der MS hatten wir sowohl ernste als auch bizarre Vorstellungen vom Ende des Lebens entwickelt.

»Wenn ich sterbe«, meinte Joel immer, »musst du einen netten Kerl heiraten, damit Sophie eine gute Vaterfigur bekommt.«

»Oh, ich kann es gar nicht erwarten«, antwortete ich dann immer und gab meinen Lieblingssatz zum Besten: »Jeff Tweedy wird ein großartiger Stiefvater sein.«

Und Joel antwortete: »Einverstanden.«

Der Witz war, dass ich jeden Namen nennen konnte, der gerade in war: Jeff Tweedy (der Leadsänger der US-amerikanischen Rockband Wilco) … Howard Stern … Marc Maron … Einfach jeden, der sowohl Joel als auch mir aus irgendeinem Grund gefiel. Wenn wir zum Beispiel im Supermarkt waren und ein netter Mitarbeiter etwas für uns suchte, was nicht in den Regalen stand, lächelte Joel mich an, zeigte auf den Mann und sagte: »Einverstanden.«

Doch selbst wenn es ihm richtig schlecht ging, dachten wir niemals, dass er tatsächlich *sterben* würde. Dieses Komödiantische und Absurde half uns im Umgang mit der Krankheit. Es war unsere Art, damit zurechtzukommen, dass unser Leben eine Wendung nahm, die keiner von uns erwartet hatte.

Doch nichts von dem, was jetzt im Krankenhaus passierte, war lustig. Am Sonntagabend war Joel nicht mehr ansprechbar. Ich war völlig überfordert, verwirrt und verängstigt. Ich machte mir Sorgen um mich, Sorgen um Sophie. Und der Mensch, den ich am meisten brauchte, konnte mir nicht helfen … Und ich hatte keine Ahnung, wie ich ihm helfen konnte.

In der nächsten Nacht schlief Sophie wieder bei mir. Es war Anfang Oktober. Sie war gerade in die achte Klasse gekommen, und es gab so viel, worauf sie sich freuen konnte! Sie war in die Talentshow der Schule aufgenommen worden, für die sie wochenlang geprobt hatte. Nachdem sie bereits in den vorangegangenen Jahren in den Musiktheaterproduktionen mitgewirkt hatte, wollte sie dieses Jahr eine *richtige* Rolle ergattern. Es waren Schulfahrten nach San Francisco und New York geplant, ganz zu schweigen vom Abschluss der Mittelstufe und dem Wechsel in die Oberstufe. Es war eine fröhliche Zeit in ihrem jungen Leben. Sie hatte tolle Freunde, die sie liebte, und sie war gespannt auf das, was vor ihr lag. Ich wollte nicht, dass sich daran etwas änderte.

»Daddy wird es bald wieder gut gehen«, sagte ich ihr an jenem Sonntagabend.

»Wann, glaubst du, kommt er nach Hause?« Sie machte sich Sorgen, ob er es in der folgenden Woche zur Talentshow schaffen würde.

»Hoffentlich rechtzeitig, um deinen Auftritt zu sehen!« Ich versuchte, hoffnungsvoll zu klingen, obwohl ich in Wirklichkeit nicht mehr weiterwusste. Während sie schlief, rief ich das Krankenhaus an. Es war mitten in der Nacht.

»Er hat immer noch Fieber«, erklärte mir die Nachtschwester mit freundlicher Stimme.

»Hat er gesprochen?«, fragte ich.

»Noch nicht. Machen Sie sich keine Sorgen, meine Liebe. Wir haben Ihre Nummer. Sie können natürlich anrufen, sooft Sie möchten, aber wir halten Sie auf dem Laufenden.«

»Danke«, sagte ich und legte auf.

Ich war zu müde und zu besorgt, um zu weinen. Mein Herz raste. Ich sah zu, wie Sophie auf Joels Seite des Bettes schlief. Zu gern hätte ich sie im Arm gehalten, aber ich wollte sie nicht aufwecken. Zu gern hätte ich ihr versichert, dass alles wieder gut werden würde. Doch ich war mir nicht sicher, ob das der Wahrheit entsprach.

KAPITEL 4

WAS AUCH IMMER GESCHIEHT

Am Montag wurde Joel auf die Intensivstation verlegt. Er war weiterhin nicht ansprechbar, atmete jedoch selbstständig. Die Ärzte wussten nicht, wie stark seine Lungen waren, und sagten Dinge wie »Ihr Mann befindet sich in einem kritischen Zustand«. Doch niemand konnte mir sagen, warum sich sein Zustand so schnell verschlechtert hatte.

Ich fing an, Freunde anzurufen, und Mimi, eine enge, unglaublich verantwortungsbewusste und gut organisierte Freundin, überzeugte mich davon, dass ich Hilfe brauchte. Ich sagte ihr, wo sie meinen Hausschlüssel finden konnte, und sie sprach sich mit einigen anderen Freunden ab. Als ich einmal nach Hause kam, standen überall im Haus Blumen. Am nächsten Tag fand ich einen mit Fertiggerichten prall gefüllten Kühlschrank vor. Normalerweise nehme ich die Dinge selbst in die Hand, aber irgendetwas in mir gab nach. Die Leute wollten uns helfen. Und ich ließ sie.

Meine Mutter lebte in der Nähe und war angesichts der neuesten Entwicklung am Boden zerstört. Sie liebte Joel und bot jede erdenkliche Hilfe an. Sie verbrachte Zeit mit Sophie, kochte für uns und stand auf Abruf bereit.

Mein Vater und Elisabeth, meine Stiefmutter, die in New York leben, machten gerade zufällig in Nordkalifornien Urlaub, und wir hatten sie eigentlich in der folgenden Woche dort treffen wollen. Doch da es Joel plötzlich so schlecht ging, brachen sie ihre Reise ab und machten sich direkt auf den Weg nach Los Angeles.

Joels Vater war ständig anwesend, und ich sprach jeden Abend mit Joels Mutter, Nancy. Es fiel ihr schwer, ihren Sohn so hilflos zu sehen, was ich als Mutter voll und ganz nachvollziehen konnte. Ich schrieb E-Mails an Joels Kollegen und engste Freunde, damit sie wussten, dass er die nächsten Tage, vielleicht auch eine Woche, außer Gefecht gesetzt war.

Sophie schlief weiterhin jede Nacht bei mir. Ich brachte sie zur Schule, was immer Joels Aufgabe gewesen war, und fuhr anschließend sofort zum Krankenhaus. Freunde boten an, sie mitzunehmen, aber ich wollte jeden Tag da sein, um sie wie gewohnt abzuholen. Ich hielt die bedrückende Realität von ihr fern und versicherte ihr immer wieder: »Daddy geht es bald wieder gut. Er braucht nur ein bisschen Ruhe.« Sie schien es zu glauben und zu verstehen, und so ging es tagelang weiter.

Wenn ich an Joel denke, wie er in diesen ersten schweren Tagen im Krankenhaus lag, versuche ich, die Schläuche in Nase und Mund, die Infusionen in seinen Armen und das leise Surren der Beatmungsmaschine zu vergessen.

Es war nicht wie in den Filmen, in denen der machtlose Partner mit seinem kranken Ehemann oder seiner kranken Ehefrau im Bett kuschelt, ihm oder ihr über die Haare streicht und ihn oder sie auf die Lippen küsst. Bei all den Schläuchen, Kabeln und Maschinen hätte ich überhaupt nicht an Joel herankommen können, selbst wenn ich es gewollt hätte. Ich hatte zudem zu große Angst, dass sich etwas lösen könnte. Es machte mir Angst, ihn so zu sehen, und ihn nicht berühren oder ihm nahekommen zu können. Er konnte mir nicht sagen, was er brauchte, was es ihm leichter gemacht hätte oder, was noch wichtiger war, wie ich ihm hätte helfen können.

Ich versuchte, mit ihm zu sprechen, aber ich fühlte mich befangen – ständig kamen und gingen Menschen: Krankenschwestern, Ärzte, Besucher. Und Joel war dort und gleichzeitig *war er es auch nicht.* Ich beugte mich über die Plastikschläuche und flüsterte ihm ins Ohr:

»*Dito.*«

»*Ich liebe dich.*«

»*Ich bin hier, mein Schatz.*«

Das Einzige, was ich ihm geben konnte, war meine Liebe.

* * *

Nach unserem Wiedersehen bei jenem Spiel der Dodgers trafen Joel und ich uns ständig auf Veranstaltungen in der Stadt. Die Freundin, bei der Joel während unserer Zeit bei Atlantic Records gewohnt hatte, war inzwischen seine Frau. Sie begleitete ihn nur selten zu den Events, und obwohl es zwischen Joel und mir immer knisterte, wenn wir uns sahen, konzentrierte ich mich auf meine Arbeit.

Damals arbeitete ich bereits bei Walt Disney Television, schrieb wie verrückt, pflegte meine Kontakte und war entschlossen, einen Job als Fernsehautorin zu ergattern. Eines Tages klingelte mein Telefon; es war Joel.

»Perfektes Timing!«, meinte ich.

»Echt, warum?«

»Ich ziehe nächste Woche nach Seattle!« Ich erzählte ihm von dem Schreibjob für eine neue Wissenschaftsshow für Kinder namens »Bill Nye, the Science Guy«, den ich gerade angenommen hatte. Ich war begeistert.

Am anderen Ende des Telefons herrschte Stille.

»Jetzt kommt der Teil, wo du sagst, dass du dich für mich freust. Deshalb bin ich wieder nach L.A. gezogen, damit ich nach Seattle ziehen kann«, scherzte ich.

»Ich freue mich für dich«, antwortete er, »aber du bist doch gerade erst aus New York zurückgekommen.«

»Ich weiß. Das ist schon verrückt.«

Wieder herrschte Stille.

»Die Sache ist die«, meinte er schließlich, »ich habe dich einmal gehen lassen. Das werde ich nicht noch einmal tun.«

»Was meinst du damit?«

Doch ich wusste, was er meinte. Wie in einem Comic hatten Joel und ich seit dem Tag, an dem wir uns zum ersten Mal getroffen hatten, Herzen in den Augen, aber es war immer der falsche Zeitpunkt gewesen.

»Geh nach Seattle«, meinte er und setzte übertrieben theatralisch hinzu: »Bleib am Leben, was auch immer geschieht! Ich werde dich finden!« Das war ein ernstes und dramatisches Zitat einer Figur aus dem Film »Der letzte Mohikaner« von Daniel Day-Lewis.

Wir brachen beide in Gelächter aus. Es war vielleicht ein nervöses Lachen, aber typisch Joel. Diese Seite von Joel war es, weswegen ich ihn immer noch mehr liebte, wenn er etwas Lustiges sagte oder eine witzige Anspielung machte.

Als ich nach Seattle zog, tat ich es ohne jegliche Verpflichtungen gegenüber Joel, und ich erwartete auch keine bei ihm. Unsere Leben waren getrennt – wir waren nie ein Paar gewesen. Sosehr ich mich auch nach jemandem wie Joel sehnte, ich ließ all diese Gefühle hinter mir. Mein Leben fing gerade erst an, und ich konnte es nicht erwarten. Das war 1993 – und Seattle damals *die* Stadt schlechthin. Sie war das Epizentrum der größten Veränderung, die das Musikgeschäft seit Jahrzehnten erlebt hatte – des *Grunge.* Ich war jung und unbeschwert … Kurt Cobain lebte noch. Ich schrieb an einer Fernsehsendung und blühte in meiner Liebe zur Musik auf, zu der mir hier alle Türen offenstanden. Ich war im Himmel!

Ein paar Monate später nahm Joel einen neuen Job an und ging mit der Metal-Band Anthrax auf Tournee. An dem Wochenende, an dem sie durch Seattle tourten, rief er an und bat mich, ihn in dem Theater zu treffen, in dem die Band spielte. Ich freute mich darauf, ihn wiederzusehen. Doch als ich an diesem Abend Feierabend machte, stand er vor den Produktionsbüros und wartete auf mich. Mein Herz setzte fast aus. Ich war verängstigt und aufgeregt zugleich.

»Was machst du denn hier?«, fragte ich.

Wir standen da und sahen uns an. Es war, als ob die Welt um uns herum stillstünde.

Joel kam auf mich zu und nahm meine Hände. »Ich bin hier, weil ich ohne dich nicht leben kann. Weil ich nicht mehr ohne dich leben will.«

Tausend Gedanken schossen mir durch den Kopf.

»Was?«, fragte ich. »Du bist verheiratet.«

»Wir haben uns getrennt. Schon vor Monaten. Gleich nachdem du weggezogen bist.«

Ich war fassungslos. »Wirklich?« Ich konnte nicht glauben, dass der Mann, nach dem ich mich all die Jahre gesehnt hatte, vor mir stand und mir dieses Geständnis machte.

»Ich liebe dich. Ich will mit dir zusammen sein. Bitte sag mir, dass das okay für dich ist.«

Ich stand schweigend da und starrte Joel an. Aber ich lächelte. »Ich glaub das einfach nicht«, sagte ich.

»Ich weiß. Das ist verrückt.«

»Ja«, brachte ich schließlich hervor.

»Ja, das ist verrückt, oder ja, das ist okay?«

»Ja«, sagte ich noch einmal. »Ja.«

Joel lächelte, nahm mein Gesicht in seine Hände und küsste mich.

Während der wenigen Tage, die er in Seattle war, hörten wir nicht mehr auf, uns zu küssen. Uns war schwindelig von der Tatsache, dass wir zusammen waren. Dass wir Händchen hielten, uns küssten und stundenlang über das Leben sprachen, wie wir es noch nie zuvor getan hatten. Joel gestand, dass er sein Leben von Grund auf ändern wollte – und dass er es mit mir verbringen wollte.

Meine Welt war völlig auf den Kopf gestellt worden, als Joel in Seattle auftauchte, und es war gut, dass er abreiste, um die Tournee zu beenden. Das gab uns beiden die Zeit, die wir brauchten, um zu klären, was da vor sich ging.

Obwohl ich Seattle wirklich liebte, wollte ich Karriere als Drehbuchautorin machen und mein Leben mit Joel verbringen. Ich wusste, dass das bedeutete, in Los Angeles zu leben. Als die Anthrax-Tournee einige Monate später zu Ende ging, kaufte Joel ein One-Way-Ticket nach Seattle. Gemeinsam nahmen wir uns die Zeit, um in meinem alten BMW die Küste hinunter zurück nach Los Angeles zu fahren. Als wir dort ankamen, waren wir unzertrennlich.

* * *

Auf der Intensivstation hielt ich Joels Hände, die abwechselnd eiskalt und fiebrig waren. Ich wollte seine Füße mit einer Lotion einreiben, weil sie sich kalt und trocken anfühlten, aber die Ärzte hielten mich davon ab, ihm Socken anzuziehen. Sie befürchteten, dass seine ohnehin schon schwankende Körpertemperatur dadurch noch mehr aus dem Gleichgewicht geraten könnte. Jeden Tag stimmte ich einem weiteren Test zu, erlaubte einem weiteren Arzt, Joels Gesundheitszustand zu beurteilen, während ich gleichzeitig versuchte, in dem, was passierte, einen Sinn zu erkennen. Ich wollte Joel fragen, nein anflehen, *Was soll ich tun?* Ich hatte Angst davor, eine Entscheidung zu treffen, weil ich fürchtete, es könnte die falsche sein. Ich versuchte, mich um seine Pflege im Krankenhaus zu kümmern und gleichzeitig Sophie vor dem vollen Ausmaß dessen zu schützen, was ihren Dad so krank machte.

Freunde und Familie hatten Angst und machten sich Sorgen um uns. Also bat ich Greg, Joels besten Freund, unseren engsten Freundeskreis auf den neuesten Stand zu bringen, damit ich nicht alle Anrufe, SMS und E-Mails beantworten musste.

Nach vier Tagen empfahlen mir die Ärzte, Joel in das Krankenhaus verlegen zu lassen, in dem sein MS-Team arbeitete. Da die Diagnose unklar war, war auch die Prognose unklar. Der vorherrschende Gedanke war, dass das Ganze etwas mit Joels MS und/oder seinem neuen Medikament zu tun haben *könnte.* Es war offensichtlich, dass diese Klinik zwar eine umfassende medizinische Versorgung bot, die Ärzte jedoch alles für Joel getan hatten, was sie konnten, und sich keinen Rat mehr wussten.

Doch eine Verlegung bedeutete ein regelmäßiges Pendeln ins Stadtzentrum von Los Angeles. Das war ein logistischer Albtraum. Wie sollte ich jeden Tag ins Krankenhaus fahren *und* gleichzeitig für Sophie da sein? Warum konnte ihm dieses Krankenhaus nicht helfen? Das ergab alles keinen Sinn für mich.

Ich sprach mit Joels Vater über die Verlegung. Hal hatte mich immer gern damit aufgezogen, dass ich unser Tal nur ungern verließ. »Melissa«, meinte er, »ich stimme den Ärzten zu. Ich weiß, dass es nicht leicht für dich sein wird, aber wir sollten Joel einen Ausflug in die Stadt gönnen.« Hal meinte das als Witz – im Gegensatz zu mir war er optimistisch.

Vor uns lag nichts als Ungewissheit, denn Joels Zustand war äußerst mysteriös. Man hatte Kulturen für eine Vielzahl von Viren angelegt, aber keine aufschlussreichen Ergebnisse bekommen. Und obwohl sie es befürworteten, befürchteten die Ärzte, dass er die Verlegung in das Krankenhaus im Stadtzentrum nicht überleben könnte.

Ich rief Joels Schwester Andrea an.

»Du solltest herkommen, Schwesterherz, deinem Bruder geht es sehr schlecht.«

Sie schien erschüttert. »Wirklich? Dad meinte, ich sollte noch warten. Joel würde es in ein paar Tagen besser gehen, und es wäre sinnvoller, ihn zu besuchen, wenn er wieder zu Hause ist.«

Ich verlor die Beherrschung, und Tränen rannen mir über das Gesicht, während ich schrie: »Wenn er wieder zu Hause ist?! Andrea, ich weiß nicht, wann er nach Hause kommt! Und ich weiß auch nicht, in welchem Zustand er sein wird, wenn er nach Hause kommt! *Falls* er nach Hause kommt! Wie kann dein Dad dir sagen, dass es Joel bald wieder gut gehen wird? Mir sagen die Ärzte etwas anderes!«

Ich fühlte mich so allein. Wollte Hal den Ernst der Lage nicht wahrhaben oder überreagierte ich? Als seine Ehefrau wusste ich um Joels Kämpfe und hatte mich erst kürzlich um Hilfe bemüht. Die anderen, selbst enge Familienangehörige, wussten dagegen nicht, welche Auswirkungen die MS auf Joel hatte … und auf uns als Ehepaar.

»Ich kann nicht gehen, ich kann nicht scheißen, ich kann nicht mit dir schlafen«, hatte Joel oft geschimpft. »Was hat dieses Leben für einen Sinn?«

Während ich mit der Situation rang, hatte Ellie vorgeschlagen, die Rabbinerin anzurufen. »Das ist schließlich ihr Job«, hatte sie beharrt. »Wenn jemand krank wird, rufst du die Rabbinerin.«

Erst vor wenigen Monaten hatten wir Sophies Bat-Mizwa gefeiert, weshalb ich mich bei Rabbinerin Hannah gut aufgehoben fühlte. Ich hätte gern meinen jüdischen Glauben aktiver gelebt, insbesondere um die Bat-Mizwa herum. Doch ich hatte auch mit der Erkenntnis zu kämpfen, dass ich nach all dem – dem harmonischen Wochenende mit der großen Familienfeier und den Monaten der Vorbereitung davor – dennoch einfach nur auf dem Papier Jüdin war. Außerhalb meiner vorurteilslosen kulturellen Verbindung zum Judentum hatte ich einfach keinen Bezug zum jüdischen Glauben. Doch ich wusste, dass Joel einem Besuch der Rabbinerin ohne Zögern zugestimmt hätte.

Der jüdische Glaube war immer ein Teil seines Lebens und ihm sehr wichtig gewesen. Er war in einem liberalen jüdischen Elternhaus aufgewachsen, besuchte die Synagoge, kannte und feierte alle Festtage. Ich wusste, wo er im Schrank seinen Talit aufbewahrte – den Gebetsschal, den Männer zu besonderen jüdischen Anlässen tragen. Er lag in dem Fach mit seinen wertvollen Besitztümern, gleich neben seinem »Big Lebowski«-Wackelkopf und dem Baseball, den er vor Kurzem bei einem Spiel der Dodgers gefangen hatte. Das war einer der schönsten Tage in Joels Leben gewesen. Der Ball war völlig unerwartet in seine Richtung geflogen, und er hatte ihn mit bloßen Händen mühelos gefangen.

Ich sagte zu Ellie: »Natürlich, wenn du die Rabbinerin anrufen möchtest, nur zu.«

Am nächsten Tag kam Rabbinerin Hannah ins Krankenhaus. Ich hatte mich gerade weinend über Joel gebeugt, als sie ins Zimmer kam, während Greg und Hal sich ein Play-off-Spiel der Dodgers ansahen.

»Schalte das Spiel ein!«, hatten mich unsere Freunde angerufen oder mir per SMS geschrieben. »Er wird es sehen wollen!« Das stimmte, er *hätte* es sehen wollen. Seine Dodgers hatten die World Series seit 1988 nicht mehr gewonnen. Es war durchaus möglich, dass sie es noch einmal schaffen würden. Das Spiel lief, doch Joel bekam nichts davon mit.

Ich bat Hannah um ein vertrauliches Gespräch.

»Ich weiß nicht, was mit ihm geschieht«, erklärte ich ihr weinend.

Weil niemand wusste, warum sich sein Zustand derart schnell so sehr verschlechtert hatte, konnten die Ärzte auch nichts zu einer möglichen Genesung sagen. Doch die Prognose war nicht gut. Sie sprachen inzwischen von Prozentzahlen und äußerten Dinge wie: »Es wird lange dauern, aber er könnte sich zu fünfzig Prozent erholen. Vielleicht auch mehr.« Mathe war noch nie meine Stärke gewesen, doch selbst ich verstand, dass die Chancen auf eine *vollständige* Erholung gering waren. Vor allem, weil man Joel keine hundert Prozent Transportfähigkeit zusprach.

»Ich weiß, wie schwer das für Sie ist«, meinte Rabbinerin Hannah. »Wir alle beten für ihn.«

»Das weiß ich zu schätzen.« Ihre Anwesenheit tröstete mich, doch ich wusste nicht, ob ich ihr meine jüngsten Gedanken anvertrauen sollte.

Ich sah Joel an. Seine Augen waren geschlossen, er trug ein Krankenhausnachthemd, und die allgegenwärtigen Kabel überwachten seine Vitalwerte.

Schließlich gestand ich ihr: »Ich bin mir nur nicht sicher, ob wir alle für die gleiche Sache beten.«

Ich wusste nicht mehr, wofür ich betete. *Joels Genesung? Wozu?* Seit Tagen hatte ich seine Stimme nicht mehr gehört oder gespürt, dass er auf meine Berührung reagierte. Joel war das Leben mit der MS leid. Er hatte in den letzten zehn Monaten jeden Tag die Beeinträchtigungen gefühlt. Er hatte Angst, auch davor, seine Würde zu verlieren. Ich wollte ihn ganz. Ich wollte ihn so, wie ich ihn immer gekannt hatte – lebendig, vital, gesund.

Das auszusprechen und zuzugeben, dass ich mir nicht sicher war, wofür ich betete, schürte die Angst in mir, von Gott im Namen aller Juden und guten Menschen niedergemacht zu werden. Oder dass mich die Rabbinerin zumindest in gewissem Maße verurteilen würde.

Wie kann ich Gebete für die Genesung meines Mannes ablehnen?

Wie kann ich nicht akzeptieren, dass Menschen sich wünschen, dass es Joel besser geht?

Rabbinerin Hannah nahm meine Hände. »Melissa, wir beten für Joels vollständige Genesung.« Ich nickte und wollte so gern glauben, dass eine vollständige Genesung möglich war.

Tränen rannen über mein Gesicht, als ich leise fragte: »Und wenn es dazu nicht kommt?«

Sie sah mich an und sagte: »Dann beten wir für das, was in Joels Sinne und für ihn am besten ist.«

Ich ließ diese Worte auf mich wirken.

Sie waren frei von Vorwürfen. Von Erschütterung. Von Kritik.

Diese Worte öffneten mir eine Tür, und endlich konnte ich ausatmen.

KAPITEL 5

LEBENSQUALITÄT

Ich gab mein Einverständnis, Joel ins Stadtzentrum zu verlegen. Hal und ich folgten dem Krankenwagen, und Jillian, die seit fünfundzwanzig Jahren meine beste Freundin ist, erwartete uns in dem neuen Krankenhaus.

Ich fragte die Leiterin der neuen Intensivstation: »Liegt mein Mann im Koma?«

»Nun«, meinte die Ärztin, »Koma ist ja ein Sammelbegriff. Er ist nicht ansprechbar und reagiert nicht, also ja, man könnte sagen, dass er im Koma liegt.« Das schien sie nicht zu beunruhigen, doch ihre Lässigkeit schockierte mich.

Mein Mann liegt im Koma.

Ich drehte mich zu Hal um. »Hast du geglaubt, dass er im Koma liegt?«

»Nein, aber ich glaube trotzdem, dass er wieder gesund wird. Die Ärzte hier werden ihm bestimmt helfen können.«

Hals Optimismus war bewundernswert. Immer wenn ich in seine Richtung sah, lächelte er voller Hoffnung. Vielleicht war es auch eine gewisse Form von Leugnung der Tatsachen, dank der Hal mit der Situation zurechtkam. Ich war nicht so gestrickt.

Obwohl es ein anderes Krankenhaus war und wir mit den gleichen schlimmen Umständen zu tun hatten, spürte auch ich ein wenig Hoffnung, weil Joels MS-Spezialisten hier waren. Seine Ärztin konnte ausschließen, dass das Koma von bestimmten Viren, die in Zusammenhang mit MS standen, oder von den neuen Medikamenten, die Joel eingenommen hatte, verursacht worden war. Ich war froh, Joel unter den wachsamen Augen seines Teams zu wissen. Diese Ärzte kannten ihn als Mensch und nicht nur als Patient. Sie waren mit seinem Fall vertraut, was uns eine gewisse Zuversicht gab, dass wir *vielleicht* alle etwas heiler aus der ganzen Sache herauskommen würden.

Sophie schien in Ordnung zu sein. Ich versuchte, mir nicht so viele Sorgen zu machen, damit sich meine Angst nicht auf sie übertrug. Es war nicht so, dass ich etwas vor ihr verborgen hätte, ich konnte ihr einfach nichts Konkretes sagen: »Daddy liegt im Koma, das heißt, er ruht sich aus. Sein Körper hat ziemlich gegen das zu kämpfen, was ihn so krank macht.«

»Aber es wird ihm doch bald wieder gut gehen, oder?«

»Davon gehen die Ärzte zwar aus, aber es ist schwer zu sagen. Es wird auf jeden Fall ziemlich lange dauern.«

Sie glaubte mir, ohne zu zögern. Ich nahm sie auch nicht oft ins Krankenhaus mit. Sie war nicht gern auf der Intensivstation, und ich nahm an, dass die Besuche traumatisch für sie waren. Joel war von sehr kranken Menschen umgeben, deren Leiden offensichtlich waren und die ihre Schmerzen und ihr Unbehagen mitteilen konnten. Joel war dazu nicht in der Lage.

Außerdem war er mindestens zwanzig Jahre jünger als die anderen Patienten. Sein Haar war noch immer dunkel und voll, und sein Bart wuchs nach. Er sah aus, als gehöre er nicht dorthin. Und doch war er dort. Mit Schläuchen in Mund, Armen und Händen.

Über eine Woche war vergangen, seit ich ihn in die Notaufnahme gebracht hatte, und trotzdem wussten wir immer noch nicht mehr. Man hatte ein weiteres MRT gemacht. Eine Hirnangiografie. Eine Lumbalpunktion. Mehrere EEGs zur Überwachung der Hirnaktivität. Noch mehr Blutbilder. Noch mehr Kulturen. Die Ärzte fragten mich immer wieder, ob Joel kürzlich einen Ausschlag gehabt hatte. Sie gingen nach wie vor davon aus, dass es sich um ein Virus handelte. Aber um welches Virus?

Sie schlossen alles Bakterielle aus, weshalb Antibiotika nicht helfen würden. Seine Leberfunktion war normal, seine Hirnaktivität jedoch langsam. Jeden Tag gab es eine weitere *fundierte* Vermutung über seinen Zustand, und obwohl ich mich bemühte, positiv zu bleiben, fiel es mir immer schwerer. Joel lag im Koma. Wenn es ein Virus war, gab es keine Behandlung. Alles, was die Ärzte tun konnten, war eine unterstützende Therapie – sie hielten seine Lungen frei und ernährten ihn künstlich. Es gab keine spezifische Infektion, die man behandeln konnte. Zu diesem Zeitpunkt sahen Joels MS-Ärzte täglich nach ihm, ließen jedoch den vielen Spezialisten den Vorrang, die alle versuchten, seine mysteriöse Krankheit zu ermitteln, die durch ein noch zu bestimmendes Virus verursacht zu sein schien.

Ich wurde mit besorgten Anrufen und E-Mails überschwemmt, konnte jedoch nichts Definitives sagen. Ich wartete darauf, dass die Ärzte herausfanden, wie sie ihn heilen konnten. Zumindest nahm ich an, dass sie das tun würden.

Mein Vater und Elisabeth wohnten bei uns, was in jeder Hinsicht hilfreich war. So froh ich war, dass Sophie ein wenig Großeltern-Liebe bekam, ich brauchte auch selbst etwas davon. Eines Nachts ging ich in ihr Zimmer, während sie im Bett lagen und fernsahen. Ich setzte mich auf den Boden am Fußende ihres Bettes und begann zu weinen.

»Ich hätte ihn schon früher ins Krankenhaus bringen sollen«, stieß ich schluchzend hervor. »Ich wusste nicht, was ich tun sollte. Sein Fieber war so hoch! Aber dann ging es zurück, als er die Schmerzmittel nahm, und ich dachte, er würde wieder gesund werden. So ging das tagelang.«

»Du hast getan, was du konntest«, tröstete mich Elisabeth. »Quäl dich nicht mit solchen Gedanken!«

»Sie hat recht«, stimmte Dad ihr zu. »Joel ist in guten Händen. Du hättest nicht anders handeln können.«

Doch ich ging es immer wieder in Gedanken durch. Er hatte hohes Fieber gehabt, dann aber Hunger bekommen und etwas gegessen. Er war aufgestanden und herumgelaufen, bevor er wieder mit Fieber ins Bett zurückgekommen war. Wir hatten gelacht und uns Witze erzählt. Ich konnte mir einfach keinen Reim darauf machen.

Sophies Klassenkameraden hatten Genesungskarten geschrieben, die ich an die Maschinen um Joels Bett herum klebte. Ellies Mann hatte ihn besucht und Familienfotos mitgebracht, die er an das Schwarze Brett hängte. Als Joels Freund und Geschäftspartner Ben zu Besuch kam, war er überrascht, dass ich keine Musik abspielte.

»Du musst ein paar Songs mitbringen, wenn du wiederkommst«, sagte er. »Wir reden hier schließlich von Joel. Musik wird ihm helfen!«

Ich konnte nicht glauben, dass ich daran nicht selbst gedacht hatte. Am nächsten Tag nahm ich Joels iPod mit und schloss ihn an mehrere tragbare Lautsprecher an. Das war eine großartige Idee, und sämtliche Ärzte und Krankenschwestern kamen gern in sein Zimmer. Wir waren so dynamisch und jung. Und Joel sah immer noch gut aus.

Meine Eltern besuchten mit mir Sophies Talentshow. Sie saßen ein paar Reihen vor mir, während ich im hinteren Bereich der Schulaula ein tapferes Gesicht machte. Sophie hatte Joel und mich mit ihrer Rolle überraschen wollen und das Ganze zunächst heruntergespielt und behauptet, sie habe in der Show nicht viel zu tun. Tatsächlich war sie jedoch eine der Moderatorinnen und stand die meiste Zeit des Abends selbstbewusst, glücklich und stolz auf der Bühne.

Ich war mit den Gedanken ganz woanders und dachte die ganze Zeit: *Joel sollte hier sein. Was geschieht gerade mit meinem Mann? Ich vermisse ihn!*

Gleichzeitig behielt ich mein Handy im Auge, da ich auf einen Anruf unseres Internisten wartete. Er war ein Hausarzt der alten Schule – geduldig, gründlich und aufrichtig. Er stand in regelmäßigem Kontakt mit Joels Ärzten, und ich wollte seine Meinung zu deren Prognose hören.

Mein Telefon klingelte, und ich ging nach draußen.

»Melissa«, sagte er, »es tut mir leid, meine Liebe. Joel ist wirklich sehr krank. Wie geht es Ihnen?«

»Nicht so gut«, gestand ich.

»Er ist in guten Händen. Wenn es ein Virus ist, dann wird es eine langsame Genesung sein, aber er kann es schaffen. Sie müssen für sich selbst und für Ihre Tochter stark bleiben. Wie geht es ihr?«

Ich hörte, wie Sophie auf der Bühne gerade einen Witz erzählte.

Joel sollte das sehen.

Ich wischte mir die Tränen ab, die mir über die Wangen liefen. »Sophie geht es gut. Glauben Sie, dass es ein Virus ist?«

»Die Ärzte haben eine Menge Tests auf sämtliche in Kalifornien vorkommenden Viren gemacht. Die Ergebnisse der Schnelltests waren negativ, aber das kann sich manchmal ändern. Sie werden ihn weiter testen, aber wir müssen abwarten. Die MRTs zeigen nichts Neues. Es könnte die MS sein, oder seine Medikamente sind es. Aber wahrscheinlich ist es ein Virus. Gönnen Sie ihm etwas Ruhe. Gehen Sie zu Ihrer Tochter.«

Wir legten auf. Es gab keine neuen Informationen. Joel war seit zwei Wochen im Krankenhaus, und inzwischen wusste ich, dass ein gesunder Mensch ein Virus bekommen kann, es aber nicht unbedingt wissen muss. Es kann wie eine leichte Grippe oder eine Erkältung aussehen. Aber für jemanden mit einem geschwächten Immunsystem, wie Joel, konnte jedes der Viren, auf die er getestet wurde, tödlich sein. Dennoch glaubten die Ärzte, dass Joel sich selbst im Falle einer Viruserkrankung erholen konnte, weil er jung und ansonsten gesund war, wenn auch nur sehr langsam.

Ich kehrte in den Zuschauerraum zurück. Sophie stand in der Mitte der Bühne. Es gab Applaus und Gelächter. Sie strahlte.

* * *

Lange bevor bei Joel MS diagnostiziert wurde, hatten wir mit einem anderen medizinischen Problem zu kämpfen: ungeklärte Unfruchtbarkeit. Seit wir in unser zweites Zuhause nahe einer begehrten Grundschule gezogen waren, versuchten wir, ein weiteres Kind zu bekommen. Sophie war damals zweieinhalb Jahre alt, und wir wollten unser neues Haus mit mehr Leben füllen und ihr ein Geschwisterchen schenken. Wir wussten nicht genau, ob wir uns wirklich gezielt um ein Baby bemühen oder es einfach auf uns zukommen lassen sollten. Schließlich hatten wir beide das Gefühl, Zeit zu haben. Ich war Mitte dreißig, Joel war fast vierzig, und abgesehen davon, dass ich nicht schwanger wurde, waren wir glücklich.

Joel war Mitinhaber einer Musikvermarktungsfirma, die er zusammen mit seinem Freund Ben gegründet hatte. Sein Büro war gleich um die Ecke, und er ging jeden Tag zu Fuß oder fuhr mit dem Fahrrad dorthin und kam oft zum Mittagessen nach Hause, damit er etwas Zeit mit Sophie verbringen konnte. Ich steckte gerade als Autorin und Produzentin mitten in »Lizzie McGuire«, einer Sendung, die dem Disney Channel zu Ansehen verhelfen und dem Wort »Twen« eine ganz neue Bedeutung geben sollte. Außerdem schrieb ich an einem Drehbuch und arbeitete an der Vermarktung eines Films. Wir waren erfolgreich und hatten viel zu tun. Wir dachten beide, dass ein Baby kommen würde, wenn es kommen sollte.

Es war nicht sonderlich hilfreich, dass Freunde, die zur gleichen Zeit wie Joel und ich eine Familie gegründet hatten, nun ihr zweites oder sogar drittes Kind erwarteten. Nach der Neugier der Leute, als Joel und ich zusammengezogen waren *(Werdet ihr irgendwann heiraten?)* und der Frage nach einer Hochzeit und der Zeit danach *(Wann gründet ihr eine Familie?)* folgten nun die unaufhörlichen – und im Nachhinein betrachtet doch ziemlich unsensiblen – Fragen nach weiteren Kindern *(Wann macht ihr Sophie endlich zur großen Schwester?).*

Sophie war in einem Alter, in dem sie bemerkte, dass manche Freundinnen neue Geschwister zu Hause hatten oder Babys in den Bäuchen ihrer Mütter wuchsen.

»Warum kaufen sie sich nicht einfach einen Hund?«, fragte sie.

Sie hatte es nicht eilig, eine große Schwester zu werden. Warum sollte sie auch? Sie war nicht nur der Mittelpunkt unserer Welt, sondern hatte auch sechs total in sie vernarrte Großeltern. Zwei Grandpas und vier *(vier!)* Grandmas. Sie hatte einen ganzen Flügel des Hauses für sich allein. Was sie betraf, war unser Hund Lucy ihre Schwester und unsere Katze Puddin' ihr Bruder. Sie schien sehr zufrieden damit, die einzige Empfängerin all unserer Liebe und Aufmerksamkeit zu sein.

Doch jeden Monat – so hoffnungsvoll ich auch gewesen sein mochte, *dieses* Mal womöglich schwanger zu sein – sagte man uns, dass ich es eben nicht war. Manchmal gab ich mir selbst die Schuld daran. Ich war gern Mutter! Doch ich liebte auch meinen Beruf. Egal, wie oft ich schon durch die Tore des Disney-Geländes gefahren war, es war immer wieder aufregend. Ich liebte es, am Set zu sein. Ich liebte es, Ideen zu entwickeln, und ich liebte es noch mehr, sie zu verkaufen. Ich dachte oft an diesen feministischen

Spruch, der allen zugeschrieben wurde, von Oprah Winfrey über Gloria Steinem bis hin zu Madeleine Albright: *»Frauen können alles haben, aber nicht alles zur gleichen Zeit.«*

Nachdem wir einige Jahre erfolglos versucht hatten, ein Kind zu bekommen, suchten wir schließlich einen Spezialisten auf. Wir wurden beide getestet, um sicherzugehen, dass alles in Ordnung war, und offenbar war es das auch. Doch das empfanden wir nicht als Erleichterung. In gewisser Weise hätte eine wie auch immer geartete Diagnose zu einer möglichen Behandlung oder zumindest zu einer Erklärung dafür geführt, warum nichts geschah. Da aus medizinischer Sicht jedoch kein Problem bestand, gab es nichts zu beheben. Wir waren ratlos.

»Wahrscheinlich wünschst du dir einen Jungen«, meinte ich eines Abends weinend zu Joel.

»Schatz«, antwortete er liebevoll, »ein gesundes Baby. Ein Geschwisterchen für Sophie. Mehr von uns beiden vereint in einem kleinen Geschöpf. Das wünsche ich mir.«

»Ich wünsche mir einen Jungen«, gestand ich ihm leise. Ich war in einem Haus voller Frauen aufgewachsen. Obwohl ich meinem Vater sehr nahestand, waren mir Jungs immer fremd geblieben. Ich hatte mir selbst immer einen Bruder gewünscht, also wünschte ich mir jetzt einen für Sophie.

»Wenn wir einen Jungen hätten«, sagte Joel, »würde ich mir wünschen, dass er Linkshänder wird.«

»Deine Mutter und Andrea sind Linkshänder.«

»Ich weiß! Weißt du, wie erfolgreich ein toller linkshändiger Pitcher sein könnte«, meinte er. »Ich werde ihm den rechten Arm hinter den Rücken binden, falls er Rechtshänder ist. Wenn er beidhändig spielen könnte, wäre er noch besser.«

Wir hatten ständig das Gefühl, von Babys umgeben zu sein, und Joel und mir fiel es immer schwerer, schwangere Freundinnen zu sehen. Warum passierte uns das nicht? Trotzdem versuchten wir, optimistisch zu bleiben.

»Warum machen wir uns wegen einer zweiten Schwangerschaft so einen Stress?«, fragte Joel, während wir Sophie beim Zeichnen zusahen … oder beim Spielen … oder beim Niesen. »Sie ist in jeder Hinsicht perfekt. Vielleicht ist das der Grund, warum es bei uns nicht klappt. Sie sprengt einfach jeden Rahmen.«

Eine meiner Freundinnen, bei der es mit der Schwangerschaft geklappt hatte, empfahl mir Akupunktur. Also machte ich einen Termin. Überall in meinem Körper steckten Nadeln, während im Hintergrund beruhigende Kerzen flackerten. Das süße chinesische Ehepaar, das den Laden führte, schaltete eine Klangmaschine mit entspannendem Meeresrauschen ein, und die Frau fragte mich nach meiner Ernährung.

»Es gibt ab sofort nichts Kaltes mehr zu essen, okay? Keinen Salat. Warmes Essen und Tee. Keinen Kaffee. Und wir geben Ihnen ein paar Kräuter mit.«

Das habe ich monatelang gemacht. Ich genoss das Ritual, zweimal pro Woche zwanzig Minuten lang Zen zu machen. Wir waren voller Hoffnung. Ich nahm die Pillen und Kräuterzusätze und Vitamine, um meine Fruchtbarkeit zu steigern. Ich verzichtete auf Koffein und rotes Fleisch und trank Proteinshakes. Aber jeden Monat, nach der Berechnung des besten Zeitpunkts für die Empfängnis und dem *Aufsparen* von Sex oder nachdem wir Sex wie verrückt gehabt hatten, geschah – nichts.

Schließlich nahm ich Hormone ein, um mehr Eizellen zu produzieren. Doch sie machten mich nur übermäßig emotional und rührselig. Ich ging zu meiner Ärztin, um mich genau zum richtigen Zeitpunkt im Monat befruchten zu lassen, aber wieder geschah – nichts. Joel und ich stellten fest, dass die Ernährungsumstellung, die Spritzen und die Arzttermine zu viel für uns waren. Jeder Monat glich einer emotionalen Achterbahnfahrt, und das *fünf Jahre lang*. Die Möglichkeit, jeden Monat vielleicht schwanger zu werden, verursachte enorme Ängste und Enttäuschungen. Schließlich besannen wir uns wieder auf den Gedanken, dass wir bereits ein Kind hatten. Ein wunderbares Kind, das wir liebten und verehrten und das gut und freundlich und klug und schön war.

Joel und ich liebten uns. Wir liebten Sophie. Wir liebten unser gemeinsames Leben. Wir waren bereits eine Familie, und das war alles. Gemeinsam trauerten wir um die Familie, von der wir dachten, dass wir sie haben würden … Und indem wir uns auf das konzentrierten, was wir hatten – *was so viel war!* –, konnten wir schließlich weiterleben.

* * *

Nun lag Joel in einem Lehrkrankenhaus, was bedeutete, dass nie nur ein einziger Arzt kam, sondern dass ihm stets ein bis vier Kollegen folgten. Einige waren bereits Experten auf ihrem jeweiligen Fachgebiet, andere womöglich noch Assistenzärzte. Es war ein ständiger Aufmarsch von klugen, ehrgeizigen und ratlosen Ärzten und rechtmäßigen Möchtegernärzten, die Joels Krankheit als ein Rätsel betrachteten, das sie unbedingt lösen wollten. Ich werde nie vergessen, wie jung diese Ärzte teilweise waren.

»Sie sehen aus, als hätten sie sich an Halloween als Ärzte verkleidet«, meinte ich zu meiner besten Freundin Jillian, die mich in diesem Oktober fast jeden Tag ins Krankenhaus begleitete. Wir hatten uns kennengelernt, als ich das erste Mal aus New York zurückgekommen war. Zusammen hatten wir uns beim Fernsehen hochgearbeitet, gegenseitig unsere Hochzeiten besucht und einander während der Schwangerschaften begleitet. Sie bei mir zu haben, während Joel im Krankenhaus lag, war ein großer Trost. »Ich erwarte ständig, dass sie ›Süßes oder Saures‹ rufen«, sagte ich.

Sie brachte mich mit einem Stups zum Schweigen, weil einer der Ärzte uns belauschte. Er rollte mit den Augen, was

mir jedoch egal war. *Findet einfach heraus, was mit Joel los ist …*
Und sagt mir, dass ich ihn bald nach Hause holen kann.

Nachdem ihn eines Morgens eine Gruppe von vier Lungenspezialisten untersucht hatte, wurde mir schließlich bewusst, womit wir es zu tun hatten. Einer der vier, eine Frau, deren Namen ich irgendwo notiert haben muss, zog mich zur Seite und fragte mich leise: »Ist Ihr Mann ein Mensch, dem seine Würde wichtig ist?«

Inzwischen war es schwierig, den Überblick darüber zu behalten, welcher Arzt was tat. Es gab Kardiologen, Pulmologen, eine ganze Reihe von Neurologen, Physiotherapeuten. Ich verstand nicht, warum ein *Lungenarzt* überhaupt zu Joels Ärzteteam gehörte. Doch diese ruhige und wohlmeinende Ärztin hatte mich zur Seite genommen und mich nach Joels Würde gefragt. Ich antwortete ihr: »Ihm ist Lebensqualität wichtig.« Das war mein Spruch, den ich zu jedem Arzt und zu jeder Krankenschwester sagte, die sein Zimmer betraten, ob es nun darum ging, seine Temperatur zu messen oder ihm Blut abzunehmen. Wegen seiner MS hatten Joel und ich oft über das Leben an sich gesprochen und darüber, wie wir es leben wollten. Wir wollten gemeinsam alt werden. Wir wollten gesund sein. Wir wollten aus dem Vollen leben. Lebensqualität bedeutete für Joel, nicht im Rollstuhl zu sitzen, nicht von jemandem abhängig zu sein, der ihn fütterte. Er war gerade fünfzig geworden und wollte keine Windeln tragen müssen.

Sie legte die Hand auf meinen Ellbogen. »Ich meine, ist er jemand, der vollkommen unabhängig sein möchte?«

Ich sah sie an. »Ja, absolut.«

»Nun«, fuhr sie fort, »es sieht so aus, als ob wir von nun an nur noch insofern auf Genesung hoffen können, dass er eines Tages vielleicht in der Lage sein wird, einen Kamm zu halten.« Ich schnappte nach Luft, als sie meinte: »Aber er wird nicht wissen, was er damit tun soll.«

Was ist die richtige Reaktion einer Ehefrau, wenn sie so etwas über ihren einst gesunden Mann hört? In dem Zimmer war nicht genug Luft zum Atmen. In meinem Kopf drehte sich alles, und ich spürte, wie mein Verstand aussetzte.

Schließlich brachte ich ein »Danke« hervor. Die Wahrheit ist, dass ich ihre Klarheit zu schätzen wusste. Ich nickte. Ich verstand, was sie mir sagen wollte, und sah ihr nach, während sie wegging. Dann stand ich allein auf dem Krankenhausflur. Ich lehnte mich mit dem Rücken gegen die Wand und glitt schluchzend an ihr hinunter, bis ich mit ausgestreckten Beinen auf dem Boden saß.

Ich begann zu weinen. Es war ein Weinen, das so tief aus meinem Inneren kam, dass ich das Gefühl hatte, aus Wasser gemacht zu sein. Mehr als zwei Wochen waren vergangen, seit dieses Trauma begonnen hatte. Zwei Wochen der Ungewissheit. Der Angst. Der Verwirrung.

Ich wusste, dass Joel nichts von dem wollte, was gerade mit ihm geschah. Die unzähligen Ärzte, Krankenschwestern und Spezialisten. Ein invasiver Eingriff nach dem anderen mit dem Ziel, endlich eine Diagnose stellen zu können. *Wie ist er ins Koma gefallen? Was zerstört sein Gehirn und sein zentrales Nervensystem? Wird er je wieder gesund werden?*

Mir wurde klar, dass nun alles von mir abhing. Tief in meinem Inneren wusste ich, dass alles, was ich von diesem Zeitpunkt an tat, für Joel sein musste. Er hatte keine Stimme mehr, also musste ich für ihn sprechen. Während ich auf dem Boden des Krankenhausflurs saß und meine Tränen nicht enden wollten, spürte ich die Verbundenheit zwischen Joel und mir. Das gab mir Kraft für die vielen Entscheidungen, die ich bald in seinem Namen treffen musste.

KAPITEL 6

FESTHALTEN

Ich habe ein Foto von Joel und Sophie, das mich glücklich und traurig zugleich macht. Es ist während unserer Fahrt in einem Touristenbus quer durch Barcelona entstanden. Die beiden schlafen, sitzen aber aufrecht da, das Kinn auf der Brust. Wir waren am Vorabend angekommen, doch aus irgendeinem Grund hatte ich keinen Jetlag. Nachdem wir den ganzen Morgen die Stadt erkundet hatten, saßen Joel und Sophie im oberen Teil des Busses, ich im unteren Teil. Ich studierte den Stadtplan und überlegte, wo wir aussteigen und welche Sehenswürdigkeiten wir uns ansehen sollten. Als wir uns einer Haltestelle näherten, ging ich nach oben, um sie zu holen, und fand sie tief schlafend vor. Ich konnte es nicht glauben. Wir waren in Barcelona! Es gab so viel zu sehen! Und da saßen meine beiden Reisebegleiter völlig fertig in ihren Sitzen.

Es war heiß, Mitte August, und die Stadt überlaufen. Die beiden waren erschöpft. Angesichts des langen Flugs und der allgemeinen Aufregung, die mit einer so weiten Reise einhergeht, war es nicht ungewöhnlich, keine vierundzwanzig Stunden nach der Ankunft in einem Bus einzuschlafen. Doch

Joel war nicht nur ein wenig erschöpft, er war müde. Das ist ein Unterschied. Er kam nicht mehr so schnell wie früher wieder auf die Beine. Das fiel mir während des gesamten Urlaubs immer wieder auf.

Sophie war damals zehn Jahre alt, und es war das erste und einzige Mal, dass wir alle zusammen in Europa waren. Wir wollten Joels Wunsch, zu reisen, bevor sich sein Zustand verschlechterte, respektieren. Damals glaubte ich nicht, dass die Krankheit so weit fortschreiten würde, dass Joel nicht mehr laufen könnte, doch uns beiden gefiel der Gedanke, miteinander zu verreisen und einen großen Familienausflug zu unternehmen.

Wir hatten eine einwöchige Kreuzfahrt geplant – von Barcelona (wo wir bereits einige Tage vor dem Ablegen eingetroffen waren) über Südfrankreich nach Italien, mit Ausflügen nach Florenz und Rom, und dann wieder zurück nach Spanien. Nach der Schiffsreise wollten wir etwas Zeit in London verbringen und Freunde besuchen.

»Warum reden die Leute Spanisch mit dir?«, fragte mich Sophie, als wir eines Nachmittags im Park Güell waren.

»Ich glaube, sie halten mich aus irgendeinem Grund für eine Spanierin.«

Und Joel meinte: »Du siehst auch irgendwie wie eine aus.«

»*Es posible*«, gab ich zurück.

Joel fuhr fort: »Und dein Highschool-Spanisch ist immer noch *muy bueno*!«

Wir hatten ein paar Dinge in unserer Familie verändert. Während wir durch die Städte tourten, trug ich einen schwereren Rucksack mit Reiseführern, Wasser, Sonnencreme und einer Kamera, Joel eine kleine Tasche mit Snacks, Pässen und Geld. Joel war stoisch, wie immer, aber die Hitze und das Laufen waren zu viel für ihn.

Eine Woche später unternahmen wir in Pompeji einen Rundgang durch die antiken Ruinen. Es war noch früh am

Morgen, aber trotzdem schon über dreißig Grad heiß. Die Luft war dick und feucht. Sophie und ich hielten mit der Gruppe Schritt, doch Joel, der an diesem Tag unbedingt den schwereren Rucksack tragen wollte, blieb etwas hinter uns zurück.

»Schatz«, sagte ich zu ihm, »lass uns tauschen.« Ich hielt ihm die leichtere Tasche hin.

»Nein, alles gut«, antwortete er, »ich schaue mich nur etwas um.«

Ich ging mit Sophie vor, behielt Joel aber im Auge. Sein Gang war zwar damals noch in Ordnung, doch der Boden uneben und die Hitze erdrückend. Er musste immer wieder Pausen machen und bewegte sich sehr langsam.

»Schatz, bitte«, versuchte ich es kurze Zeit später noch einmal, reichte ihm die kleine Tasche und streckte die Hand nach dem größeren Rucksack aus.

Er gab seufzend nach.

»Du machst aus einer Mücke einen Elefanten«, meinte er. »Mir geht es wirklich gut. Ich mag es nicht, wenn du mich behandelst, als sei ich krank.«

»Ich weiß«, sagte ich, »ich bin eine Nervensäge.«

Doch so ging es während der ganzen Reise weiter. Ich blieb eine Nervensäge. Joel gab sein Bestes, ließ mich aber stillschweigend gewähren, wenn ich den schweren Part übernehmen wollte. Die Symptome der MS waren damals noch nicht so schlimm, aber er spürte sie. Es gefiel ihm nicht, der langsame Typ ganz hinten zu sein oder seine Medikamente einpacken und diese Routine stets beibehalten zu müssen, während wir unterwegs waren … Doch die MS war stur und verbrachte einfach mit uns den ganzen Urlaub.

Sophie bemerkte die Veränderungen von Joels Zustand jedoch nicht. Manchmal, wenn er nur wenige Schritte hinter uns lief oder sich für einen Moment setzen musste, erklärte ich ihr: »Daddy geht es gut, er braucht nur kurz eine Pause.«

Sie fragte: »Ist es wegen seiner MS?«

»Ja. Aber ich glaube, wir könnten alle eine Pause gebrauchen.«

Sie verstand das. Joels MS war einfach eine Tatsache, und sie machte sich keine Sorgen darüber, weil Joel und ich sie als Teil unseres Lebens akzeptierten.

Wenn ich an Sophie in diesen frühen Jahren denke, erinnere ich mich daran, wie glücklich und unbeschwert sie damals war. Ich sage ja immer, dass sie ihre Geduld, ihre Freundlichkeit und ihr Einfühlungsvermögen von Joel hat. Sie mag seine Augen und meine Haare haben, aber all ihre *Güte* hat sie von ihm. Das zeigte sich zum Beispiel darin, wie sie unsere Reise dokumentierte. Sie drehte gern kurze Videos, in denen sie erklärte, wo wir waren und was wir gerade taten.

»Hi, ich bin Sophie!«, sagte sie in die Kamera. »Wir sind hier auf der Spanischen Treppe. Das mag sich so anhören, als wären wir in Spanien, aber das sind wir nicht! Wir sind in Italien!« Dabei zeigte sie mit übertriebener Geste auf die berühmte Treppe in Rom hinter sich. Ich liebe diese Videos; sie mag sie heute nicht mehr ansehen. Sie schämt sich für die Klamotten, die sie damals trug, wie sie klang und wie sie aussah. Dabei war sie bezaubernd und hat unsere Reise auf unvergessliche Weise festgehalten. Manchmal, wenn ich sie so richtig ärgern will, muss ich nur mit affektierter Stimme »Hallo, ich bin Sophie!« rufen, und schon rollt sie mit den Augen und schreit »M-o-o-o-m!«.

Joel hielt sich im Großen und Ganzen relativ gut. Wenn wir jedoch die Wahl hatten, eine abgelegene Eisdiele oder Kunstgalerie aufzusuchen oder auf das Schiff zurückzukehren, zog Joel meistens das Schiff vor, was untypisch für ihn war. An einem Tag in Südfrankreich blieben Joel und Sophie an Bord, obwohl wir einen Ausflug gebucht hatten. Sophie fühlte sich nicht wohl; all die exotischen Speisen und die ständige Bewegung des Schiffes und unsere vielen Stadtrundfahrten bekamen ihr nicht. Anstatt ihr die angenehme Rundfahrt in einem klimatisierten Bus durch Nizza und Monaco schmackhaft zu machen, bot Joel ihr schnell an, mit ihr an Bord zu bleiben.

Ich warf ihm einen Blick zu. »Wirklich, Schatz?«

»Ja, ich könnte einen freien Tag gebrauchen.« Er gab mir einen Kuss und meinte dann: »Aber du solltest gehen.«

»Ja, Mom, genieß den Ausflug. Daddy und ich kommen schon klar«, sagte Sophie.

Der Gedanke, sie an Bord zurückzulassen, gefiel mir nicht. Es war typisch für Joel, den besten Platz, das beste Stück Kuchen oder überhaupt das Beste *von irgendwas* für mich aufzugeben. Trotzdem fragte ich mich, ob er sich wirklich so gut fühlte, wie er tat. Gleichzeitig wollte ich Nizza nicht verpassen. Wir waren in Südfrankreich! Ich wollte das Land sehen.

Also zog ich los. Allein. Ich aß Crêpes und besuchte einen wunderschönen Markt mit einigen der schönsten Blumen, die ich je gesehen habe. Ich kam gut allein zurecht, vermisste gleichzeitig jedoch Joel und Sophie. Mit ihnen zusammen hätte ich den Ausflug mehr genossen.

Als wir in London ankamen, schien es Joel besser zu gehen. Es gab nicht mehr ganz so viel zu schleppen. Es war kühler. Wir sprachen die Sprache. Und wir genossen die Zeit mit unseren Freunden! Wir gingen ins Theater, fuhren nach Stonehenge und beobachteten die Wachablösung am Buckingham Palace. Diese Reise nach Europa war die Zeit, die Mühe und das Geld wert. Es war genau so, wie wir es uns erhofft hatten, auch wenn Joel sich in einem eigenen Tempo bewegen musste.

Wir waren sechzehn Tage unterwegs gewesen und hatten in dieser Zeit viele verschiedene Städte und Sprachen kennengelernt und so manches Abenteuer erlebt. Wir probierten neue Speisen und lernten die wichtigsten Sätze auf Spanisch, Französisch und Italienisch. Wir waren viel unterwegs und trafen Menschen aus Irland und Ohio. Wir tranken Tee und Limoncello und aßen Tapas. Wir reisten mit dem Flugzeug, mit dem Schiff und mit dem Zug. Wir haben in diesen sechzehn Tagen intensiv gelebt.

Genauso lange lag Joel nun schon auf der Intensivstation.

Die EEGs zeigten, dass sich seine Gehirnfunktion deutlich verlangsamt hatte, und einer der Neurologen meinte, dass Joel von der Taille abwärts gelähmt sei. Sie befürchteten, dass dieses Virus, was immer es auch war, Joels zentrales Nervensystem angriff. Er hing an einer Maschine, die ihm beim Atmen half, und wurde über eine Infusion ernährt. Sie sprachen nach wie vor davon, dass Joel *sich erholen könnte.* Aber wozu? Das, was Joel und mir immer am wichtigsten gewesen war – seine Lebensqualität –, war bereits stark beeinträchtigt. Vom Verstand her wusste ich, dass die Lage sehr ernst war, emotional klammerte ich mich jedoch immer noch an die Hoffnung.

Ich ging jeden Tag ins Krankenhaus. Nach der Frühschicht brachte ich Sophie zur Schule, bevor ich auf direktem Weg zu Joel fuhr und blieb, bis Hal gegen Mittag kam. Er verbrachte einige Stunden bei ihm, bis Joels Mutter, Nancy, abends kam und sich zu ihm setzte. Das erforderte eine Menge Koordination. Da ich seine Ehefrau war, war ich die Einzige, an die die Ärzte sämtliche Informationen weitergaben. Also rief ich jeden Abend Hal und Nancy an, um sie auf den neuesten Stand zu bringen.

Eines Abends brachte ich kaum ein Wort heraus, als ich Nancy anrief.

»Es sieht nicht gut aus«, setzte ich an und machte mir nicht einmal die Mühe, die Tränen zurückzuhalten.

Sie schnappte nach Luft.

»Der Neurologe sagt, er sei gelähmt.«

Sie schnappte erneut nach Luft.

»Seine Hirnaktivität hat stark nachgelassen.«

»Oh nein!«, schluchzte sie.

»Nancy!«, schrie ich, »ich kann so nicht weitermachen! Du musst mich einfach reden lassen. Ich weiß, wie schwer das ist, aber wenn ich aufgelegt habe, muss ich Hal anrufen. Ich versuche, dir zu sagen, was ich erfahren habe, aber ich bin diejenige, die alles macht und managt, und ich kann nicht zuhören, wie du ausflippst.«

»Es tut mir leid«, entschuldigte sie sich sofort. Ich fühlte mich schrecklich. Joel war ihr Sohn. Welche Mutter würde bei solchen Neuigkeiten über ihr Kind *nicht* so reagieren? Ich holte tief Luft und versuchte, mich zu beruhigen.

»Es tut mir leid, Nancy. Das geht schon so lange so. Ich … Ich brauche einfach eine Pause«, schluchzte ich. Ich versuchte zu atmen, während wir gemeinsam am Telefon weinten.

Nach einer Weile sagte ich: »Ich vermisse Joel.«

»Das weiß ich doch, Liebes. Ich vermisse ihn auch.«

Ich wusste, dass sich die Leute um Sophie und mich sorgten, doch ich war im Survivalmodus und versuchte, alles unter einen Hut zu bringen. Trotzdem war mir klar, wie schlimm die Situation für Nancy und Hal war. Hal bewahrte sich irgendwie seinen Optimismus, doch für Nancy war es unerträglich, Joel so zu sehen. Ich erkannte, dass es keine Rolle spielt, ob dein Kind fünf Monate, fünf Jahre oder fünfzig Jahre alt ist. Es ist immer noch dein Kind. Zu sehen, wie es leidet, besonders wenn es auf der Intensivstation eines Krankenhauses im Koma liegt, ist mehr als schrecklich. Ich wollte alle anderen trösten, und sie mich – etwas, was mich völlig überforderte.

An diesem Abend ging ich voller Kummer ins Bett. Sophie schlief bereits auf der Seite des Bettes, die inzwischen zu ihrer Seite geworden war – und früher Joels Hälfte gewesen war. Ich dachte an Joel und daran, was er alles ertragen musste.

Er lag nun seit fast drei Wochen im Krankenhaus. Fast einundzwanzig Tage. Angeblich dauert es einundzwanzig Tage, bis man sich etwas an- oder abgewöhnt hat.

Woran ich mich offensichtlich gewöhnen musste, war ein Leben ohne Joel.

Ich trug noch die Kleidung, die ich den ganzen Tag angehabt hatte, als ich mich in den Schlaf weinte.

Am nächsten Tag wartete Jillian im Krankenhaus auf mich. Vor mir stand derselbe junge Arzt wie eine Woche zuvor. Jillian hielt ihren Notizblock bereit, so wie sie es immer tat, wenn die Ärzte mit Neuigkeiten hereinkamen. Sie hielt sich ein Taschentuch vor die Nase und setzte sich neben Joel, während ich dem Arzt erwartungsvoll gegenüberstand. Er wirkte äußerst trübsinnig und hatte Mühe zu sagen, was er mir sagen wollte.

»Die Kulturen sind zurückgekommen …« Er scharrte mit dem Fuß.

»Okay, gut!«, meinte ich hoffnungsvoll.

Joel war im ersten Krankenhaus auf eine Vielzahl von Viren getestet worden, doch sämtliche Tests waren negativ gewesen. Da seine Symptome anhielten, wurde er ständig erneut auf verschiedene Krankheiten und Viren getestet und diese Tests wurden alle paar Tage wiederholt, um herauszufinden, welche Antikörper in den Kulturen vorhanden waren, sofern es überhaupt welche gab. Das war der Moment, auf den wir alle gehofft hatten.

Jillian drehte sich zu dem Arzt um, und wir beide warteten gespannt. Er sah sich um und starrte schließlich auf seine Füße.

Er suchte nach Worten. »Er, ähm … er wurde positiv auf das West-Nil-Virus getestet.«

»O mein Gott«, flüsterte Jillian. »Armer Joel.«

Sie hatte wochenlang über das West-Nil-Virus und andere Viren gelesen, um vielleicht eine Ahnung zu bekommen, was Joel so zusetzte. All diese Informationen hatte sie für mich zusammengestellt, damit ich mit den Ärzten ein sachkundiges Gespräch führen konnte, wann immer es etwas Neues zu besprechen gab.

Die meisten Menschen, die mit dem West-Nil-Virus infiziert sind, entwickeln keine Symptome. Bei einer leichten Infektion kann es zu Halsschmerzen, Gliederschmerzen und Müdigkeit kommen. Im schlimmsten Fall kann das Virus zu Entzündungen in Gehirn und Rückenmark sowie zu Koma und Lähmungen führen.

»Okay, was bedeutet das jetzt genau?«, fragte ich ruhig und direkt.

Wieder einmal konnte mir ein Arzt nicht in die Augen schauen. Ich dachte, er würde gleich weinen. Ich konnte sehen, wie er sich bemühte, Fassung zu bewahren. Es schien, als hätte er in der Gruppensitzung an diesem Tag das kürzeste Hölzchen gezogen und müsste mir nun widerwillig die Nachricht überbringen.

Ich schaute zu Jillian, die Joel ansah und leise in das Taschentuch weinte. Sie fuhr ihm mit den Fingern durchs Haar.

Ich sah den Arzt an. »Okay, jetzt wissen wir also, dass es das West-Nil-Virus ist. Was passiert als Nächstes?«

Ein Teil von mir dachte, es gebe ein Gegenmittel. Eine Lösung. Etwas, das Joel helfen würde. Ein anderer Teil von mir dagegen, der Teil, der am meisten Angst hatte, wusste, dass es so etwas nicht gab.

Der Arzt schwieg.

»Okay«, versuchte ich es noch einmal, »nehmen wir an, das würde jemandem passieren, der Ihnen nahesteht. Was würden Sie tun?«

Er schien um eine Antwort zu ringen, bis er schließlich meinte: »Wenn es sich um meinen Vater oder meine Mutter handeln würde, würde ich darüber nachdenken, dass sie ein langes Leben geführt haben. Dass sie ein schönes Leben gelebt haben. Ich könnte verstehen, wenn man sich entscheiden würde … ähm … nun …«

Er beendete seinen Satz nicht. Das brauchte er auch nicht. Dank meiner unerwarteten und jüngsten Weiterbildung im

Umgang mit Viren wusste ich, dass selbst die harmlosesten Viren, wie eine Erkältung oder Grippe, manchmal einfach ihren Lauf nahmen. Und das West-Nil-Virus hatte bei meinem Mann seinen Lauf genommen.

Anfang der Woche hatte man überlegt, Joel in eine Rehaeinrichtung zu verlegen. Hierfür wären eine PEG-Sonde und eine Tracheotomie erforderlich gewesen, um ihn am Leben zu erhalten. Für die Sonde würde man ein Loch in seinen Magen bohren, um einen Ernährungsschlauch einzuführen. Eine Tracheotomie, also ein Luftröhrenschnitt, bedeutete ein Loch in seinem Hals, um ihn dauerhaft an ein Beatmungsgerät anschließen zu können. Schon seit Wochen steckte ein Atemschlauch in seinem Hals. Die Ärzte waren sich einig, dass dieser Schlauch nach so langer Zeit zu einer Gefahr wurde, weil er eine Infektion hervorrufen und das Wohlbefinden des Patienten gefährden konnte.

Welches Wohlbefinden?, dachte ich.

Joel lag direkt vor mir. Sein Haar war länger, der Bart voller als früher. Er fühlte sich warm an, und ich konnte durch das dünne Krankenhausnachthemd sein Herz schlagen spüren. Das Surren der Maschinen, die ihn am Leben hielten, lieferte eine Melodie, die ich fast ein Jahr lang nicht mehr aus meinem Kopf bekommen sollte. Ich nahm seine schlaffe Hand, führte sie an meine Wange, bahnte mir einen Weg durch die allgegenwärtigen Schläuche und legte die andere Hand auf sein Gesicht.

Ich spürte, wie er darauf wartete, dass ich ihn losließ.

Kapitel 7

Entscheidungen

Nachdem wir erfahren hatten, dass Joel am West-Nil-Virus litt, setzten wir mit der ganzen Familie ein Treffen mit einem Sozialarbeiter des Krankenhauses und der Ärztin an, die Joel aufgenommen hatte – jene Ärztin, die mir so beiläufig erklärt hatte, dass er im Koma lag. Als Leiterin der neurologischen Intensivstation sollte sie unsere Fragen beantworten. Sie schien gestresst und schlecht vorbereitet, als sie hereinkam. »Es tut mir leid; ich wusste nicht, dass wir heute Morgen einen Termin haben. Was möchten Sie wissen?« Sie wirkte ungeduldig, fast als fühlte sie sich angegriffen, möglicherweise weil sie davon ausging, dass wir sie für irgendein medizinisches Versagen seitens der Klinik und/oder ihres Personals verantwortlich machen wollten.

Sie hatte jeden Tag mit medizinischen Traumen zu tun. Doch meine Familie durchlitt gerade ein emotionales Trauma, und ihre Haltung machte eines deutlich: Sie wusste nicht, wie sie uns dabei helfen sollte.

Wir hatten inzwischen begriffen, dass Joel gelähmt war und Hirnschäden davongetragen hatte, weil das West-Nil-Virus sein zentrales Nervensystem zerstörte. Seine Multiple Sklerose hatte ihn für das Virus anfällig gemacht. Die MS-Medikamente hatten nicht mehr gewirkt, und die Steroidinfusionen, die ihn auf lange Sicht hätten stärken sollen, hatten sein Immunsystem geschwächt, weshalb er das Haus während der Behandlung nicht hatte verlassen dürfen. Wegen der Steroide war er für jede Erkältung oder andere Infektion empfänglich, und seinem Körper fehlte die Kraft, sich dagegen zu wehren.

Nichts würde meinem Mann mehr helfen können.

Ich dachte an unseren Garten, der einer seiner Lieblingsorte war. Er liebte es, sich um unsere Rosenbüsche und Tomaten zu kümmern. Er liebte es, die Sträucher rund um den Pool zu stutzen, die Schubkarre, die wir ihm einmal am Vatertag geschenkt hatten, durch die Gegend zu schieben und die Zitronen von unserem fruchtbaren Zitrusbaum einzusammeln. Während der Behandlung mit den Infusionen hatte er draußen jedoch nur noch ein Nickerchen gemacht oder war herumgeschlendert. Er hütete sich davor, seiner üblichen Gartenarbeit nachzugehen, und hatte auch keine Kraft dazu.

Das West-Nil-Virus wird häufig durch Mücken übertragen, und der Aufenthalt in unserem Garten hatte sich für ihn als tödlich erwiesen. Doch das wussten wir damals noch nicht.

Es dauerte Wochen, bis Joel Symptome zeigte, und es begann schließlich mit dem hohen Fieber.

Während er im Krankenhaus lag, riefen die Nachbarn aus unserer kleinen Straße ohne unser Wissen wütend unseren Stadtrat und das Gesundheitsministerium an und verschickten E-Mails. In jenem Sommer war in Los Angeles überall vom West-Nil-Virus die Rede. Dreizehn Menschen hatten sich infiziert, eine Person war gestorben. In Ferienlagern, Arztpraxen und sogar in einigen Supermärkten hingen Flugblätter mit Mückenwarnungen. In einer der ersten E-Mails, die ich Greg an unsere Freunde schicken ließ, erwähnte er, dass Joel auf verschiedene Krankheiten getestet worden war, unter anderem auf das West-Nil-Virus. Mehr mussten meine Nachbarn nicht hören. Sie alle bewunderten Joel und sorgten sich um unsere Familie. Besonders unsere hundeverrückte Nachbarin Roxanne plauderte jedes Mal mit Joel, wenn er draußen unsere üppigen Rosensträucher schnitt. Sie tat dasselbe in ihrem Vorgarten ein paar Häuser weiter.

Wir waren zu der Zeit alle aufgebracht wegen des Hauses gleich neben uns. Es war Monate zuvor von einem Bauträger gekauft worden, und die Arbeiten für den Umbau in eine pompöse Villa hatten noch nicht begonnen. Es war ziemlich verfallen und der Garten zugewuchert. Der Swimmingpool war halb ausgetrocknet und sah eher wie ein Sumpf aus. Wir waren alle überzeugt, dass die infizierte Mücke von diesem Pool gekommen sein musste. Das schien offensichtlich. Da man das Flugverhalten einer Mücke jedoch weder bestätigen noch verfolgen kann, konnten wir kein Fehlverhalten nachweisen und keine Klage einreichen.

Während der Besprechung fragte ich die Ärztin: »Wird Joel nur noch von dem Beatmungsgerät am Leben erhalten?«

Unsere Blicke trafen sich. Sie erkannte mein Bedürfnis, das Offensichtliche von ihr zu hören, und antwortete: »Wenn wir das Gerät abschalten, wird Ihr Mann vermutlich nicht allein atmen können.«

»Und wenn er nicht allein atmen kann, würde er …?« Ich ließ die Frage unvollendet. Ich wollte das Wort *sterben* nicht aussprechen.

Sie nickte nur und meinte: »Das ist richtig.«

Nun ergriff Hal das Wort: »Ist das Beatmungsgerät also eine lebenserhaltende Maßnahme?«

Ohne zu zögern, antwortete die Ärztin: »Ja, das ist es.«

Wir sahen uns fassungslos an. Bei all den medizinischen Unklarheiten und den Versuchen herauszufinden, was mit Joel los war, hatte das niemand von uns wirklich erkannt. Man hatte Joel schon vor seiner Verlegung in dieses Krankenhaus an ein Beatmungsgerät angeschlossen, doch es hatte nur zur Unterstützung seiner Atmung gedient. Damals hatte er noch selbstständig atmen können. Doch da sein Körper jeden Tag mit neuen Problemen zu kämpfen hatte, hielt ihn die Maschine inzwischen am Leben. Wie bei der Frage, ob er im Koma lag, hätten wir das nicht gewusst, wenn Hal nicht nachgefragt hätte.

Joels Hirn ist geschädigt.

Joel ist gelähmt.

Joel wird am Leben erhalten.

Ich wusste, dass ich eine Entscheidung über meinen Mann treffen musste. Wir beendeten das Gespräch mit der Ärztin, und ich nahm mir den Rest des Tages Zeit, um alles zu verarbeiten. Diese Entscheidung musste ich treffen und nur ich allein. Ich wollte, dass Joels Leiden ein Ende hatte. Mir fehlte die Kraft, darüber nachzudenken, wie ich ohne ihn leben sollte. Es schien unmöglich. *Mit wem werde ich lachen? Wer wird mir die Dinge so erklären, wie Joel es tat? Wer wird mit mir Sophie großziehen? Wer wird mich so bedingungslos lieben? Mit wem werde ich mein Leben verbringen?*

Ich wollte nur, dass Joel das alles hinter sich ließ. Die MS. Das West-Nil-Virus. Sein Leiden. In vielerlei Hinsicht war der Tod die einzige Option, und die Zeit war gekommen. Ich wusste mit absoluter Sicherheit, dass Joel sich das gewünscht hätte. Er wäre erleichtert gewesen.

»Endlich!«, hätte er lachend gesagt. »Im Ernst, Schatz, wieso hast du so lange gebraucht?«

Nun war es eine Frage des Timings. Hätte ich der Ärztin am Morgen gesagt »Schalten Sie heute die lebenserhaltenden Maschinen ab«, hätte sie es getan.

Doch heute war mein Geburtstag. Ich wollte nicht, dass mein Mann an meinem Geburtstag starb.

Halloween stand vor der Tür, und Sophie war so aufgeregt. Sie hatte bereits ihr Schneewittchenkostüm und Pläne mit ihren Freunden geschmiedet. Sie sollte noch einen Abend Spaß haben, bevor unsere Welt zusammenbrach.

Also wählte ich den Tag nach Halloween, um seinem Leben ein Ende zu setzen, als ob das noch einen Unterschied gemacht hätte.

Hal war mit meiner Entscheidung nicht einverstanden. Er war wütend und wollte Antworten. Am nächsten Morgen trafen wir uns mit dem zweiten Chefarzt der neurologischen Intensivstation. Im Vergleich zu ihm erschien mir die Ärztin, mit der wir am Vortag gesprochen hatten, entspannt und lässig. Er warf mit medizinischen Fachbegriffen nur so um sich und zeigte noch weniger Manieren am Krankenbett. Doch Hal blieb hartnäckig. Er war der Meinung, man müsse alles ausprobieren, alle Möglichkeiten ausloten, auch wenn sie das schon seit Wochen getan hatten.

»Ich bin mit Melissas Entscheidung nicht einverstanden! Es muss doch etwas geben, was Sie tun können!«, beharrte er.

»Für diese Viren gibt es keine Behandlung«, antwortete der Arzt.

»Ich will aber nicht, dass er gelähmt ist«, sagte Hal. Es schien, als würde ihm zum ersten Mal bewusst werden, wie schlimm es um Joel stand.

»Aber das ist er bereits«, meinte der Arzt. Hal wurde von Sekunde zu Sekunde blasser.

»Manchmal wachen sie zwar wieder auf«, fuhr der Arzt fort, »aber das ist nicht schön.«

»Wie können Sie so etwas sagen? Haben Sie einen Sohn? Oder eine Tochter?«, wollte Hal wissen.

Ich stellte mir vor, ein Arzt würde so etwas zu Joel und mir sagen. *Was, wenn es Sophie wäre? Was, wenn es meine Eltern wären, mit denen der Arzt spricht?*

Der Arzt schüttelte den Kopf und sah Hal direkt in die Augen.

»Sie wollen nicht, dass Ihr Sohn aus dem Koma erwacht.«

»Doch, das will ich!«, schrie Hal.

»Das wollen Sie nicht. Denn wenn Ihr Sohn aufwachen würde, wäre das ein schlimmeres Schicksal als der Tod.«

Hal saß da, ernüchtert und besiegt. Es dauerte eine Weile, bis wir uns beide wieder gefasst hatten. Wir saßen auf der Intensivstation. Der Betrieb lief wie gewohnt weiter. Krankenschwestern und Ärzte gingen mit Medikamenten, Tragen und Infusionsbeuteln ein und aus. Überall um uns herum herrschte Krankheit. Wir brauchten beide frische Luft.

Bevor wir das Krankenhaus verließen, kam eine der Krankenschwestern weinend zu mir.

»Ich wollte Ihnen nur sagen, dass ihn gehen zu lassen das Liebevollste ist, was Sie für Ihren Mann tun können. Sie tun das Richtige. Das versichere ich Ihnen.«

Ich fuhr Hal nach Hause, und wir riefen Nancy gemeinsam vom Auto aus an. Sie war am Tag zuvor bei dem Treffen mit der Ärztin dabei gewesen, und obwohl sie meine Entscheidung kannte, glaubte sie, dass Joel eine Reha vielleicht doch guttun würde. Wir könnten den gleichen Besuchsplan beibehalten, hatte sie vorgeschlagen. *Wunder können geschehen.*

Ich wollte nicht in der Situation sein, in der ich Joels Eltern von der »richtigen Handlung« überzeugen musste, die sie für ihren Sohn vollbringen sollten. Doch genau das war ich. Wir hatten Joels Stimme seit Wochen nicht mehr gehört, aber meine Schwester erinnerte mich an die E-Mails, die er seinen Ärzten nach unserer Rückkehr aus Mexiko geschickt hatte. Jede Einzelne war ein Hilferuf gewesen. Ich beschloss, sie Joels Familie zu zeigen. Vor allem diese hier hatte eine besondere Wirkung auf sie:

Sehr geehrte Dr. K, meine Frau und ich sind sehr besorgt. Meine Beine werden immer schwächer, und ich habe das Gefühl, dass es mir rapide schlechter geht. Ich kann meine Füße kaum noch spüren, und mein Gleichgewichtssinn ist inzwischen zu einem echten Problem geworden. Außerdem spüre ich eine Taubheit von der Taille abwärts, die ich noch nie zuvor gehabt habe. Jeder Tag ist eine Herausforderung. Ich leide an heftigen Schmerzen in Beinen, Füßen und Rücken, und meine Lebensqualität wird auf erschreckende Weise beeinträchtigt.

Wir alle wussten, dass Joel gelitten hatte, aber es zu hören und mit seinen eigenen Worten zu lesen, beseitigte alle Zweifel.

In vielerlei Hinsicht war ich erleichtert und seltsam ruhig. Wo wochenlang nichts als Verwirrung geherrscht hatte, war plötzlich alles kristallklar. Ich war dabei, Joels Leben zu beenden.

Jetzt musste ich es Sophie sagen.

KAPITEL 8

DAS ENDE

Sophie und ich sind uns einig, dass es draußen dunkel war und wir in unserer Küche saßen.

Sophie meint, das Gespräch habe mit einer Frage über Joel begonnen, die sie mir gestellt hatte und auf die ich antwortete: »Wir werden am Freitag die lebenserhaltenden Geräte abschalten.«

Ich dagegen glaube, dass ich das Gespräch mit »Ich muss dir sagen, was mit Daddy los ist.« begonnen habe.

Mein Tonfall war beiläufig. Auch in diesem Punkt sind wir uns einig. Ich wollte nicht, dass Sophie spürte, wie machtlos ich war. Außerdem wollte ich nicht übermäßig dramatisch sein. Das war schon die Situation an sich. Ich wollte das Gespräch nicht mit den Worten *Soph, wir müssen über etwas sehr Ernstes reden* beginnen. Selbst für eine Dreizehnjährige war das offensichtlich. Gleichzeitig wollte ich nicht, dass es sich leicht oder unwichtig anfühlte. Falls es einen »richtigen« Weg gibt, seinem Kind zu sagen, dass sein Vater im Sterben liegt, kannte ich ihn nicht.

»Du weißt, dass Daddy im Koma liegt.« Sophie nickte. »Und das ist sehr traurig, denn die Ärzte glauben, dass er nicht mehr der Daddy wäre, den wir kennen, wenn er jemals wieder aufwachen würde. Er würde mich nicht mehr erkennen, er würde unser Haus nicht mehr erkennen. Er würde nicht einmal dich mehr erkennen.« An dieser Stelle brach meine Stimme. Ich wollte meine Tochter in den Arm nehmen und festhalten, während sie weinte und schrie. Aber sie blieb ganz stoisch, genau wie ihr Vater. Also versuchte ich, das auch zu sein.

»Würde er in einem Rollstuhl sitzen?«, fragte sie.

»Ja, das würde er. Doch er wäre nicht in der Lage, ihn vorwärtszubewegen.«

»Wer würde das dann tun? Wir?«

»Ich glaube nicht, dass es Daddy gefallen würde, wenn einer von uns beiden sich so um ihn kümmern müsste.«

Sie nickte.

»Das müsste jemand anders tun. Eine Krankenschwester zum Beispiel. Jemand anders müsste alles für ihn tun. Er wäre nicht in der Lage, allein zu essen, sich die Zähne zu putzen oder auf die Toilette zu gehen.«

Sie nahm alles in sich auf und versuchte, diese unmöglichen Worte zu verstehen.

Joel war nie ein »Wochenend«-Vater gewesen, sondern hatte stets aktiv an ihrem Leben teilgenommen. Er und Sophie standen sich sehr nahe. Er hatte immer ihre Freundlichkeit, ihre Intelligenz, ihr Talent bewundert. Ich könnte die Liste beliebig fortsetzen. Wir waren beide total vernarrt in sie.

»Also würden wir eine Rampe ins Haus bauen lassen?«

In dem Moment begann ich zu weinen. Ich versuchte, dennoch die Fassung zu wahren, was nicht allzu schwer war, da ich innerlich taub war. Ich konnte nicht glauben, dass ich dieses Gespräch mit unserem Kind führte. Ich konnte nicht glauben, dass mein Mann die Person war, über die ich gerade sprach. Ihr Vater. Unsere Familie.

»Die Sache ist die, ich glaube nicht, dass Daddy wieder nach Hause kommt.«

In diesem Moment sah ich, wie sich etwas in ihrem Gesicht veränderte. Es war, als ob sie von einem Augenblick auf den anderen von der Unschuld und Glückseligkeit der Kindheit zur erschütternden Realität des Erwachsenseins überging. Tränen stiegen ihr in die Augen.

Ich würde gern sagen, dass ich sie in den Arm genommen habe und dass wir gemeinsam weinten und trauerten. Vielleicht haben wir genau das getan, aber wir können uns beide nicht daran erinnern.

Schließlich erzählte ich ihr von den Plänen für die kommenden Tage.

»Ich weiß ja, dass in ein paar Tagen Halloween ist. Du kannst immer noch mit deinen Freunden ausgehen und dich verkleiden. Aber am nächsten Morgen werden wir uns von Daddy verabschieden.«

»Werde ich an diesem Tag zur Schule gehen?« Diese Frage brach mir das Herz. Sie hielt sich immer an die Regeln, sie war ein guter Mensch, wie Joel.

»Nein, Smoosh. Du musst an diesem Tag nicht zur Schule gehen, auch die ganze nächste Woche nicht. Wir schauen einfach, wie es dir geht. Über Thanksgiving hast du sowieso eine Woche frei, und wir sehen einfach Tag für Tag weiter. Lass dir die Zeit, die du brauchst, okay? Deine Lehrer und alle anderen verstehen das.«

Als Joel in das Krankenhaus im Stadtzentrum verlegt worden war, hatte ich mich mit der Schulpsychologin an Sophies Mittelschule getroffen. Sie war erst seit diesem Jahr an der Schule, noch sehr jung und sehr freundlich. Sie sollte wissen, was vor sich ging, falls Sophie einen Rückzugsort oder außer mir noch jemanden zum Reden brauchte. Außerdem fungierte die Therapeutin als Verbindungsperson zu Sophies Lehrern, die alle mit uns fühlten und am Boden zerstört waren über das, was eine ihrer Lieblingsschülerinnen gerade durchlebte.

Sie meldeten sich häufig bei mir und standen auf der stetig wachsenden Liste der Personen, welche die E-Mail-Updates erhielten.

Sophie akzeptierte, was ich sagte. Allein Joel in diesen drei Wochen im Krankenhaus zu sehen – die mir manchmal wie drei Jahre, manchmal wie drei Minuten vorkamen –, war beängstigend für sie gewesen. Sie schien zu verstehen, dass es für Joel kein lebenswertes Leben mehr gab. Irgendwann an diesem Abend gingen wir in mein Bett, kuschelten uns aneinander und weinten zusammen.

Als sie noch jünger gewesen war, hatten Joel und Sophie sich gern eine Spielshow im Fernsehen angesehen. Ich habe sie nie verstanden. Es ging um Koffer mit Geld, einen versteckten Banker und darum, dass die Teilnehmer rieten, in welchem Koffer das meiste Geld steckte, das sie möglicherweise gewinnen konnten. Um halb acht abends, nach dem Bad und vor der Gutenachtgeschichte, sahen sie eine halbe Stunde fern. Ich kann sie heute noch rufen hören. *Wheel! Of! Fortune!* Oder die Titelmelodie der »Simpsons« mitsingen. Ich musste nicht im selben Zimmer sein, um Sophie kichern zu hören oder um zu wissen, dass Joel lächelte, während sie aneinandergekuschelt auf der Couch saßen. Er liebte diese Zeit mit ihr, und ich liebte es, dass sie ihre Rituale hatten.

Manchmal, wenn sie sich ihre Show ansahen, ging ich durch das Zimmer und murmelte: »Ich verstehe das wirklich nicht.«

»Schatz«, sagte Joel dann lachend, »das ist doch so einfach. Es gibt sechsundzwanzig Koffer, und die Leute versuchen zu erraten, in welchem Koffer das meiste Geld steckt. Dann macht der Banker ein Angebot, das höher oder niedriger sein kann als die Summe, die in dem Koffer ist. Das ist das Risiko des Spiels!«

»Aber wer ist der Banker?«

»Das ist doch völlig egal!«, antwortete Joel entnervt.

»Sieh einfach zu, dann verstehst du es, Mom! Das ist gar nicht so schwer«, meinte meine Drittklässlerin, während Joel und sie die Augen verdrehten.

Aber ich habe es nie verstanden.

Für mich war das Einfache manchmal schwierig. Wie sollte ich ohne Joel irgendetwas verstehen?

Es brach mir für Sophie mehr das Herz als für mich. *Wie musste sie sich erst fühlen?* Bis zu diesem Zeitpunkt war sie erst ein einziges Mal mit dem Tod konfrontiert worden, als unsere geliebte Katze Puddin' gestorben war. Doch ein Haustier zu verlieren, bereitet ein Kind nicht auf den Tod eines Elternteils vor. Ihre sechs Großeltern waren alle noch am Leben und wohlauf.

Für ein Kind ist es wider die Natur, einen Elternteil vor seinen Großeltern zu verlieren.

Genauso wie es undenkbar ist, dass ein Elternteil sein Kind überlebt. Das ergab keinen Sinn.

Da Hal seinen Vater ebenfalls mit dreizehn, also im gleichen Alter wie Sophie, verloren hatte, schien es besonders grausam, dass er nun, mit dreiundsiebzig Jahren, auch seinen Sohn verlieren würde.

Auch Elisabeth hatte im Alter von zehn Jahren ihre Mutter verloren, meine Mutter ihren Vater mit siebzehn Jahren.

Die Großeltern gaben mir eine gewisse Zuversicht, dass dieser Verlust zwar unerträglich erschien, man mit ihm aber leben konnte, was mich ein wenig tröstete. Obwohl Sophie sich all dessen bewusst war, war dies kein Vergleich zu dem Verlust von Joel. Denn das war ihr Verlust.

Ich fuhr auch in dieser Woche jeden Tag ins Krankenhaus und rief eine ausgewählte Gruppe von Freunden an, damit sie sich von Joel verabschieden konnten. Ich überlegte mir genau, wen Joel hätte sehen wollen und bei wem es ihm nichts ausgemacht hätte, dass er ihn in diesem Zustand erlebte. Ich war daran gewöhnt, dass er nicht ansprechbar war und überall Schläuche hingen, unsere Freunde jedoch nicht. Sie alle kannten Joel nur als energiegeladenen, lebhaften Menschen. Trotz meiner Vorwarnung, dass es nicht einfach sein würde, ihn so zu sehen, war der Anblick für die meisten, die vorbeikamen, schockierend.

Bei so vielen Besuchern in den Tagen und Wochen davor hatte ich mich daran gewöhnt, erwachsene Männer weinen zu sehen. Trotzdem war es jedes Mal niederschmetternd.

Ein Freund weinte regelrechte Sturzbäche, ein anderer verabschiedete sich zu einem Zeitpunkt von Joel, als ich nicht da war. Er rief mich später an, um mir davon zu erzählen, musste aber dreimal erneut anrufen. Er schluchzte bei jedem Anruf so heftig, dass er kein Wort herausbekam.

Bis dahin hatte ich so viel geweint, dass ich glaubte, keine Tränen mehr zu haben.

An Halloween half ich Sophie beim Fertigmachen und setzte sie mit ihrem Plastikkürbiseimer bei ihrer Freundin ab, mit der sie Süßigkeiten sammeln wollte. Sie meinte, sie freue sich darauf, mit ihren Freundinnen »Süßes oder Saures« zu verlangen, obwohl sie wusste, dass sie sich am nächsten Tag von ihrem Vater verabschieden würde. Doch eine Stunde, nachdem ich sie abgesetzt hatte, erhielt ich einen Anruf, dass ich sie abholen solle.

Als sie ins Auto stieg, sagte ich: »Es tut mir leid, Smoosh. Ich weiß, das ist ein furchtbarer Abend.«

Sie war sichtlich verärgert. »Meine Haare!«, heulte sie. »Sie sollten wie bei Schneewittchen gelockt sein, aber das hinzukriegen dauerte ewig. Alle warteten darauf, endlich loszuziehen, und wir wurden nicht fertig. So wollte ich heute Abend nicht losgehen!«

Ich nickte.

»Ich weiß gar nicht, warum ich überhaupt losziehen wollte.« Sie fischte in ihrem Plastikkürbiseimer. »Ich mag die Süßigkeiten, die ich bekommen habe, nicht einmal!«

Auf der kurzen Fahrt nach Hause saß sie frustriert und schweigend neben mir. Ich wusste nicht, wie ich sie trösten sollte, aber ich war mir ziemlich sicher, dass sie um etwas viel Wichtigeres weinte als um Haare und Süßigkeiten.

Am nächsten Morgen standen wir zu elft um Joels Krankenhausbett herum. Unsere engste Familie, Sophie, ich und Rabbinerin Hannah. Er wurde noch am Leben erhalten, als die Rabbinerin das Kaddisch, das jüdische Trauergebet, sprach. Wir schluchzten, standen unter Schock. Die Trauer im Raum war spürbar. Sie war laut. Sie war hässlich. Sie war schmerzhaft.

Als das Kaddisch vorbei war, nahm sich jedes Familienmitglied etwas Zeit allein mit Joel. Danach wollten sie alle das Krankenhaus verlassen. Ich verstand das. Es war das Traurigste, was ich je erlebt habe. Sie wollten von hier weg. Auch Sophie beschloss, mit ihren Großeltern zu gehen. Ich würde sie in ein paar Stunden zu Hause wiedertreffen.

Ich blieb allein bei Joel zurück. Zu diesem Zeitpunkt hing er noch an den lebenserhaltenden Geräten, und die Krankenschwestern und Ärzte ließen uns unsere Privatsphäre. Ich bin keine Frau, die viel Make-up benutzt, aber an diesem Tag hatte ich welches aufgelegt. Ich trug sogar mein langes Haar offen. Ich wollte hübsch aussehen. Ich wollte, dass Joel mich so in Erinnerung behielt. Ich dachte, *er stirbt so jung. Was, wenn er mich nicht mehr erkennt, wenn wir uns wiedersehen? Ich werde vielleicht alt und faltig sein, aber er wird immer noch jung sein und gut aussehen.*

Ich erinnere mich an das Gefühl der Angst, als Rabbinerin Hannah an die Tür klopfte.

»Geht es Ihnen wirklich gut?«, fragte sie.

»Ich bleibe nur noch, um mich zu verabschieden«, sagte ich ihr.

»Ich bleibe gern bei Ihnen«, erwiderte sie.

Es war ein Freitag. Ein arbeitsreicher Tag für Rabbiner, der Beginn des Sabbats.

»Mir geht es wirklich gut«, versicherte ich ihr. »Meine beste Freundin kommt mich abholen.«

Ich hatte mit Jillian vereinbart, dass sie mich an diesem Tag vom Krankenhaus nach Hause bringen würde. Sie hatte mir eine SMS geschrieben, dass sie unten sei und dass ich mir Zeit lassen solle.

»Danke für alles«, sagte ich zu der Rabbinerin.

Wir umarmten uns zum Abschied, bevor sie ging.

In diesem Moment begann ich, richtig zu weinen. *Mein armer Joel!* Er lag dort vor mir, leblos, aber immer noch am Leben. Die Ärzte hatten mich gewarnt, dass das Abschalten der Maschinen nicht gleich zum Tod führen musste.

»Er könnte stundenlang durchhalten«, hatte einer gemeint. »Manchmal dauert es Tage. Aber bei ihm geht es wahrscheinlich schnell.«

Sie versicherten mir, dass Joel keine Schmerzen haben würde. Wochenlang war er hin und her bewegt, getestet und beobachtet worden. Die Ärzte und Krankenschwestern hatten die ganze Zeit dafür gesorgt, dass er sich wohlfühlte. Ich glaubte, dass der Tod Joel endlich die Erleichterung bringen würde, die er verdiente.

Ich hatte immer noch Angst vor all den Kabeln, an die er angeschlossen war. Es war immer noch schwer, ihm so nahezukommen, wie ich es mir gewünscht hätte. Ich wollte mich neben ihn legen – er auf dem Rücken, ich auf der Seite an ihn gekuschelt. Ich konnte es nicht. Die ganzen drei Wochen hatte ich meinem Mann nicht nahekommen können. Ich konnte nicht spüren, wie er auf meine Berührung reagierte. Ich konnte sein Lachen nicht hören.

Sein Leiden würde vorbei sein, das wusste ich. Das war mein Mantra: *Kein Leiden mehr ... Kein Leiden mehr.* Das war der Gedanke, der mir die Kraft gab, mich zu verabschieden. Ich begann am Fußende des Bettes, wo seine Füße unter der leichten Decke hervorschauten.

Ich küsste die Oberseite jedes Fußes.

»Ich liebe dich«, flüsterte ich ihm zu und drückte jede seiner langen Zehen. »Fingerzehen« hatten wir sie immer genannt.

Vorsichtig nahm ich seine Hände, wobei ich darauf achtete, die Infusionen nicht zu behindern, so dumm das im Nachhinein auch erscheinen mag.

»Schatz«, sagte ich, während ich seine Finger küsste. »Dito«, noch ein Kuss. »Dito«, noch ein Kuss. »*Dito.*«

»Ich liebe dich, mein Schatz«, hauchte ich weinend in seine Handflächen. »*Dito!*«

Ich hielt seine schlaffe Hand vor mein Gesicht und flüsterte: »Was auch immer geschieht …«, denn ich würde ihn finden. Ja, das würde ich. Das ließ mich durch meine Tränen hindurch lächeln.

Ich sah zu seinem Gesicht hinauf. Seine Augen waren geschlossen, wie sie es die ganze Zeit gewesen waren. Er hatte eine Magensonde im Mund, dieselbe, die schon seit Wochen dort lag. Ich streichelte seinen inzwischen vollen Bart.

»Es ist okay, Schatz. Es wird alles gut.« Ich griff über alles hinweg, über die Kabel und Geräte, und küsste seinen Kopf. »Es ist okay«, wiederholte ich immer wieder. »Du wirst frei sein. Du wirst frei sein. Es wird dir so viel besser gehen. Das wird es.«

In diesem Moment kam mir ein Gedanke. Ich wollte, dass Joel eines wusste – wobei ich im Nachhinein glaube, dass er das längst tat. Mit dem Mund an seiner Stirn sagte ich ihm: »Sophie und ich werden es schaffen. Ich werde mich um sie kümmern, mein Schatz. Wir kriegen das hin.«

Allein bei dem Gedanken an Sophie brach alles unter Keuchen, Schluchzen und Tränen aus mir heraus. Wie werde ich ihr ein

Leben ohne ihren Vater ermöglichen können? Wie werde ich ohne Joel an meiner Seite überhaupt irgendetwas tun können? Wie werde ich stark genug sein, sie allein großzuziehen?

Trotzdem hatte ich das Gefühl, dass Joel darauf vertraute, dass es uns gut gehen würde. Ich glaubte nicht, dass er sterben konnte, wenn er auch nur den Hauch eines Zweifels daran hatte, dass wir beide ohne ihn zurechtkommen würden. Ich hatte das Gefühl, dass ich weiterleben konnte, weil seine Liebe zu uns mir die Kraft dazu geben würde. Ich hielt seinen Kopf mit beiden Händen. Ich küsste seine Augen. Dann holte ich tief Luft und rief den Arzt herein, der die lebenserhaltenden Geräte abstellen würde. Wir waren uns nie zuvor begegnet, da seine Aufgabe einzig auf die Bedürfnisse der Patienten an ihrem Lebensende ausgerichtet war. Ich hörte, wie er nach Luft schnappte, als er mich sah. Er sah auf Joels Akte und dann wieder zu mir. Er schüttelte den Kopf und sagte: »Es tut mir so leid.«

Den gleichen Ausdruck würde ich noch bei vielen Menschen sehen, aber zu diesem Zeitpunkt wusste ich noch nicht, warum. Das würde ich in den kommenden Wochen und Monaten viel besser verstehen. Sie taten es, weil Joel und ich einfach zu jung dafür waren.

Der Arzt setzte sich neben Joel und die Maschine, die ihn am Leben hielt. Er sah mich an. Ich nickte, während ich mir ein Taschentuch vor die Nase hielt und leise schluchzte.

»Ich werde jetzt das Beatmungsgerät ausschalten. Möglicherweise kommt ein letztes Geräusch von ihm, vielleicht auch nicht. Aber er wird auf keinen Fall Schmerzen oder Unwohlsein verspüren.« Er sah mich an. »Sind Sie bereit?«

Wieder nickte ich.

»Okay.« Er machte etwas mit der Maschine, und plötzlich wurde es ganz still im Raum. Ich hatte überhaupt nicht bemerkt, dass das Gerät in all den Wochen für ein weißes Rauschen gesorgt hatte.

Er überprüfte Joels Puls und sah mich an. Es war höchstens eine Minute vergangen.

»Er ist gegangen.« Er sprach die Worte ganz freundlich aus. »Mein Beileid.«

Es war das erste Mal, dass ich diese Worte hörte. Es war verwirrend.

Dann nannte er den Todeszeitpunkt. Einen Augenblick später kam eine Krankenschwester herein und zog sämtliche Stecker. Das Ganze war so bizarr. Ich hätte ihnen sagen können, dass ich mehr Zeit brauchte, dass ich noch einen Moment mit meinem Mann verbringen wollte, doch in Wahrheit wollte ich gehen. Ich konnte es nicht ertragen, mit Joel noch hier zu sein, wenn er schon weg war. Ich hatte bereits seit Tagen vermutet, dass er längst gegangen war, aber allen noch die Chance hatte geben wollen, sich zu verabschieden. Das wäre so typisch für ihn gewesen – immer zuerst an die anderen zu denken.

Das hatte mich immer verrückt gemacht. Wenn wir ins Theater oder in ein Restaurant gingen, war Joel derjenige, der die Tür für alle offen hielt, während ich nur hineingehen und den besten Platz ergattern wollte.

Ich schrieb Jillian eine SMS, dass ich auf dem Weg nach unten sei.

Es war ein seltsames Gefühl, die Intensivstation zu verlassen. In den letzten Wochen war ich jeden Tag dort gewesen. Es war ein runder Raum mit einem Tresen in der Mitte für die Ärzte und Assistenzärzte. Es gab ein Schwesternzimmer und einen Aufenthaltsraum. Überall lagen kranke Patienten. Es roch steril. Ich wollte mich von niemandem verabschieden, nicht einmal von den Krankenschwestern, die ich inzwischen recht gut kannte, oder von den Assistenzärzten, die sich so bemüht hatten, den Grund für Joels Zustand herauszufinden. Ich wollte einfach nur weg von dort und nie wieder zurückkehren.

Während ich auf den Aufzug wartete, setzte ich meine Sonnenbrille auf. Ich weinte noch immer. Ich konnte nicht begreifen, was passiert war. *Mein Mann war gerade gestorben.*

Ich sah Menschen an ihren Handys, manche lachten zusammen und schmiedeten Pläne für das Wochenende. Manche stiegen in den Aufzug ein oder kamen aus ihm heraus. *Mein Mann war gerade gestorben.*

Als ich durch die Krankenhauslobby hinausging, fuhren Leute in ihren Autos vorbei und suchten nach einem Parkplatz. Jemand aß gerade ein Sandwich.

Wie konnten sie nur? Wussten sie es denn nicht? *Mein Mann war gerade gestorben.*

Ich sah Jillians Auto. Ich sah, wie sie auf mich wartete. Die Sonne schien warm auf mein Gesicht. Plötzlich spürte ich, dass die Zeit drängte. Ich wollte loslaufen! Ich wollte nicht mehr zurückschauen. Ich wollte nach Hause zu Sophie.

Es war vorbei.

Ich wollte Joel sagen, dass ich ihn finden würde …

Doch als ich die Autotür öffnete, hatte ich nicht das Gefühl, Joel im Krankenhaus zurückgelassen zu haben.

Es fühlte sich an, als wäre er mit mir gegangen.

Ich würde ihn niemals zurücklassen.

KAPITEL 9

DER CLOONEY-WEG

In der Nähe meines Hauses gibt es einen Wanderweg, den ich das erste Mal vor fünfundzwanzig Jahren gegangen bin, also lange bevor ich dorthin zog. Er ist gut drei Meilen lang, und es gibt verschiedene Einstiegspunkte. Der Weg ist eigentlich ein breiter Pfad, der anfangs gepflastert ist, bevor er in einen unbefestigten Fußweg übergeht und schließlich in einem Wohngebiet endet, in dem zufällig George Clooney wohnt, wenn er in Los Angeles ist. Aus diesem Grund nennen meine Freunde und ich ihn den Clooney-Weg.

Es gab Zeiten in meinem Leben, in denen ich den Clooney-Weg jeden Tag gelaufen bin, manchmal machte ich wochenlang Pause. Als Joel und ich noch in meiner Wohnung in Hollywood lebten, holte mich meine Freundin Jennie samstagmorgens ab, und wir fuhren über den Laurel Canyon zum Clooney-Weg. Inzwischen ist Jennie wieder nach Chicago zurückgezogen, und ich hatte im Lauf der Jahre viele Wanderpartner. Oft gehe ich den Weg auch allein.

Am Anfang hat man mit einem ziemlich steilen Anstieg zu kämpfen. Deshalb habe ich für mich die Regel aufgestellt, nicht zu reden. Denn selbst nach all den Jahren, die ich mich schon den Berg hinaufschleppe, keuche ich zumindest in den ersten zehn Minuten immer noch und bin nicht in der Lage, ein Gespräch zu führen. Anschließend läuft man noch etwa zwanzig Minuten im Zickzack den Berg hinauf. Der Anstieg ist anstrengend, aber die Fülle an Wildblumen und Eukalyptusbäumen ist jede Mühe wert. Nach der Hälfte der Strecke gibt es eine Verschnaufpause, und ein kurzer Teil des Weges verläuft flach weiter und liefert spektakuläre Aussichten ins Tal, auf den Mulholland Drive und die schneebedeckten Berge in der Ferne. Irgendwann merkt man, dass es bergab geht, und plötzlich tauchen kurz hinter einer Kurve Häuser auf. Bald kommt man an Georges Haus vorbei, und schon hat man die Runde beendet, etwas frische Luft geschnappt und seinen Körper auf eine Weise bewegt, die als Sport angesehen werden kann.

In der ersten Zeit nach Joels Tod verlief mein Leben wie diese Wanderung. Ich erwartete ständig, endlich Luft holen zu können. Ich dachte immer, dass es leichter oder zumindest erträglicher würde. Ich wartete auf die Verschnaufpause. Doch es wurde lange Zeit nicht einfacher. Ich kletterte ständig weiter bergauf. Sich zu unterhalten, war schwierig, Luft zu holen, war unmöglich. Ich wollte nicht mehr weiterlaufen, nicht mehr klettern, aber mein Alltag wurde zum Anstieg. Es dauerte Monate, bis ich wieder atmen konnte.

Am Abend saß ich an unserem gelb gestrichenen Esstisch. Es war der Tag, an dem Joel gestorben war. Meine Nachbarin Roxanne wollte gerade los, um meinen Vater und Elisabeth vom Flughafen abzuholen. Jillian war bei mir geblieben, nachdem wir das Krankenhaus verlassen hatten. Sophie schlief in meinem Zimmer.

»Ich mache mir Sorgen um Joel«, sagte ich zu Roxanne, als sie gerade auf dem Weg zur Tür war. »Ihm ist bestimmt kalt. Ich habe Angst, dass er nicht weiß, was mit ihm geschieht.«

Ich sah, wie Roxanne und Jillian Blicke wechselten.

»Ich glaube, Joel geht es gut, Süße«, meinte Roxanne. »Ich glaube nicht, dass ihm kalt ist.«

»Ich habe Angst«, sagte ich immer wieder. »Es geht ihm besser, wenn wir zusammen sind. Ich glaube, er ist dort ohne mich verwirrt.«

Ich wusste nicht, wo *dort* war. Aber ich glaubte, was ich sagte. Ich glaubte, dass Joel an diesem Abend verloren war. Dass er verwirrt war und nicht wusste, wohin er gehen sollte. Viele sagen, man würde ein weißes Licht sehen, wenn man stirbt. Dass man durch einen Tunnel dem Licht entgegenreist, und dass Familie und Freunde, die bereits gestorben sind, da sind, um einen abzuholen. Aber mit Ausnahme seiner Großmütter, die vor vielen Jahren gestorben waren, gab es niemanden, der ihm wirklich nahestand, um ihm den Weg zu zeigen. Keine Freunde, niemanden, der ihm vorausgegangen war. Dieser Gedanke machte mir Angst.

»Er weiß nicht, was er tun soll«, stieß ich schluchzend hervor. »Er weiß nicht, was mit ihm geschieht.«

Jillian versuchte ebenfalls, mich zu trösten. »Ich glaube, Joel geht es gut«, sagte sie immer wieder. »Ich glaube nicht, dass du dir Sorgen machen musst.«

Doch Sorgen wurden zu meiner neuen Normalität.

Als ich früher am Tag aus dem Krankenhaus nach Hause gekommen war, hatte ich Sophie in den Arm genommen und wir hatten zusammen geweint.

»Das glaube ich wirklich, Smoosh«, hatte ich ihr gesagt. »Ich denke nicht, dass Daddy losgelassen hätte, wenn er nicht überzeugt gewesen wäre, dass wir allein zurechtkommen.«

»Das glaube ich auch nicht«, sagte sie. Ich war mir nicht sicher, ob meine dreizehnjährige Tochter wirklich meiner Meinung war oder nicht. Doch sie folgte meinem Beispiel. Mehr als alles andere wollte ich sie trösten.

»Wir werden damit klarkommen«, schluchzte ich. »Wir werden damit klarkommen.«

Davon versuchte ich mich selbst zu überzeugen. Jetzt gab es nur noch uns beide, und ich spürte sofort das Gewicht dieser Verantwortung. Ich war wütend auf Joel, weil er uns verlassen hatte, und gleichzeitig froh, dass er nicht mehr litt. Der Gedanke an ihn im Krankenhaus ging mir nicht mehr aus dem Kopf. Ich versuchte immer wieder, mich an ihn zu erinnern, wie er früher gewesen war, aber *ich kam einfach nicht aus dem Krankenhaus heraus.*

Ich versuchte, ihn mir in der Poststelle von Atlantic Records vorzustellen. *Ich sah ihn in seinem Krankenhausnachthemd.*

Ich versuchte, mich daran zu erinnern, wie wir bei unserer Hochzeit das Glas zerbrachen. *Ich sah den Schlauch, der an seinen Mund geklebt war.*

Ich versuchte, mich daran zu erinnern, wie er lachend und begeistert gerufen hatte »Sie hat so viele Haare!«, als Sophie auf die Welt kam, aber *ich hörte nur die Maschinen, die ihn am Leben hielten.*

Wenn ich Joel nicht physisch bei mir haben konnte, wollte ich wenigstens meine Erinnerungen an ihn haben. Doch die gab es nicht. Sie waren nicht mehr da. Ich versuchte zu atmen, bekam aber keine Luft. Also versuchte ich, mich nicht zu bewegen, aus Angst, dass ich selbst auch sterben könnte. Ich versuchte, den Dingen einen Sinn zu geben. Es gelang mir nicht. Nicht nur mein Herz war gebrochen, auch meine Seele war zerschmettert. Es war, als hätten alle Knochen meinen Körper verlassen. Es gab nichts, was mich aufrecht hielt.

Irgendwann hatten Joel und ich beschlossen, dass wir nach unserem Tod eingeäschert werden wollten. Aber vor ein paar Monaten, als wir uns eines Morgens gerade anzogen, sagte Joel aus heiterem Himmel zu mir: »Vielleicht sollten wir begraben werden, wenn wir sterben. Wieder zurück in die Erde gesteckt werden.«

Ich schüttelte den Kopf. »Nein! Ich möchte mich nicht schuldig fühlen, weil ich dich nicht auf dem Friedhof besuche. Und ich möchte auch nicht, dass du dich schuldig fühlst, weil du mich nicht besuchst.«

Joel dachte kurz darüber nach und zuckte dann die Achseln. »Okay.«

Es war ein kurzes, lächerliches Gespräch gewesen. Doch nun fühlte ich mich schuldig. Ich wollte, dass Joel eingeäschert wurde, damit ich ihn in meiner Nähe behalten konnte – im wahrsten Sinne des Wortes. Ich trage immer noch etwas von seiner Asche in meiner Yogatasche mit mir.

Ich wollte allein und gleichzeitig unter Menschen sein. Ich wollte meine Gedanken sammeln, aber keinen einzigen Gedanken in meinem Kopf haben. Ich wollte mich mit dieser unmöglichen neuen Realität abfinden, wollte aber nicht darüber nachdenken.

Auch unsere Hunde trauerten. Wochenlang hatten sie darauf gewartet, dass Joel nach Hause kam. Sie waren verunsichert und brachten mich jedes Mal zum Weinen, wenn ich durch die Tür kam. Sie erwarteten ihn. Sie brauchten ihn.

Als Joel noch im Krankenhaus gelegen hatte, war ich in eine ganzheitliche Tierhandlung gegangen und in Tränen ausgebrochen. Die Frau, die dort arbeitete, lief um den Tresen herum und nahm mich in den Arm.

»Es ist okay, zu weinen. Ist Ihre Fellfamilie krank?«

Ich sammelte mich kurz und erklärte dieser Frau, die ich noch nie zuvor getroffen hatte: »Meine Hunde trauern, weil mein Mann im Koma liegt und sie ihn seit Wochen nicht mehr gesehen haben. Sie vermissen ihn.«

Es brach alles aus mir heraus. »Er hatte Fieber. Ich dachte, er sei ansteckend, also ging ich am Abend seiner Aufnahme ins Krankenhaus nach Hause und wusch all seine Kleider und sämtliche Laken und Handtücher. Ich wollte nicht, dass wir uns mit dem ansteckten, was er hatte. Aber jetzt riecht nichts mehr nach ihm, und die Hunde verstehen nicht, was los ist.«

Während ich weiter weinte, lief sie durch den Laden, die Hand auf dem Herzen, hörte mitfühlend zu, schüttelte den Kopf, seufzte, blieb stehen und fragte: »Wie viele Hunde haben Sie, meine Liebe?«

»Zwei«, schluchzte ich.

»Wie groß sind sie?«

»Einer ist so groß wie ein Husky und an die sechzig Pfund schwer. Der andere ist klein und neurotisch. Fünfundzwanzig Pfund.«

Die Frau ging von Regal zu Regal, las die Etiketten und sammelte Tütchen und Salben ein.

Als ich zum Ende kam – »… und er wird nie wieder nach Hause kommen, weil er an lebenserhaltenden Maschinen hängt, die am Freitag abgestellt werden« – stand sie an der Kasse und scannte Anti-Angst-Öle und Tabletten ein. Sie wischte sich die Tränen vom Gesicht, während sie alles in eine Tüte packte.

»Bitte kommen Sie wieder und sagen Sie mir, wie es den Hunden geht«, bat sie, bevor sie mich noch einmal umarmte. »Ich werde für Sie und Ihren Mann beten.«

Ich nahm ihre Gebete zusammen mit den Hundemedikamenten mit und ging.

Sophie und ich mussten die Kleider aussuchen, die wir bei der kleinen Gedenkfeier bei Hal und Rita tragen würden. Das bedeutete, sich anzuziehen. Vorzeigbar auszusehen. *Was trägt eine Frau zur Trauerfeier für ihren Mann?*

Meine Freundin Mimi war so lieb gewesen, für Sophie und mich einen Friseurtermin zu vereinbaren. Ich weiß nicht, wie ich es geschafft habe, das Haus zu verlassen, geschweige denn irgendwo hinzufahren, aber ich habe es getan. Als wir im Salon ankamen, lag unsere Reservierung nicht vor. Alle Angestellten waren beschäftigt, und man fragte uns, ob wir nicht am nächsten Tag wiederkommen könnten. Da verlor ich die Nerven. »Nein, wir können nicht morgen wiederkommen, denn die Gedenkfeier für meinen Mann ist heute. Er ist gestorben!«, schrie ich vermutlich. »Mein Mann ist gestorben, und jemand muss meiner Tochter und mir die Haare machen. Und zwar heute!«

Sophie schwieg peinlich berührt.

Während der kleinen, nur für die Familie bestimmten Gedenkfeier saß ich im Garten des Hauses meiner Schwiegereltern und hielt die Hand meiner Tochter, während Rabbinerin Hannah die Grabrede hielt. Es war die gleiche Stelle auf der Terrasse, an der Joel und ich sechzehn Jahre zuvor gesagt hatten: »Ja, ich will.«

Ich war eine widerwillige Braut gewesen. Schließlich waren alle geschieden. Meine Eltern, Joels Eltern, Joel … Ich habe nie von einer Hochzeit geträumt. Ich liebte Joel und wollte mir ein Leben mit ihm aufbauen, und obwohl ich gern mit ihm durchgebrannt wäre, überredete er mich zu einer kleinen Hochzeitsfeier.

»Komm schon, Schatz. Ich möchte, dass die Menschen, die uns wichtig sind, sehen, wie sehr ich dich liebe. Heirate mich.«

Wie hätte ich da Nein sagen können?

Wir gaben uns unter der Chuppa in Hals und Ritas Garten mit seinem atemberaubenden Panoramablick ins Tal das Jawort. Unsere sechzig Gäste meinten später, dass es eine der schönsten Hochzeiten gewesen sei, auf denen sie je gewesen seien. Sie war weder verschwenderisch noch übertrieben, sondern sehr persönlich und voller Liebe.

Zum ersten Mal als Mann und Frau tanzten wir zu »Into Your Arms« von den Lemonheads.

Zuvor hatte Joel »How Sweet It Is« von James Taylor gespielt, nachdem wir uns geküsst hatten, auf ein Weinglas getreten waren und alle Gäste »Mazel tov!« gerufen hatten. Bei einer jüdischen Hochzeit symbolisiert das Zerbrechen des Glases die Zerstörung des Tempels in Jerusalem in der Antike. Als Juden erinnern wir uns daran, dass wir selbst in Momenten größter Freude an das Leiden denken sollten.

Wir hätten nie gedacht, dass diese Tradition so prophetisch für uns werden würde.

Die Aussicht war noch die gleiche, doch die Landschaft hatte sich völlig verändert. Sechzehn Jahre zuvor hatten Joel und ich hinausgeschaut und uns unsere gemeinsame Zukunft ausgemalt; nun konnte ich mir eine Zukunft ohne ihn nicht vorstellen.

Ellie, die Instanz für sämtliche jüdischen Angelegenheiten in meinem Leben, schlug mir das Schiwa-Sitzen vor. Mein Vater und Elisabeth ermutigten mich ebenfalls dazu. Schiwa ist ein jüdisches Ritual – eine Zeit der Trauer, in der man zusammen-kommt, um der gerade verstorbenen Person zu gedenken und sie zu feiern. So viele Menschen hatten nach einem Gottesdienst oder einer Gedenkfeier gefragt, dass mir dieser Brauch sinnvoll erschien. Ellie arrangierte alles gemeinsam mit Elisabeth und meinen Freunden, und ein paar Tage später fand bei uns zu Hause das Schiwa-Sitzen statt.

An diesem ersten Tag der Schiwa trug ich ein Kleid; ich erinnere mich nicht daran, Schuhe getragen zu haben. Ich ver-schickte eine E-Mail, in der ich Sophies Freunde dazu ermutigte, ebenfalls zu kommen. Außerdem wollte ich einen kleinen Film über Joel machen, den ich ein paar Monate zuvor zu seinem fünfzigsten Geburtstag begonnen, aber nie fertiggestellt hatte. Ich wollte ihn in Dauerschleife abspielen, doch unser zuverläs-siger Computer stürzte plötzlich ab. Ich glaube, Joel wollte mir damit sagen, *Mach dir keine Sorgen wegen des Films, Schatz. Du hast genug zu tun.* Also ließ ich es sein.

Mein Haus war voller Menschen. Menschen, die Joel und ich liebten. Menschen, mit denen wir uns nicht oft genug getroffen hatten. Es glich einer Party. Mein unkonventioneller gelber Esstisch war mit Speisen übersät, ebenso wie jede freie Fläche in meiner Küche. Dank Joels bestem Freund Greg lief Musik. Er hatte sich um das gekümmert, was normalerweise Joels Aufgabe gewesen wäre.

Ellie ging mit einem Teller Sandwiches an mir vorbei. »Du wirst noch tagelang etwas zu essen haben!«

Mimi lief mit einer Mülltüte herum und sammelte hinter den Leuten alles ein. »Mach dir keine Sorgen«, meinte sie. »Wir räumen auf, bevor wir gehen.«

Elisabeth nahm mich kurz in den Arm. »Entspann dich einfach, Melissa.« Dann stellte sie ein paar Blumen, die jemand mitgebracht hatte, in eine Vase.

Dabei war ich entspannt und machte mir auch keine Sorgen. Sophie lief mit ihren Freunden durch das Haus. Einige ihrer Lehrer waren gekommen. Ihr ehemaliger Fußballtrainer, ihr ehemaliger Babysitter, Familienangehörige und Freunde, die ich seit Jahren nicht mehr gesehen hatte.

Doch die Leute schienen sich von mir fernzuhalten. Nur wenige kamen auf mich zu. Ich entdeckte einige von Joels Freunden aus dem Softball-Team, in dem er gespielt hatte, als wir uns kennengelernt hatten. Ich freute mich, sie wiederzusehen. *Es war so lange her!* Doch keiner von ihnen sah mich an. Schließlich ging ich auf sie zu.

»Hallo, Jungs!« Zwei von ihnen versuchten, trotz Tränen in den Augen zu lächeln. Einer von ihnen umarmte mich und meinte: »Es tut mir so leid. Wir werden ihn alle vermissen.«

Ich merkte, dass er weinte. Ich sah mich um. Mein Haus war voller Menschen. Da waren so viele bekannte Gesichter!

Leute vom Yoga, eine Familie aus der Nähe, die wir auf Joels Geburtstagsreise nach Mexiko getroffen hatten, unsere Nachbarn. Es machte mich so glücklich, alle zu sehen.

Doch ich suchte nach dem einen Gesicht, das nicht da war. *Joels Gesicht.*

Und dann fiel es mir wieder ein. Joel würde nie wieder mit einem Teller voller Essen aus der Küche treten. Er würde nie wieder aus dem Garten hereinkommen, nachdem er eine Runde geschwommen war. Er würde nie wieder mit den Hunden von einem Spaziergang zurückkehren.

Er würde nie wieder nach Hause kommen.

Ich hasse das Wort *tot*. Es ist so kalt und endgültig. Ich benutze es nur selten. Joel ist fort, Joel ist gestorben, ja, aber ich würde niemals sagen: *Er ist tot.* Es ist zu schockierend, zu schmerzhaft.

Doch darum sind all diese Leute in meinem Haus.

Darum sehen mich die Leute mitleidig an.

Darum haben die Leute Angst vor mir.

Mein Mann ist gestorben.

Die Erkenntnis traf mich wie ein Schlag. Mein Herz raste, und der Raum begann, sich zu drehen. Ich wollte diese Menschen nicht mehr sehen. Ich stand auf und versuchte zu atmen, aber wieder gab es nicht genug Luft.

Ich ging in mein Schlafzimmer und schloss die Tür. Ich kroch in meinem Kleid unter die Decke, und die Last der Welt folgte mir.

Schatz, ich vermisse dich.

Wo bist du?

Wann werde ich dich wiedersehen?

Ich ließ den Tränen freien Lauf, und nach einer Weile beruhigte sich mein Atem. Ich klammerte mich an Joels Kissen. Ich war froh, dass es nass von meinen Tränen war. Das war der Beweis dafür, dass das alles real war. Ich brauchte einen Beweis, denn es war zu schwer zu glauben.

Mein Körper entspannte sich. Ich dachte an Joel und versuchte, ihn lächeln und lachen zu sehen, aber ich sah ihn nur im Krankenhaus. Er war müde. So müde. Er litt. Ich habe sein Leiden beendet. Nun begann meines.

Wer wird mein Leiden beenden?

Ich fühlte mich so leer und nicht nur allein, sondern einsam. Mein Haus war voller Menschen – Menschen, die alle wieder gehen würden. Sie würden mit ihren Ehepartnern in ihre eigenen Häuser zurückkehren. Sie teilten die Fassungslosigkeit darüber, dass Joel gestorben war.

Er war jung. Er hatte noch so viel vor. Es ist so traurig!

Sie waren alle so besorgt um *die arme Melissa ...* und *die arme Sophie.*

Mein Haus war voller Liebe und Traurigkeit. Ich hatte noch nie so viele Menschen unter meinem Dach gesehen.

Keiner von ihnen wusste, was ich wusste. Dass es Joel sehr schlecht gegangen war, lange bevor er ins Krankenhaus gekommen war. Sie wussten nichts von der Angst, die Joel abends gespürt hatte, wenn er zu Bett ging, weil er nicht wusste, wie es ihm am nächsten Morgen beim Aufwachen gehen würde. *Würde er das Bett verlassen können? Würde er sich bei der Arbeit konzentrieren können? Wäre er in der Lage, Sophie sicher zur Schule zu bringen?* Diese Gedanken hatten ihn nachts wachgehalten.

»Den werde ich niemals benutzen!«, hatte Joel wütend gemeint, als ich ihm Anfang des Jahres erzählt hatte, dass ich einen Ausweis für Behindertenparkplätze für ihn beantragt hatte.

»Aber du brauchst ihn! Das ist doch keine Schande.«

»Ich kann immer noch laufen. Du tust so, als wäre ich dazu nicht imstande.«

»Das stimmt nicht! Aber wenn du schon diese Krankheit hast, sollten wir wenigstens die Vergünstigungen nutzen. Und in der Nähe parken zu können ist ein Vorteil, besonders wenn man in L.A. wohnt!«

Joel wollte nicht nachgeben. Nicht nur in Bezug auf mich und meine Argumente, sondern auch nicht der MS gegenüber. Anfang des Sommers hatten wir ein Konzert im Greek Theatre besucht. Das ist eine wunderschöne Freilichtbühne, die das besondere Flair von Los Angeles in sich trägt. Sie liegt versteckt in den Bergen in einem »Old Hollywood«-Viertel. Wegen des Verkehrs war das Parken eine einzige Tortur – und unverschämt teuer. Jahrelang parkten wir etwa eine Meile entfernt in einem Wohngebiet und liefen die Straßen zum Greek Theatre hinauf – und später den ganzen Weg wieder zurück.

Als wir an diesem Abend nach stundenlangem Stehen, Sitzen und Schunkeln das Konzert verließen, war der Rückweg zum Auto für Joel zu weit. Was normalerweise zwanzig Minuten in Anspruch nahm, dauerte über eine Stunde. Immer wieder mussten wir stehen bleiben, damit Joel sich ausruhen konnte. In einer scheinbar alltäglichen Situation ließen Joels Beine, die inzwischen wie Stelzen anmuteten und sich kaum noch beugen ließen, den Fußmarsch unendlich schwer werden. Als wir endlich das Wohnviertel erreicht hatten, fiel er völlig erschöpft auf den Rasen irgendeines Vorgartens.

»Ich hasse das«, sagte er. »Es tut mir leid.«

Ich küsste ihn. »Mach dir keine Sorgen. Ich brauche das. Ich habe heute noch nicht trainiert!« Dann trabte ich ein paar Blocks weiter die Straße entlang, dorthin, wo wir unser Auto geparkt hatten. Ich versuchte, die Situation herunterzuspielen, doch ich wusste, dass es ihn fertigmachte. Joel fühlte sich seiner Männlichkeit beraubt.

»Was für ein Ehemann bin ich, wenn ich nicht einmal meine Frau zu unserem Auto begleiten kann?«, fragte er, als er einstieg.

»Der beste, den es gibt«, erklärte ich ihm. Ich griff nach seiner Hand und hielt sie fest. Doch das tröstete ihn nicht. Er fühlte sich völlig nutzlos. Er wollte nicht als behindert gelten. Ich war jedoch davon überzeugt, dass es Joel besser gehen würde, wenn wir die Dinge möglichst »normal« weiterlaufen lassen und tun würden, was uns Spaß machte. Selbst wenn es um etwas Alltägliches wie bequemes Parken ging.

Meine Gedanken rasten, als wir an diesem Abend nach Hause fuhren. Ich machte mir Sorgen um meinen Mann und um seine Gesundheit, um unser Leben und unsere gemeinsame Zukunft. Doch dass es ein Leben ohne ihn sein würde, kam mir nicht in den Sinn.

»Schwesterherz?«

Ich öffnete die Augen, schob die Decke nach unten und sah zu meiner Schwester auf.

»Geht es dir gut?«, fragte Holly. »Die Schiwa ist noch nicht vorbei.«

Doch ich wollte nicht reden. Ich wollte im Kokon meines Bettes bleiben. Hier war es warm und gemütlich. Hier war Joel bei mir. Ich konnte ihn spüren.

»Ich bleibe einfach hier«, meinte ich. »Vielleicht für immer.«

»Das kannst du natürlich tun, aber Sophie sucht nach dir.«

Sophie!

Ich fuhr in dem Moment hoch, als sie in der Tür erschien.

»Mom?«

Da stand mein Mädchen. Mein wunderschönes Mädchen mit den dicken braunen Haaren und den grünen Augen ihres Vaters, die voller Tränen waren. Ich hob die Decke an.

»Komm her.« Sophie sprang ins Bett und legte sich zu mir unter die Decke. Wie ich war sie vollständig angezogen.

»Hier riecht es nach Daddy«, sagte sie, während sie sich einkuschelte.

Ich wollte es so gern glauben, aber es war schon einen Monat her, dass Joel in unserem Bett gelegen hatte.

»Das tut es«, sagte ich und streichelte ihr Haar. »Es riecht nach ihm.«

Meine Schwester verließ das Zimmer, und Sophie und ich blieben lange Zeit so liegen. Ich kraulte ihr den Rücken. Ich streichelte ihr Haar. Ich küsste ihren Scheitel, während wir uns in Joels Kissen kuschelten und weinten.

»Ich vermisse ihn«, sagte sie.

»Ich weiß, mein Schatz. Ich auch.«

Ich konnte die Leute im Haus hören und versuchte, mir vorzustellen, was Joel von all dem gehalten hätte. Wir waren bekannt dafür, tolle Partys zu schmeißen. *Das ist eine schöne Party,* sagte ich ihm. *Du wärst so glücklich.*

Ich habe einmal einen Spruch gehört, der ungefähr so lautete: Wenn du so tust, *als ob* es so wäre, erschaffst du dir diese Realität. Wenn man also so tut, *als ob* man erfolgreich wäre, wird man erfolgreich sein. Wenn man so tut, *als ob* man ein gesellschaftliches Leben führte, dann wird man ein gesellschaftliches Leben führen. Wenn man so tut, *als ob* man den Verlust eines geliebten Menschen überleben würde, wird man das tun.

Als Joel im Krankenhaus lag und sein Tod nahte, sagte ich mir meinen »*als ob*«-Satz immer wieder vor. Nun flüsterte ich ihn Sophie zu.

Ich hielt sie unter der Decke im Arm, den Mund nahe an ihrem Ohr.

»Wir werden damit klarkommen«, sagte ich. »Wir werden damit klarkommen.«

KAPITEL 10

EINZELKIND, ALLEINERZIEHENDE

In den dunklen Wochen, die folgten, gab es Leuchtfeuer, die einen Weg für Sophie und mich erhellten, dem wir folgen konnten. Jillian und Ellie versorgten uns mit Mahlzeiten, damit ich abends nicht kochen musste. Freunde aus New York sandten mir Restaurantgutscheine. Eine Freundin schickte uns Geschenkgutscheine für eine Maniküre. Andere boten an, vorbeizukommen und unsere Wäsche zu waschen oder mit den Hunden Gassi zu gehen. Die Menschen dachten an uns und sandten uns ihre Liebe – und wir konnten diese Liebe spüren.

Eines Tages kam ein Paket von einer befreundeten Schriftstellerkollegin mit der Post. Darin befanden sich zwei Exemplare von »Healing After Loss: Daily Meditations for Working Through Grief« von Martha Whitmore Hickman, in dem tägliche Meditationen zur Trauerarbeit vorgeschlagen wurden. Eines für mich, eines für Sophie. Auf jeder Seite standen ein bedeutungsvolles Zitat, eine Anekdote und eine kurze Meditation.

Jeden Abend vor dem Schlafengehen lasen Sophie und ich uns gegenseitig die Seite des Tages vor. Ich weinte oft. Manche Passagen sprachen mich besonders stark an, manche weniger. Nach dem Vorlesen erzählten wir uns gegenseitig eine Erinnerung, die wir an Joel hatten.

»Er hasste Koriander«, meinte Sophie einmal.

»Daddy liebte es, dich jeden Morgen zur Schule zu bringen«, fiel mir zum Beispiel ein.

Und so ging es immer weiter. Jeden Abend, fast ein Jahr lang. Ich bestand darauf. Und wenn wir aus irgendeinem Grund zu unterschiedlichen Zeiten schlafen gingen oder zu erschöpft waren, um noch fünf Minuten aufzubleiben, achtete ich darauf, dass wir die versäumte Seite am nächsten Abend nachholten. Dieses Ritual – das Lesen, Nachdenken, Teilen unserer Erinnerungen an Joel – war wichtig für meine Heilung.

Ansonsten habe ich weiterhin so getan, *als ob* alles normal wäre. Und ich habe es Sophie zu verdanken, dass ich so tun konnte, als sei es normal. Sie hatte einen festen Zeitplan; sie hatte schulische Verpflichtungen. Sie brauchte mich, damit sie in der Spur blieb, so wie es immer gewesen war. Ich war in der Lage, sie pünktlich zur Schule zu bringen, für sie zu kochen und ihr bei den Hausaufgaben zu helfen … Ich war in der Lage, mich auf sie zu konzentrieren, anstatt darauf, wie allein und verängstigt ich mich fühlte.

Ich hatte das Gefühl, jeden Tag zu weinen, den ganzen Tag bis tief in die Nacht hinein. Doch ich fürchtete, dass Sophie nicht genug weinte. *Schottete sie sich ab?* Ich wollte, dass sie Gleichaltrige zum Reden hatte, aber wir kannten keine anderen Kinder, die ein Elternteil verloren hatten. Ihre Lehrer und die Vertrauenslehrerin begrüßten sie wieder in der Schule und nahmen Rücksicht auf ihre Situation. Genau wie ihre Mitschüler und Freunde. Sie waren sogar so rücksichtsvoll, dass niemand von ihnen auch nur erwähnte, was passiert war. Das war

irritierend. Sophie hatte Angst davor, was die Leute sagen könn-
ten, doch sie sagten nichts. Was irgendwie noch schlimmer war.
Sie ging in die achte Klasse und stand kurz vor der Pubertät.
In diesem Alter will man genauso sein wie alle anderen. Doch
Sophie war jetzt »das Mädchen, dessen Vater gestorben ist«.

»Das fühlt sich so komisch an«, meinte sie eines Abends
beim Essen. »Abgesehen von den Zwillingen, die mit mir über
den Tod ihres Goldfisches sprechen wollten, erwähnt niemand
Daddy.«

»Sie wissen einfach nicht, was sie sagen sollen.«

»Aber es wäre einfacher, wenn sie etwas sagen würden,
anstatt es einfach zu ignorieren.«

Ich hatte von einem Trauercamp für Kinder gehört, die
ein Familienmitglied verloren hatten. Nicht unbedingt ein
Elternteil – es konnte auch ein Geschwisterkind, ein Cousin,
Großvater oder Großmutter sein. Es fand erst an einem
Wochenende im Sommer statt, doch die Anmeldefrist endete
im Frühjahr. Sophie lehnte die Teilnahme kategorisch ab.

»Ich glaube, es würde dir wirklich guttun, dich mit
anderen Kindern zu treffen, die in einer ähnlichen Situation
sind«, sagte ich.

»Vielleicht, wenn jemand mitkommen könnte, aber ich
will nicht allein gehen.«

Ich dachte oft, dass alles anders wäre, wenn sie eine
Schwester oder einen Bruder hätte. Das waren die Momente,
in denen ich mir mehr als alles andere Geschwister für sie
wünschte. Jemanden, mit dem sie trauern und diese Tragödie
teilen konnte. Jemanden in ihrem Alter, damit sie sich nicht
mehr wie die einzige Dreizehnjährige auf der Welt fühlte, der
das passiert war.

Ich machte für uns einen Termin bei Cheryl, einer
Therapeutin, die ich bereits Anfang des Jahres aufgesucht hatte,
als Joels MS am schlimmsten gewesen war. Wenn Sophie nicht

in ein Trauercamp oder zu einer Trauergruppe gehen wollte, dann sollte sie wenigstens mit jemand anderem als mir sprechen können.

Wir saßen nebeneinander auf Cheryls Couch, als ich meine Sorge zum Ausdruck brachte, dass wir so unterschiedlich trauerten, und erklärte, warum ich es für wichtig hielt, dass Sophie mit jemandem ihre Gefühle teilte. Cheryl hörte mir zu, sah aber gleichzeitig immer wieder zu Sophie hinüber, die ganz still dasaß und auf ihre Hände starrte.

Als ich kurz in meinem Monolog innehielt, blickte Cheryl sie an und sagte: »Weißt du, Sophie, normalerweise spreche ich hier nicht über mich, aber ich möchte dir etwas sagen.«

Sophie schaute sie an, ihr Gesichtsausdruck blieb unverändert.

Cheryl fuhr fort: »Ich habe meinen Vater verloren, als ich so alt war wie du.«

Sophie schnappte nach Luft und richtete sich etwas in ihrem Sitz auf. Auch wenn einige ihrer Großeltern in ihrer Kindheit ein Elternteil verloren hatten, war es beruhigend für sie, es von dieser fremden Frau zu hören, die ein schönes Büro hatte und ein so freundlicher Mensch war. Ich sah einen Hoffnungsschimmer auf Sophies Gesicht, Hoffnung darauf, dass sie das hier möglicherweise auch überleben konnte. Sophie begann leise zu weinen. Ich drückte ihre Hand.

Da Cheryl meine Therapeutin war, kamen wir überein, dass Sophie sich mit Julie treffen sollte, einer Therapeutin in Ausbildung, die noch Zertifizierungsstunden benötigte. Julie war jung und hübsch, hatte lange dunkle Haare, große braune Augen und eine Tätowierung. Sophie mochte sie sofort. Da Cheryl Julies Chefin war, wusste ich, dass Sophie in guten Händen sein würde.

Jillian kam jeden Montag vorbei. Sie nannte sie »Melissa-Montage«. Sie brachte das Mittagessen mit und half mir, die Arztrechnungen und meine Finanzen zu regeln. Sie rief den

Mechaniker an, als meine Waschmaschine kaputtging, und bot mir an, mich zum Sozialamt zu begleiten, um sicherzugehen, dass Sophie und ich Sterbegeld erhielten.

Ellie begleitete mich zur Post und zum Supermarkt, damit ich nicht allein gehen musste. Außerdem erzählte sie auf meine Bitte hin allen anderen von Joel. Ich befürchtete, dass ich in der Drogerie oder in der Reinigung oder sonst irgendwo mit Sophie jemandem begegnen würde, der es nicht wusste. Ich wollte die Worte »Joel ist gestorben« nicht aussprechen müssen, wenn mich jemand fragte: »Wie geht es Ihrem Mann?«

Die Häuser unserer Freunde standen uns jederzeit offen, egal an welchem Tag oder zu welcher Stunde. Unsere Nachbarin Roxanne klingelte oft an der Tür und setzte sich einfach zu uns oder spielte mit den Hunden, nur damit etwas Leben in unser Haus kam.

Ungeachtet der Liebe, Unterstützung und Fürsorge, die uns zuteilwurden, überforderte mich mein neues Leben. Geld war ein Problem. Ich hatte ein Drehbuch geschrieben, bevor Joel ins Krankenhaus eingeliefert worden war, doch allein der Gedanke daran, mich jetzt damit zu beschäftigen, machte mir zu schaffen. Selbst als ich pausenlos gearbeitet hatte und für angesehene Preise nominiert worden war, drehte sich jedes geschäftliche Treffen um die Frage: »Woran haben Sie in letzter Zeit gearbeitet oder geschrieben?« Für mich war *in letzter Zeit* eine lange Zeit.

Ich hatte seit Jahren keinen »richtigen Job« mehr gehabt. Ellie und ich hatten unser Geschäft aufgelöst, und ich hatte nichts mehr vorzuweisen. Als langjährige Freiberuflerin war ich es gewohnt, monatelang nicht zu arbeiten, aber ohne Joels regelmäßiges Einkommen machte ich mir Sorgen, wie ich finanziell zurechtkommen würde. So viele Witwen und Witwer haben finanzielle Sorgen. Zu Hause gibt es vielleicht Münder zu stopfen und Rechnungen zu bezahlen. Das ist der Fahrstuhleffekt, wenn man seinen Partner verliert. Finanzielle Sorgen verstärken den Stress der Trauer nur noch.

Als Schriftstellerin und Unternehmerin war ich für die meisten Stellen unter- *und* überqualifiziert. Ich hatte keine Erfahrung im Einzelhandel oder in der Dienstleistungsbranche, verfügte aber auch nicht über die richtigen Fähigkeiten für einen Bürojob. Einen Schreibjob außerhalb von Fernsehen und Film zu ergattern, war ebenfalls alles andere als einfach. Ich beherrschte das Drehbuchschreiben fließend, war aber nicht auf dem Laufenden, wenn es um das Verfassen von Texten für Onlineplattformen ging. Kenntnisse im Marketingbereich – eine Voraussetzung für diesen Beruf – hatte ich auch keine vorzuweisen. Ich verstand noch nicht einmal etwas davon. Nicht nur, dass meine Möglichkeiten begrenzt waren. Ich wollte auch so gut wie möglich für Sophie präsent sein. Ich wollte sie zur Schule bringen und da sein, wenn sie nach Hause kam, mit ihr zu Abend essen, bei den Hausaufgaben helfen (sofern sie mich ließ).

Joel war Miteigentümer einer kleinen Musikvermarktungsfirma gewesen. Sein Freund Ben war der andere Eigentümer, aber nur stiller Teilhaber gewesen. Das Tagesgeschäft hatte er Joel überlassen, der im Lauf der Zeit zwei Vollzeitkräfte eingestellt hatte.

Ich erinnere mich, dass ich Ben eines Morgens anrief, als Joel noch im ersten Krankenhaus gelegen hatte.

»Ich glaube, wir werden ihn verlegen«, hatte ich gesagt. »Die Ärzte dort meinen, dass seine Heilungschancen besser seien, wenn wir ihn zu seinen MS-Ärzten bringen.«

»Okay«, hatte Ben gemeint. »Das Team im Büro wird das Kind schon schaukeln, bis Joel zurückkommt.«

Mir waren die Tränen gekommen, als ich den Kopf schüttelte. *Wie sollte ich ihm sagen, was ich sagen musste?*

»Ben, ich glaube, du verstehst nicht ganz. Ich weiß nicht, wann Joel zurückkommt. Ich weiß nicht einmal, *ob* er zurückkommt. Was auch immer er hat, es ist ernst.«

»Okay.« Ich konnte durch das Telefon hören, wie Bens Gedanken rasten. Er holte tief Luft und sagte schließlich: »Wir sollten positiv denken. Wenn jemand wild entschlossen ist, nach einem solchen Rückschlag wieder auf die Beine zu kommen, dann ist es Joel.«

Wie alle anderen konnte Ben den Ernst der Lage nicht begreifen. Es war zu surreal. Ben und Joel hatten sich in der Musikbranche kennengelernt, lange bevor sie zusammen ein Unternehmen gegründet hatten. Joel war Bens Trauzeuge gewesen.

Jetzt, da Joel nicht mehr da war, mussten Ben und ich die Zukunft des Unternehmens besprechen. Konnte die Firma ohne Joel weitergeführt werden, wenn Bens andere beruflichen Aktivitäten seine gesamte Zeit beanspruchten? Außerdem hatte sich die Musikindustrie seit der Firmengründung gewandelt, und der Umsatz des einst starken Unternehmens war um die Hälfte zurückgegangen. Eine Schließung hätte jedoch bedeutet, dass Joels Mitarbeiter – enge Freunde von ihm – arbeitslos wurden.

Nach reiflicher Überlegung entschieden wir uns, die Firma weiterzuführen. Wir taten das hauptsächlich deshalb, damit ich ein Gehalt bekam und gleichzeitig so für Sophie da sein konnte, wie ich es mir wünschte. Es war das Angebot eines wahren Menschenfreunds, der mir ein finanzielles Polster bot und Raum zum Atmen gab. Joels Freunde waren fest entschlossen, das Unternehmen zu unterstützen, nicht nur zu ihrem eigenen, sondern auch zu meinem und Sophies Nutzen. Es war Joels Vermächtnis.

Trotzdem setzte ich mich weiterhin enorm unter Druck, ohne Joel *weiterzuleben*. Ihm hatte es gefallen, dass ich eine starke und unabhängige Frau war. Doch seine Liebe und Unterstützung waren die Grundlage meiner Kraft gewesen.

»Schatz«, hatte Joel eines Abends zu mir gesagt, »ich habe eine Idee.«

Er war gerade von der Arbeit nach Hause gekommen und wollte mit den Hunden Gassi gehen, als ich genervt in den

Kühlschrank starrte. Ich hatte keine Ahnung, was ich zum Abendessen kochen sollte.

»Die habe ich auch. Warum kochst du nicht jeden Abend?« Ich war wütend. Ich hasste Kochen. Ich hatte so lange immer die gleichen drei Dinge gekocht, bis wir sie leid waren. Dann probierte ich ständig etwas Neues aus, was jedoch Sophie nicht schmeckte, während Joel sich immer gesünder ernähren wollte. Ich konnte unsere unterschiedlichen Vorlieben nicht unter einen Hut bringen. Kochen kostete Zeit und Mühe und war immer mit einer gewissen Enttäuschung verbunden.

»Ich kann das nicht mehr!«, rief ich.

»Hier ist meine Idee. Ich weiß, du wirst sie hassen, aber lass mich ausreden.«

Ich packte eine Tiefkühlpizza aus. »Sorry, das ist das Beste, was ich anzubieten habe«, sagte ich, während ich sie in den Ofen schob.

Er legte die Hände auf meine Schultern. »Hol einfach mal tief Luft«, sagte Joel.

»Wie lautet deine Idee?«

»Was hältst du davon, wenn wir dienstags immer Tacos oder donnerstags Pasta machen? Und sonntags vielleicht Lachs. Wir können die Mahlzeiten so planen, dass du dir wegen des Abendessens nicht ständig so einen Stress machen musst.«

»Lachs-Sonntage?«, fragte ich grinsend.

»Ich glaube, dass dir so ein Plan einen Teil des Drucks nimmt. Glaub mir, wenn wir es uns leisten könnten, würde ich einen persönlichen Küchenchef einstellen. Hauptsächlich für dich.«

Ich war eine gute Ehefrau und Mutter. Ich liebte unsere kleine Familie. Nur mit dem Kochen konnte ich mich nicht anfreunden. Ich seufzte und zog Joel zu mir heran.

»Du bist wunderbar«, sagte ich ihm. »Ich sollte dich jeden Abend zum Abendessen kochen.«

»Vertrau mir«, sagte Joel. »Taco-Dienstage werden das Leben leichter machen. Für uns alle.«

Wenn ich ohne ihn kaum ein Abendessen hinbekam, wie sollte ich dann überhaupt irgendetwas hinbekommen?

Und, noch wichtiger, wie sollte ich Sophie allein großziehen? War ich in der Lage, sie zu einem ausgeglichenen, glücklichen und erfolgreichen Menschen zu erziehen? Wie sollte ich sie bei der Wahl der richtigen Freunde, des richtigen Lebenspartners, des richtigen Berufs unterstützen? Wo war die Garantie dafür, dass sie in der Welt funktionieren konnte, ein erfülltes und produktives Leben führen und – wieder – glücklich sein würde?

Ich war mit diesem kostbaren Wesen zurückgeblieben, das den wichtigsten Mann in seinem Leben verloren hatte, der ihm das Gefühl gegeben hatte, geliebt zu werden, wichtig und etwas Besonderes zu sein. Er war einfach verschwunden.

Sophie war ein Einzelkind. Ich war nun alleinerziehend.

Ich hatte nicht den Luxus, gemeinsam mit meinem Ehemann Eltern zu sein. Ich war Vollzeit-Alleinerziehende, vierundzwanzig Stunden am Tag, sieben Tage die Woche. Ganz allein. Das alles schien so entmutigend. Nach dreizehn Jahren mit Joel an meiner Seite hatte ich nicht das Vertrauen in mich, unsere Tochter allein – und richtig – großziehen zu können.

In diesem ersten Jahr sind Sophie und ich viel gereist. Alles war einfacher, wenn wir nicht zu Hause waren. Die Eltern einer ihrer besten Freundinnen waren geschieden, und ich war mit der Mutter befreundet. Sie und ihre Tochter wollten die Winterferien auf Hawaii verbringen, und ich lud uns einfach mit ein. Joel war erst seit zwei Monaten fort, aber es schien sie nicht zu stören, ihren Urlaub mit einer frischgebackenen Witwe und einer Halbwaise zu verbringen.

Wir waren uns gegenseitig die perfekten Reisebegleiter. Die Mütter lagen tagsüber am Pool, während die Mädchen paddelten oder schwammen. Wir aßen gemeinsam zu Abend und saßen am Strand, während die Mädchen Surfunterricht bekamen. Wir waren beschäftigt, aber entspannt in einem tropischen Paradies, und meine Freundin schien es nie zu stören, dass ich die meiste Zeit anwesend, aber nicht wirklich da war. Es schien ihr nichts auszumachen, dass ich manchmal mitten im Gespräch verstummte und die Sonnenbrille aufsetzte, um meine Tränen zu verbergen. Es machte ihr auch nichts aus, wenn die Pläne für das Abendessen in letzter Minute abgesagt wurden, weil Sophie und ich zu traurig waren, um unser Zimmer zu verlassen. Es schien sie nicht zu belasten, dass Sophie und ich uns an den weißen Sandstränden der Nordküste Oahus stritten.

»Das ist ein wunderbarer Ort, um einfach nur dazusitzen und an Daddy zu denken und daran, wie sehr er das Meer liebte.«

»Du musst mir nicht sagen, wann ich an Daddy denken soll.«

Doch ich konnte nicht anders. »Ich möchte doch nur, dass du dich manchmal an die Zeit erinnerst, die wir alle zusammen hatten.«

»Mein Gott, Mom, hör auf, mir zu sagen, was ich fühlen soll!«

Das wollte ich nicht.

Meinem Verstand fiel es schwer, zu begreifen, dass Joel fehlte. Überall um uns herum und überall, wohin wir gingen, waren Menschen, aber keiner von ihnen war mein Mann. *Wo ist er?*

Ich sah zu Sophie hinüber, um gemeinsam mit ihr zu trauern, aber sie verspürte nicht so oft wie ich den Drang, über Joel zu sprechen. Ich versuchte immer wieder, ihr eine Antwort zu entlocken, vielleicht sogar einige Emotionen. Sie schien viel in sich zurückzuhalten, und das beunruhigte mich. Meine Tränen kamen reichlich und unvorhersehbar. Sophie sah ich nur selten weinen.

Ich dachte, wenn ich nur dafür sorgte, dass wir ständig beschäftigt und abgelenkt waren – *wenn wir einfach in Bewegung blieben –,* würden wir vielleicht für ein paar Stunden vergessen, wie schwer das Leben ohne Joel war.

Kapitel 11

Der andere Joel

Als Joel gerade in das zweite Krankenhaus verlegt worden war und im Koma lag, hielt ich eines Tages kurz zu Hause, bevor ich gleich wieder losmusste, um Sophie von der Schule abzuholen. Ich ging hinein, legte den allgegenwärtigen medizinischen Papierkram des Tages ab, bespritzte mein Gesicht mit Wasser und eilte nach draußen, um wieder ins Auto zu steigen. In dieser kurzen Zeit war ein Paket zugestellt worden und wartete auf der Veranda auf mich. Ich hatte nichts erwartet und nicht einmal die Hunde bellen gehört, als jemand vor der Tür gewesen war. Ich hob das Paket neugierig auf und entdeckte das Logo von Bravo TV. Die Verpackung war weich, und während ich sie öffnete, erinnerte ich mich wieder.

»Ich weiß, was ich mir zum Geburtstag wünsche!«, hatte ich zu Joel einige Wochen davor beim Mittagessen in unserer Küche gesagt.

»Wirklich?« Ich wünschte mir selten etwas anderes als ein Essen in einem schönen Restaurant.

»Ein ›Mazel‹-Sweatshirt.«

»Okay, und von wem?« Dann fiel der Groschen. »Moment mal, was wünschst du dir?«

»Von Bravo TV. Es heißt ›Bravo-Wear‹.«

Mazel bedeutet »Glück« auf Jiddisch, und auf dem Sweatshirt, das ich mir wünschte, prangte eben dieses Wort: »Mazel«.

Er schüttelte den Kopf und grinste. »Ist das so eine Art ›Real Housewives‹-Ding?«

»So eine Art«, antwortete ich, doch es klang mehr nach einer Frage.

Joel lachte. »Okay, schick mir einen Link oder so etwas, und dann schauen wir mal.«

Ich drückte ihn und meinte: »Dito.«

Ihm ging es damals nicht gut. Die Schwester hatte ihm an diesem Morgen die erste Dosis seiner Steroidinfusionen gegeben, und er wollte nachmittags versuchen, etwas zu arbeiten. Also schob ich ihm einen Zettel mit den Informationen unter seiner Bürotür durch.

Ich wusste nicht, dass er es bestellt hatte – und Joel würde nie erfahren, dass ich es bekommen hatte. Er würde nie wissen, wie glücklich es mich machte, auch wenn ich es am nächsten Tag im Krankenhaus trug, um es ihm zu zeigen. An diesem Nachmittag weinte ich in das Sweatshirt.

Es war das letzte Geburtstagsgeschenk, das ich je von Joel erhalten sollte. Ich beschloss, dass es ein Zeichen seiner Liebe zu mir war. In seiner Abwesenheit begann ich, überall nach Zeichen zu suchen.

* * *

Ich konzentrierte mich ausschließlich auf Sophie. Sie motivierte mich, weiterzumachen, denn ohne Joel fühlte ich mich wie ein halber Mensch. Ich passte nur zur Hälfte auf. Hörte nur zur Hälfte zu. Ich machte alles halbherzig. Sophie hatte ihren Vater verloren, und jetzt hatte sie nur noch eine halbe Mutter.

Einmal in der Woche traf sie sich mit ihrer Therapeutin. Julies Büro lag nur zwanzig Minuten Fahrtzeit entfernt. Anstatt Sophie also zum Fußball oder zur Theatergruppe zu bringen, wie Joel und ich es während des Großteils ihrer Kindheit jeden Samstag getan hatten, verbrachten wir nun unsere Samstagvormittage mit Therapiestunden. Gelegentlich holten wir uns unterwegs einen Smoothie oder einen Kaffee. Ich setzte sie ab, parkte das Auto und wartete die nächsten fünfzig Minuten hinter dem Lenkrad. Manchmal telefonierte ich in dieser Zeit mit meinem Vater und Elisabeth, manchmal besuchte ich auch Hal und Rita, die in der Nähe wohnten. Meistens saß ich jedoch im Auto und hörte im Radio Howard Stern oder dem Oprah-Sender zu.

Eines Samstagmorgens hörte ich während der Sendersuche eine Stimme, die mich die Suchtaste loslassen ließ. Sie klang glücklich, als ob der Mann beim Sprechen lächelte. Die Sendung war fast zu Ende, und ich wusste einfach, dass die Augen dieses Mannes beim Reden wie Joels funkelten. Dann unterbrach ein Moderator das Programm.

»Bleiben Sie dran. Joel kommt gleich mit einer weiteren inspirierenden Botschaft für ein selbstbestimmtes und spirituelles Leben zurück!«

Wäre ich gefahren, hätte ich einen Unfall gebaut. Mein Herz fing an zu rasen, und Tränen liefen mir über das Gesicht.

»Schatz!«, rief ich. »Bist du das? O mein Gott, Joel! Ich bin hier, Schatz. Ich bleibe dran. O mein Gott, komm zurück!«

Ich schloss die Autofenster und drehte die Lautstärke auf. Ich umklammerte das Lenkrad, wippte mit dem Fuß auf und ab und wartete gespannt auf Joels Rückkehr. Ich achtete darauf, das Brems- und das Gaspedal nicht zu erwischen, konnte aber meine Erregung kaum zurückhalten. Ich wollte Joels Botschaft hören! Deutlicher hätte es nicht sein können – Joel versuchte, mich zu erreichen!

Eine Million Gedanken wirbelten in meinem Kopf herum. Er wollte mir etwas sagen. Vielleicht, dass Sophie es schaffen würde, dass es ihr gut ginge. Oder vielleicht ging es um unsere Hündin Daisy, die krank war. Oder vielleicht wollte er mir sagen, dass er mich auch vermisste. Ich wischte mir die Tränen aus dem Gesicht und *wartete und wartete* auf Joels Nachricht.

Endlich*, endlich*! Joel kam wieder auf Sendung. »Gott segne dich. Es ist mir eine Freude, in dein Haus zu kommen. Vielen Dank, dass du heute eingeschaltet hast.«

Hm, dachte ich. *Gott segne dich?*

Die Botschaft ging weiter. »Ich möchte mit etwas Lustigem beginnen.« *Ja, das war mein Joel!*

Und dann erzählte Joel, wie im Wartezimmer eines Psychiaters plötzlich jemand aufsteht, sich auf die Brust trommelt und schreit: »Ich bin Tarzan!« Der Arzt kommt raus und fragt: »Wer hat Ihnen das gesagt?« »Der liebe Gott!« Da meldet sich ein anderer aus der Ecke: »Was soll ich gesagt haben?« *O. K., nicht der beste Witz meines Mannes, aber …*

»Halte deine Bibel hoch. Sag es so, wie du es meinst: Das ist meine Bibel. Ich bin, was sie sagt, dass ich bin. Ich habe, was sie sagt, dass ich habe … Ich bekenne freimütig, dass mein Herz offen ist …«

Die Bibel? Ich war verwirrt. Das klang nicht wirklich nach meinem Joel. »Im Namen Jesu, Gott segne dich.«

Hatte Joel Jesus gefunden? Ich war überrascht. Das konnte nicht *mein* Joel sein, doch ich hörte trotzdem weiter zu. Ich schaute auf das Armaturenbrett. Vorher war die Radioanzeige leer gewesen, jetzt leuchtete das Display jedoch auf – vielleicht weil der Empfang besser war oder weil ich in diesem Moment das Zeichen empfing, nach dem ich so verzweifelt gesucht hatte. Und da stand es, direkt vor mir. *Joel Osteen.*

Ich hatte schon *von ihm,* aber noch nie *ihn selbst* gehört. Noch vor ein paar Monaten hätte ich gedacht *Iiiieh, ein evangelikaler Prediger. Schnell den Sender wechseln.* Doch nun hörte ich ihm weiter zu. Ich fand Joels Botschaft der Liebe beruhigend, als er etwas über die Güte Gottes sagte.

Dass wir stark und gesegnet seien. Dass wir alle Gottes Meisterwerk seien.

Dass wir alle die Kraft für jede Schlacht besäßen, und dass die Kräfte, die für mich wirkten, größer seien als die gegen mich.

Ich stimmte dem, was er sagte, zu, und seine Stimme und seine Einstellung ließen mich lächeln. Ich hatte das Gefühl, als wäre er jemand, den ich gernhaben könnte.

Dieser »neue« Joel und mein Joel hatten beide dunkles Haar. Joel Osteen hatte ein Glitzern in seinen blauen Augen, so wie mein Joel ein Glitzern in seinen grünen Augen gehabt hatte. Die beiden hatten die gleichen Initialen und sogar ähnlich klingende Nachnamen. Doch der größte Beweis war mir die Tatsache, dass beide Joels die gleiche Telefonnummer besaßen. Mit Ausnahme der Vorwahl waren sie absolut identisch.

»Rate mal, wie meine neue Nummer lautet!«, hatte Joel mich vor vielen Jahren am Telefon aufgefordert, um sie mir anschließend zu verraten. Damals, als Handys noch *neumodischer Kram* waren. »555-JOEL. So kann man sich die Nummer ganz einfach merken!« Er war total begeistert gewesen. Das war lustig.

Manche Leute sagen, sie hätten Gott gefunden, während sie einfach die Straße entlanggingen, und *bumm*! Sie sind ergriffen, bekehrt, werden wiedergeboren oder zu Anhängern Christi oder wahren Gläubigen. Sie gehen *an Bord des Schiffs des Herrn,* ohne Fragen zu stellen.

Bei mir ist es nicht so gewesen. Ich habe an diesem Tag in meinem Auto nicht Gott gefunden, aber ich habe etwas gefunden. Eine Verbindung. So wie damals, als mein Joel mir in der Poststelle diesen Witz erzählt hat, war ich nun in einen neuen Joel verliebt. Dabei empfand ich seine Worte über die Bibel und

Jesus nicht als bekehrend (auch wenn dem so war). Mir gefiel einfach seine Energie. Sein Enthusiasmus. Seine Botschaft, die darin bestand, auf etwas zu vertrauen, das größer ist als wir selbst. Der Glaube, dass wir geliebt werden, bedingungslos. Er predigte *eine Haltung der Dankbarkeit*. Das waren Dinge, die ich annehmen konnte. Für mich ist Joel Osteen ein motivierender Redner, der Gott und Jesus als Orientierungspunkt verwendet, was mich nicht im Geringsten stört.

Als Sophie nach der Therapiestunde ins Auto stieg, wechselte sie sofort den Sender.

»Oh, ich wollte, dass du das hörst!«, meinte ich. »Das ist eine Botschaft von Daddy.«

»Das ist nicht fair!«, lamentierte sie. »Ständig bekommst du Botschaften und ich nicht.«

»Du bekommst sie auch. Du erkennst sie nur noch nicht.«

»Welche Botschaft hast du denn bekommen?«, wollte sie wissen.

»Okay, ich hörte gerade Radio, und jemand sagte, dass Joel eine Nachricht für mich habe. Dieser Jemand war Joel Osteen. Er ist eine Art Prediger, aber er und Daddy haben die gleiche Telefonnummer! Und er erzählt lustige Geschichten, wie Daddy …«

»Das ist nicht Dad, Mom«, fiel sie mir ins Wort.

»Also, ich werde ihn mir ab sofort anhören. Ich spüre da einfach eine Verbindung.«

Sophie rollte mit den Augen. »Und er ist ein Prediger? Das ist schräg. Du bist schräg.«

Ich zuckte mit den Schultern.

Was sollte ich auch sagen? Wir waren wohlerzogene jüdische Mädchen; sie hatte erst vor knapp einem Jahr ihre Bat-Mizwa gefeiert. Was wussten wir schon über Jesus? Oder die Bibel? Vielleicht war ich schräg. Doch das war mir egal. Der andere Joel wurde zu meiner Obsession. Ich hörte ihm *immer und überall* zu. Mittags begab ich mich absichtlich früher zur Schule, damit ich im Auto sitzen und Joels Botschaft hören konnte, bevor Sophie einstieg. Ständig fuhr ich bewusst langsam, nur um Radio hören zu können. Ich meldete mich für seinen Newsletter an, um mich jeden Morgen beim Öffnen meines E-Mail-Postfachs von seiner Tagesbotschaft begeistern zu lassen.

Als ich meinen neuen Joel Ellie gegenüber erwähnte, meinte sie: »O mein Gott, wwJt. Was würde Joel tun?«

Als ich es Jillian erzählte, sagte sie: »Okay, das ist ziemlich schräg. Also nicht, dass du ihm zuhörst – obwohl, das ist auch schon etwas schräg … Aber die gleiche Telefonnummer? Also ja, die ganze Sache ist schräg.«

Als ich es meiner Schwester erzählte, rief sie: »Ich finde ihn auch toll! Ich wollte dir die ganze Zeit schon sagen, dass ich ihn jeden Sonntagmorgen im Fernsehen sehe. Ich liebe Joel!«

Wir lachten darüber, weil es bestätigte, wie seltsam und zufällig diese neue Erkenntnis war.

Ansonsten interessierte mich kaum etwas. Es gibt ein Phänomen, das im Englischen *widow brain* oder *widow fog* genannt wird. Jeder, der einen traumatischen Verlust erlitten hat, ist wahrscheinlich damit vertraut. Es wird durch die Trauer ausgelöst, die ein Gefühl von Desinteresse, Verwirrung und Vergesslichkeit verursacht.

Ich kam zum Beispiel mit den Hunden von einem Spaziergang zurück und hielt immer noch die Leinen in der Hand, obwohl ich die Tiere bereits losgebunden hatte. Oder hielt ich sie in der Hand, weil ich mit den Hunden erst *losgehen* wollte? Ich wusste nicht mehr, ob ich gerade nach Hause gekommen war oder erst aufbrechen wollte.

Oder ich schrieb Sophie eine SMS und fragte sie, was sie zum Abendessen wollte. Im Supermarkt angekommen, hatte ich meine Frage vergessen. Ich stand in einem der Gänge und starrte fünf Minuten lang ihre Antwort auf meinem Handy an, Hühnchen. Aber ich wusste nicht, was Hühnchen bedeutet.

Ich war ständig abwesend. Ich bewegte mich langsamer als sonst. Ich verarbeitete die Trauer nicht.

Ich konnte nicht mehr lesen, obwohl ich immer eine eifrige Leserin gewesen war und ständig ein Stapel Bücher auf meinem Nachttisch lag. Mein Buchklub, den ich gegründet und geleitet hatte, löste sich auf. Ein Abschnitt in unserem Trauerheilungsbuch war so ziemlich alles, was ich bewältigen konnte. Das und die inspirierenden mundgerechten Häppchen, die ich jeden Morgen per E-Mail von dem anderen Joel erhielt. Sogar die Fernsehsendungen, die ich mir früher mit Joel angesehen hatte, konnte ich kaum noch ertragen. Sie erinnerten mich an ihn, und es machte mich zu traurig, sie ohne ihn zu sehen. Außerdem war er nicht mehr da, um mir das Offensichtliche zu erklären: *Wie jetzt, Don Draper will Sterling Cooper verlassen?* oder *Okay, erklär mir noch mal kurz, warum Jon Snow zur Mauer geschickt wurde.*

Außerdem gebe ich meinem *widow fog* auch die Schuld an meiner zunehmenden Begeisterung für »The Real Housewives«. Ich war schon früher ein Fan der Serien aus New York und New Jersey gewesen, aber plötzlich weckten die Damen aus Beverly Hills mein Interesse. Und dann die aus Atlanta. Die Serie war eine so sinnlose Unterhaltung, also *im wahrsten Sinne* sinnlos, dass ich sie tatsächlich aufnehmen konnte. Und wenn ich eine Diskussion, eine Auseinandersetzung oder einen Dialog zwischen den Frauen verpasste, machte das auch keinen Unterschied. All diese »spontanen« Dramen waren Balsam für mein Drama im realen Leben, das eigentlich gar nicht so dramatisch war. Nur dass mein Mann gestorben war. Das war alles.

Ich nahm jeden Trost an, egal, wo ich ihn finden konnte. Bei Joel Osteen. Und auch bei Iyanla Vanzant. Oh, wie ich Iyanla geliebt habe! Bevor man ihr eine eigene Fernsehshow gab, in der sie das Leben von zerrütteten Familien wieder in Ordnung brachte. Die Iyanla, die ich liebte, sprach vom »Universum« und vom Geist. Das erste Mal habe ich sie ganz am Anfang in der »Oprah Winfrey Show« gesehen und fand sie einfach toll. Wiederentdeckt habe ich sie erst, als Joel starb. Ich stand in der Buchhandlung in unserem Viertel und *suchte, suchte, suchte* nach etwas, was mir in meiner Trauer helfen konnte. Ich hatte meine Tagebücher, in die ich konsequent schrieb, doch ich musste die Stimme, die Sichtweise einer anderen Person hören, von jemandem, der einen ähnlichen Weg gegangen war.

Es gab ein paar Bücher über »junge« Witwenschaft mit frechen Titeln, aber die waren nichts für mich. Mit ihnen konnte ich mich nicht identifizieren. Ich war egoistisch in meiner Trauer, vielleicht sogar ein wenig egozentrisch. Keine Frau hatte *meine* Trauer erlebt, weil sie nicht mit Joel verheiratet gewesen war. Niemand wusste, wie es sich anfühlt, wenn dir der Mann, den du liebst, jeden Morgen Kaffee macht, obwohl er gar kein Kaffeetrinker ist. Sie wussten nicht, wie es sich anfühlt, mit einem Mann verheiratet zu sein, der dich nicht nur jeden Tag zum Lachen bringt, sondern überall im Haus Notizzettel hinterlässt, auf denen er dir seine Liebe erklärt, auf denen er dich als wunderschön beschreibt, auf die er ineinander verschlungene Herzen malt, einfach so. Sie wussten nicht, wie es sich anfühlt, auf dieser Ebene *Liebe zu empfinden,* und das jeden Tag.

Ein Buch stach mir in dem Buchladen ins Auge. »Peace from Broken Pieces: How to Get Through What You're Going Through« von Iyanla Vanzant. Merkwürdigerweise entdeckte ich es in der Abteilung für Kochbücher.

Eine Mahlzeit zuzubereiten fiel mir immer noch sehr schwer, und ich war auf der Suche nach einem benutzerfreundlichen Kochbuch. Es war eine Herausforderung, für zwei zu kochen. Dort fand mich das Buch von Iyanla. Es muss versehentlich im falschen Regal gelandet sein, und ich nahm es als ein Zeichen.

Ich setzte mich in die Mitte des Ganges, um den Prolog zu lesen, und erfuhr, dass Iyanlas Tochter gestorben war. Ich klemmte mir das Buch unter den Arm und fand ein weiteres von ihr, »Yesterday, I Cried«, an seinem rechtmäßigen Platz in der Abteilung »Selbsthilfe«. Ich kaufte sie beide.

Iyanla schrieb über die Lehren, die sie aus ihren Krisen gezogen hatte, über die Fülle von Möglichkeiten, unsere gebrochenen Herzen zu heilen, und darüber, wie man im Meer der Tränen Weisheit finden kann.

Ihr Schreibstil war so anders. So persönlich. So ansprechend. Ich konnte jeden Tag einen Absatz lesen, und die Worte hatten eine solche Resonanz, dass mir das genügte. Ich fügte Iyanla zu meinem Arsenal an Heilmitteln hinzu, zu dem inzwischen auch Joel Osteen und »The Real Housewives« gehörten.

Ich wusste nicht, dass ich gerade »heilte«, doch ich wusste, dass ich gebrochen war. Zu wissen, dass Gott, die Liebe, das Universum oder der Geist *bei mir* waren, half mir, mich etwas leichter durch die Welt zu bewegen.

»Mom?«, fragte mich Sophie eines Abends, nachdem wir über unsere Erinnerungen an Joel gesprochen hatten. *(Daddy wollte, dass ich mir »The Graduate« mit ihm zusammen anschaue. Das war sein Lieblingsfilm.)* »Was glaubst du, wo Daddy jetzt ist?«

Ich lag neben ihr und strich ihr über das Haar. »Ich wünschte, ich wüsste es. Aber ich glaube, dass es ihm besser geht, wo auch immer er ist.«

»Wieso glaubst du das?«

»Einfach so. Ich glaube, dass unser Körper vergänglich ist. Und sein Körper war so krank. Also muss es ihm jetzt, wo er nicht mehr in seinem Körper gefangen ist, doch besser gehen, oder? Ich muss einfach daran glauben.«

»Ich glaube, dass er hier bei uns ist«, sagte sie.

»Glaubst du das wirklich?«

Sie nickte.

»Das ist schön«, sagte ich. »Selbst wenn wir beide nicht zusammen sind, wird Daddy immer noch bei dir sein und bei mir. Er wird immer über dich wachen und dich beschützen, wie ein Engel.«

Das sagte ich ihr monatelang jeden Abend. Ich weiß nicht, ob Sophie es so verstand, wie ich es meinte. Manchmal denke ich, dass sie sagte, was ich ihrer Meinung nach hören wollte, nur damit sie schlafen gehen konnte.

Im Frühjahr nach Joels Tod suchte ich ein Medium auf. Der Termin war bereits Monate zuvor vereinbart worden. Vielleicht gibt es dieses Phänomen nur in Los Angeles, aber ähnlich wie bei einer Reservierung in einem tollen Restaurant sind die besten Medien in L.A. lange im Voraus ausgebucht.

Mir war die Welt der Medien nicht neu. Tatsächlich hatte ich eines meiner besten Readings mit Anfang zwanzig in New York. Mir war damals gerade erst der *Gedanke* gekommen, mich im Drehbuchschreiben zu versuchen, als das Medium, das ich laut meiner Freundin *unbedingt besuchen musste,* zufällig einen Termin frei hatte. Ich rang zu der Zeit mit einigen Fragen. *Sollte ich in New York bleiben und weiterhin in der Werbung arbeiten oder vielleicht doch nach Los Angeles zurückgehen und mich im Drehbuchschreiben versuchen? Würde ich hier in dieser Stadt oder in meiner Heimat eine neue Liebe finden?* Ich glaubte, dass Katherine die Antworten haben könnte.

Der Pförtner in dem imposanten Gebäude an der East Side begleitete mich zum Aufzug, der mich in Katherines Penthouse brachte. Ihre Assistentin führte mich in eines der Schlafzimmer, in dem ein Kartentisch neben einem Kingsize-Bett aufgestellt war, das mit Satinkissen in allen Formen und Größen bedeckt war. An dem Tisch saß Katherine – blond, groß, freundlich. Irgendwie *texanisch.* Aber das hier war New York und Katherine knallhart.

Ich war fünf Minuten lang dort, als Katherine, ohne etwas über mich zu wissen, meinte: »Ich sehe dich in riesigen Hallen mit großen Kameras und Lichtern.«

»Wirklich?«, meinte ich.

»Und irgendetwas mit Füchsen. Oder ein Fuchs. Fuchs und …« Sie suchte noch, konzentrierte sich mit geschlossenen Augen. »Fuchs, Fuchs. Sie zeigen mir immer wieder einen Fuchs. Aber auch Lichter, große Lichter, Kamerascheinwerfer.«

Ich versuchte, herauszufinden, was sie meinte. *Füchse?* Dazu fiel mir nichts ein. Was mir einfiel und dem am nächsten kam, waren die Rehe, die wir manchmal am Wochenende in den Hamptons sahen. Doch ich schwieg, bis sich Katherines Augen öffneten und sie mich anlächelte.

»Fox«, sagte sie. »Und Disney. Du wirst für sie arbeiten. Schreiben. Ich sehe Seiten, viele Seiten, überall, *ganz viel Schreiben*! Das ist es, was sie mir sagen. Du bist Autorin!«

Ich wusste zwar nicht genau, wer »sie« waren, nahm aber das, was sie mir sagte, als die Bestätigung, die ich damals brauchte. *Ich war Autorin!*

Oder zumindest würde ich *irgendwann* Autorin sein.

Als ich gegen Ende des Jahres nach Los Angeles zurückkehrte, war mein erster Arbeitgeber Disney. Gefolgt von Fox. Später wieder Disney. Ich erinnere mich nicht mehr genau an dieses Reading mit Katherine. Trotzdem glaube ich, dass manche Menschen eine Gabe haben, sich auf eine Frequenz einzustellen und Botschaften aus einer anderen Dimension weiterzugeben können. Genau darauf hoffte ich, als ich nach Beverly Hills fuhr, um Candy zu treffen, das Medium, auf das ich fast fünf Monate gewartet hatte.

»Komm herein«, begrüßte Candy mich. »Wir haben schon auf dich gewartet.«

Candys Büro befand sich in einem großen Gebäude in Beverly Hills, dessen übrige Bewohner Ärzte zu sein schienen.

Candy saß an einem Schreibtisch voller Familienfotos und Nippes, und an den Wänden hingen noch mehr gerahmte Fotos. Auf einigen posierte sie mit Prominenten.

Sie gab mir ein Zeichen, ihr gegenüber Platz zu nehmen, und lächelte mich freundlich an. Sie hatte eine rundliche Figur und versprühte eine enthusiastische Energie.

»Ja, mein Gott, er hat auf dich gewartet!«, rief sie lachend und schaute auf, als würde sie mit der Luft sprechen. »Sie ist hier, sie ist hier. O mein Gott, er ist so glücklich!« Sie sah mich an und fragte: »Was hast du mir mitgebracht?« Sie hatte einen schwachen Akzent, irgendwo aus dem Nahen Osten, dachte ich. Israel oder vielleicht Iran.

Ich griff in meine Handtasche. Medien bitten manchmal darum, einen Gegenstand oder ein Foto der Person mitzubringen, zu der man eine Verbindung herstellen möchte. Das hilft ihnen, Informationen zu kanalisieren oder zu empfangen. Ich reichte ihr Joels Uhr – ein Geschenk seines Vaters, das er vor vielen Jahren bekommen und jeden Tag getragen hatte. Ich hatte auch einige Fotos mitgebracht. Sie sah sich eines von ihnen an.

»Das ist er?«, fragte sie.

Bisher hatte ich nur »Hallo« gesagt.

»Er war krank. So krank. Ich dachte, er wäre älter … Jetzt bin ich verwirrt!«

»Ja«, antwortete ich. »Das ist mein Mann.«

»So jung!«, sagte sie. Sie wurde sehr ernst, während sie auf sein Bild starrte. »Er ging sehr schnell. Er hat darauf gewartet, endlich gehen zu können.«

Ich begann zu weinen.

»Das ist schon seltsam. Meine Klientin vor dir wartet darauf, dass ein Mann in ihr Leben tritt, und dein Mann hat hier auf dich gewartet. Sie war so enttäuscht, aber ich wusste, dass er nicht wegen ihr hier war. Sie hatte gehofft, weil dieser

Mann, dein Ehemann … seine Liebe ist …« Sie suchte nach dem richtigen Wort.

»Stark. Seine Liebe zu dir ist sehr stark. Ich dachte, er wäre älter, weil er so krank war.«

Sie konzentrierte sich wieder und strich mit dem Zeigefinger über das Foto.

»Er konnte sich nicht bewegen?«, fragte sie. »Ich meine nicht, als er im Koma lag, sondern vorher.«

Ich hatte nichts von seinem Koma gesagt.

»Er hatte MS. Also ja, es fiel ihm schwer, sich zu bewegen«, antwortete ich unter Tränen.

»Oh«, sagte sie, als hätte sie endlich die Antwort bekommen, die sie suchte. »Jetzt kann er sich bewegen, meine Liebe. Er ist so glücklich, er hat seine Beine. Und sein Fahrrad. Ist er gern Fahrrad gefahren?«

Bevor ich antworten konnte, lächelte Candy und kicherte leise.

»O mein Gott, jetzt streichelt er gerade dein Gesicht. Er liebt dich so sehr.«

Ich legte die Hand auf meine Wange und schloss die Augen. Ich konnte mir Joel vorstellen, wie er dastand, seine Hand auf meiner Wange, meine Hand auf seiner Hand.

»Wer ist der Junge?«, fragte sie.

»Welcher Junge?«

»Haben Sie einen Sohn?«, fragte sie neugierig.

»Nein«, sagte ich und war plötzlich ganz aufgeregt. Ich wollte mehr über Joel hören, doch all die Informationen stürzten so schnell auf mich ein. Ich wollte, dass sie langsamer sprach.

»Da ist noch ein Mann. Mit einem Sohn. Das kann ich kaum glauben!« Candy fing wieder an zu lachen. »Du bist gesegnet, weißt du das? Dieser Mann mit dem Sohn. Er liebt dich auch.«

Ich sah sie an, als würde ihr ein zweiter Kopf aus dem Hals wachsen.

»Welcher Mann?«

»Jemand, den Sie kennen, es wird nicht mehr lange dauern. Das ist es, was dein Ehemann mir sagt. Doch es macht ihm nichts aus. Es ist okay.«

Was soll das? Ein anderer Mann? Wer hat einen Sohn?! Ich will keinen anderen Mann. Ich will nur Joel!

»Ich glaube nicht, dass ich einen anderen Mann will.«

Sie zuckte die Schultern. »Was soll ich sagen? Er wird kommen.«

Candy neigte den Kopf, als würde sie zuhören. »Vielleicht ergibt das einen Sinn für dich. Dein Mann möchte, dass ich dir sage ...«

Ich richtete mich auf und lehnte mich zu ihr hinüber.

»»Einverstanden«, sagt er. Er ist einverstanden.«

Sie öffnete die Handflächen und hob die Augenbrauen, als wollte sie sagen: *Da haben Sie es.*

An diesem Tag wurden mir zwei Dinge klar:

1. Joel war wirklich noch bei uns. Nun konnte ich nach Hause gehen und es Sophie sagen. Ich war so aufgeregt! *Daddy ist wirklich bei uns!* Ich würde sagen: *Er ist hier!*

Und:

2. Medien sind verrückt.

KAPITEL 12

ICH BIN WITWE

»Schwesterherz?«, stammelte ich atemlos ins Telefon. »Ich vermisse Joel!«

»Oh, Süße«, sagte Holly geduldig. »Das weiß ich doch.«

Es war unser Hochzeitstag, mein erster ohne ihn. Wir wären siebzehn Jahre verheiratet gewesen, und ich schluchzte schon seit Stunden hemmungslos in meinem Hotelzimmer. Ich war gerade in Chicago, um meine Freundin Jennie zu besuchen. Sophie verbrachte das Wochenende mit ihrer Schulklasse in San Francisco, sodass der Zeitpunkt für mich günstig gewesen war, die Stadt zu verlassen. Ich wollte an unserem Jahrestag nicht ohne Joel zu Hause sein. Ich dachte, fortzufahren und Zeit mit einer meiner besten Freundinnen in einer meiner Lieblingsstädte in einem schicken Hotel zu verbringen, würde helfen. Doch die Trauer kümmert all das nicht. Wie die MS reist sie immer mit, wohin man auch geht, egal wie weit, egal für wie lange.

Jennie und ihr Mann wollten mich zum Abendessen einladen und warteten in der Hotelbar auf mich.

»Ich weiß nicht, ob ich es schaffe«, hatte ich Jennie eine Stunde zuvor weinend am Telefon erklärt. »Ich bin völlig fertig und kann einfach nicht aufhören, zu weinen.«

»Das verstehe ich doch. Wir warten in der Bar, und wenn du meinst, dass du mitkommen kannst, super. Wenn nicht, ist es auch okay. Gib mir einfach kurz Bescheid.«

Ich hatte gedacht, ich würde an meinem Jahrestag über die Michigan Avenue flanieren, mittags in einem gemütlichen Café etwas essen, mir etwas Schönes kaufen und an die siebzehn Jahre mit Joel denken. Wenn ich unsere gemeinsame Zeit vor der Heirat mitzählte, waren es sogar noch mehr. Stattdessen war ich ohne Regenschirm losgezogen und vom Regen überrascht worden. Dann hatte ich mich auf der Suche nach einem schönen Wellnesssalon verlaufen und war sehr früh ins Hotel zurückgekehrt, klatschnass und heulend.

»Natürlich bist du traurig«, sagte Holly. »Joel ist nicht da, um mit dir zu feiern. Das ist schrecklich und kaum zu glauben.«

»Ich vermisse ihn!«, erwiderte ich schluchzend. »Ich weiß nicht, ob ich jemals aufhören werde, zu weinen!«

Meine Schwester blieb am Telefon. Ich hatte Angst, aufzulegen. Ich dachte, ich würde in meinen Tränen ertrinken.

Ständig drehte ich meinen Ehering am Finger und hoffte, dass meine Erinnerungen an Joel – als er noch jünger, gesund, *lebendig* gewesen war – zurückkommen würden. Ich wollte mich so sehr an unsere Hochzeit erinnern. An unser gemeinsames Leben. Daran, wie er roch. Doch auch nach fünf Monaten sah ich immer nur Joel im Krankenhaus. Kaum noch am Leben, wartete er auf mein Okay, damit er sterben konnte. Die einzigen Gerüche, die ich heraufbeschwören konnte, waren die Krankenhausgerüche. Die einzige Erinnerung an körperliche Nähe war, wie ich Joels schlaffe Hand in meiner hielt und versuchte, nicht gegen die Schläuche zu stoßen, die in seine Venen führten. Ich kam nicht aus dem Krankenhaus heraus, sosehr ich es auch versuchte. Ich konnte über

Joel sprechen und mich an bestimmte Ereignisse erinnern, die wir erlebt hatten, aber sie fühlten sich so hohl an. Ich wartete darauf, dass meine Erinnerungen wieder lebendig und real wurden.

Irgendwann legten Holly und ich auf. Jennie schickte ihren Mann nach Hause und kam auf mein Zimmer. Auch sie war sehr geduldig. Sie hatte schon früh ihre Mutter verloren und verstand, wie Trauer war und wie unvorhersehbar sie über einen kam.

Nachdem ich stundenlang geweint hatte, zwang ich mich, mein Denken zu ändern. *Ich kann überall und jederzeit weinen. Du bist in Chicago, also geh raus und unternimm etwas Lustiges,* sagte ich mir. *Das ist es, was du tun würdest, wenn Joel hier wäre.*

Also gingen Jennie und ich ins Hotelrestaurant und bestellten uns etwas zu essen. Ich bekam einen schicken Cocktail serviert, und wir stießen auf Joel an. Meine Tränen waren getrocknet, und ich konnte wieder atmen. In dieser Nacht schlief ich zwar gut, wachte aber mit einem Trauer-Kater auf. Ich war noch immer nicht ganz ich selbst. Mein *widow fog* trübte mein Wochenende, doch es war Zeit, nach Hause zurückzukehren.

Auf dem Weg zum Flughafen hielt ich kurz bei einem Sandwich-Laden, den Joel gern besucht hatte, wenn wir in Chicago waren. Ich ging für Joel hinein. Nun war ich jedoch spät dran. Ich hatte den O'Hare-Flughafen noch nie so überfüllt gesehen. Eines der Gepäckprüfgeräte war defekt, sodass die Sicherheitskontrollen übermäßig lang dauerten. Ich sah zu, wie Jennie wegfuhr, und schob meinen Koffer ans Ende der Warteschlange, als die Tränen wiederkamen. Ich stand in dieser Schlange und realisierte, dass die Kontrollen zwei Stunden dauern würden, mein Flug aber in einer Stunde ging.

Mein Blick fiel auf einen unfreundlichen Sicherheitsbeamten, der an der Schlange vorbeilief. Sein Bauch hing über dem Gürtel. Sein Haar war dünn, was sein buschiger Schnurrbart jedoch wieder wettmachte. Er sorgte dafür, dass wir Reisenden in der Reihe stehen blieben und die Regeln einhielten. Einige

Leute waren verständlicherweise gestresst und versuchten, seine Aufmerksamkeit zu erregen. Einige hatten wie ich Angst, ihren Flug zu verpassen. Andere ärgerten sich einfach über die Bürokratie der Flughafensicherheit. Die Atmosphäre war angespannt. Ich bemerkte all das, was um mich herum geschah, stand aber nur weinend da. Machtlos. Müde. Leer.

Der Sicherheitsbeamte muss mich bemerkt haben, denn er kam sehr *vorsichtig* auf mich zu … Anders kann ich es nicht beschreiben. Ich glaube, er hatte einfach Angst vor einer Frau, die weinte. Die nicht einfach nur weinte, sondern der regelrechte Sturzbäche das Gesicht hinunterliefen.

»Warum weinen Sie denn so?«, fragte er mich.

Ich sah ihn ausdruckslos an. Ich wusste, dass er mit mir sprach, konnte aber nicht antworten.

Das war mir schon einmal passiert, als Joel und ich mit Freunden in Lake Tahoe beim Skilaufen waren. Nachdem ich einen ganzen Tag lang versucht hatte, während eines Schneesturms Snowboarden zu lernen, und ihn größtenteils auf meinem Hintern verbrachte, hatte ich die Nase voll. Ich war einmal zu oft gestürzt und nur noch fertig. Ich konnte mich vor Müdigkeit nicht mehr bewegen, und schließlich musste die Pistenpatrouille kommen, um mich auf einem ihrer kleinen roten Schlitten den Berg hinunterzubringen. Joel begleitete mich natürlich nach unten. Er war besorgt. In all den Jahren, die ich Ski fuhr, war mir so etwas noch nie passiert.

Wir kamen in die Erste-Hilfe-Hütte, und die Krankenschwester stellte mir einige Fragen:

»Können Sie mir sagen, welcher Tag heute ist?«

Ich hörte ihre Frage, war aber zu müde, um sie zu beantworten. Stattdessen starrte ich sie ausdruckslos an.

»Wissen Sie, wo Sie sind?«

Ich konnte einfach nicht sprechen. Ich spürte, wie Joel meine Hand drückte.

»Wie heißen Sie?«

Ich lächelte schief. Mehr brachte ich nicht zustande.

Die Krankenschwester drehte sich zu Joel und fragte: »Spricht sie Englisch?«

Ich fing an zu lachen. Was eher als Kichern begann, schwoll zu einer regelrechten Hysterie an. Mein ganzer Körper zitterte, und ich sah wohl aus, als wäre ich verrückt. Ich bekam kaum noch Luft vor lauter Lachen. Die letzte Frage empfand ich wirklich als empörend. *Ob ich Englisch sprach? Echt jetzt? War es so weit mit mir gekommen?* Ich lachte, bis ich mich besser fühlte, und Joel konnte nicht anders, als mitzulachen.

»Ja, sie spricht Englisch«, brachte er schließlich heraus.

»Ja, ja, ja!«, sagte ich. »Ich kann alle Ihre Fragen beantworten. Ich brauchte nur einen Moment«, gackerte ich.

»Gott sei Dank!«, meinte die freundliche Krankenschwester. »Ich habe mir schon Sorgen um Sie gemacht.« Sie lachte nun ebenfalls.

Doch ohne Joel an meiner Seite glaubte ich nicht, jemals wieder ich selbst sein zu können.

Ich wusste nicht, wie ich auf den Sicherheitsbeamten reagieren sollte, der dastand und mich unsicher ansah.

»Sind Sie okay?«, wiederholte er.

Die Leute starrten uns an. Ich sah auf meine Uhr. Mein Flug ging in fünfundvierzig Minuten, und ich stand noch immer am Ende der Schlange. Ich überlegte, was ich sagen sollte. Ich brauchte Hilfe. Ich durfte meinen Heimflug nicht verpassen. Ich holte tief Luft, wischte mir mit dem Handrücken über das Gesicht und sagte, ohne nachzudenken, etwas, was ich noch nie zuvor gesagt hatte:

»Ich bin Witwe.«

Der Mann und ich müssen den gleichen Gesichtsausdruck gehabt haben: Überraschung. Es war das erste Mal, dass ich es ausgesprochen hatte. Der Sicherheitsbeamte, auf dessen

Namensschild »John« stand, schaute mich von oben bis unten an, und ich verstand, warum. Er hatte vielleicht viele Gründe vermutet, warum ich weinte; dass ich eine Witwe sein könnte, war ihm vermutlich nicht in den Sinn gekommen.

»Oh, das tut mir sehr leid«, meinte er.

»Ich muss nach Hause zu meiner Tochter«, sagte ich weinend.

»Natürlich müssen Sie das. Kommen Sie.«

Angesichts meines emotionalen Zustands dachte er möglicherweise, ich sei erst an diesem Tag Witwe geworden. Ich machte mir nicht die Mühe, ihn aufzuklären. John öffnete die Absperrung und ließ mich durch, bevor er nach meinem Koffer griff. Ich ließ ihn gewähren.

»Wohin geht Ihr Flug?«

»Nach Los Angeles.«

Er pfiff. »Das wird knapp.«

John führte mich zum Anfang der Warteschlange, wobei wir bestimmt an hundert Menschen vorbeiliefen.

»Sie schaffen das«, meinte John, als er mein Gepäck zur Sicherheitskontrolle auf das Band hob. Ich konnte nicht sagen, ob das eine Frage oder eine Feststellung war.

»Vielen Dank«, sagte ich, während ich durch den Scanner ging. »Wirklich«, sagte ich unter Tränen, »das war sehr nett von Ihnen.«

Er nickte von der anderen Seite der Sicherheitsabsperrung und rief mir nach: »Kommen Sie gut nach Hause. Gott segne Sie.«

Ich nahm diesen Segen dankbar an, spürte ihn und erwischte glücklicherweise meinen Flug.

Nachdem ich in Los Angeles gelandet war, rief ich Jillian auf dem Heimweg vom Flughafen an. Sie fragte nach meiner Reise.

»Sie war toll, aber schrecklich. Es war so schön, Jennie wiederzusehen, aber ich habe die ganze Zeit geweint. Joel fehlte mir so sehr … Aber mir ist etwas klar geworden.«

»Was?«

»Sitzt du gerade?«

»Ja!«

»Jill.« Ich machte eine kurze Pause. »Weißt du was?«

»Was?«

Dann sprach ich es aus. »Ich bin Witwe!«

Ich konnte praktisch sehen, wie sie das Telefon vom Ohr nahm und anstarrte. Entweder hielt sie mich für verrückt oder für dumm. Doch sie wusste, dass ich nicht dumm war.

»Ähm, ja, ich denke, das wusste ich bereits«, sagte sie.

»Ja, du wusstest es, aber du hattest keine *Ahnung*. Ich bin Witwe!«

»Moment, lass mich kurz darüber nachdenken.«

Ich wartete. Schaute aus dem Fenster. Gähnte.

»Okay«, sagte sie nach einem Moment, »jetzt verstehe ich es. Wow! Du hast recht. Ich kann es nicht glauben!«

»Richtig?«

Es war eine Offenbarung. Das Wort fühlte sich plötzlich so anders an. Ich sah vielleicht nicht wie eine Witwe aus, aber ich fühlte mich wie eine. *Witwe* hatte früher eine sehr viel ältere Frau beschrieben. Alt, faltig, traurig. Schwarz tragend. Vielleicht sogar einen Schleier. Ich fühlte mich wie eine Ausgabe der sitzen gelassenen alten Miss Havisham von Charles Dickens. Man hatte mich nicht vor dem Altar sitzengelassen, und ich trug nicht für immer mein Brautkleid, sondern war in der Mitte meines Lebens verlassen worden, barfuß in Schiwa-Kleidern und während eines großen Fests.

Nachdem ich angefangen hatte, mich als Witwe zu bezeichnen, konnte ich nicht mehr damit aufhören. Ich weiß nicht, warum ich so lange gebraucht hatte, es einzufordern. Doch genauso fühlte es sich für mich an; als würde ich das Wort *beanspruchen*, etwas Wahres über mich behaupten, weil es nicht offensichtlich war, wenn man mich ansah. Und indem ich es aussprach, erklärte und annahm, überzeugte ich mich selbst davon, dass es real war. Joel war weg. Er war immer noch mein Ehemann. Wir waren immer noch verheiratet, aber ich war Witwe.

Eine Witwe.

Ich stand in der Waschanlage, und während wir auf unsere Autos warteten, sagte die Person neben mir vielleicht so etwas wie »Als ich das letzte Mal aus der Autowäsche kam, regnete es am nächsten Tag.«

Und ich antwortete: »Oh, ich hasse es, wenn das passiert. Besonders weil ich Witwe bin.«

Oder wenn Sophie und ich am Drive-in-Schalter eines Schnellrestaurants standen und ich unsere Bestellung über den Lautsprecher aufgab. »Wir nehmen einen doppelten Burger, zwei große Pommes frites und zwei Schokoladen-Shakes, … weil ich Witwe bin.«

Sophie verdrehte dann verlegen die Augen. »M-o-o-o-m!«

»Vielleicht legen sie etwas gratis dazu!«, antwortete ich ihr, während wir zum Zahlschalter fuhren. »Irgendwelche Mitleidspommes oder so was.« Das taten sie nie.

Einmal brachte ich die Hunde zum Hundefriseur, und man sagte mir, sie seien um drei Uhr fertig. Ich antwortete: »Kein Problem. Ich bin Witwe; ich bin um drei Uhr hier!«

Das Wort machte mir keine Angst. Ich wich ihm nicht furchtsam aus. Durch dieses Wort hatte ich etwas zu sagen. Es gab mir die Möglichkeit, meinen Platz in der Welt zu finden. Ich hatte ein Wort für das, was ich war, und ich benutzte es. Es fühlte sich machtvoll an.

Wenn ich das Wort benutzte und mein Gesprächspartner merkte, dass ich »Witwe« sagte, sah ich, wie sich die Räder in seinem Kopf zu drehen begannen, und wartete darauf, dass er begriff. Sobald das geschah, starrte er mich fassungslos und verwirrt an. »Das hätte ich nie für möglich gehalten«, meinte einmal jemand. Vielleicht fühlte ich mich deshalb genötigt, es allen zu sagen, es auszusprechen. Zu sagen, dass ich Witwe war, machte es real. Denn ich konnte einfach nicht verstehen, dass mein Mann gestorben war. Das ergab keinen Sinn. Wir hätten zusammen alt werden sollen. Wir teilten unser Leben miteinander. Wir liebten *und* mochten uns. Es war nicht so, dass ich wollte, dass die Leute es wussten, ich *brauchte* es, dass sie es wussten.

In meiner Nachbarschaft wussten natürlich alle längst Bescheid. Manch einer entschied, dass ich nicht nur sein Beileid, sondern auch sein Mitgefühl brauchte. Einmal stand ich im Supermarkt und überlegte, was ich mit dem Hühnchen machen sollte, das ich gerade in den Einkaufswagen gelegt hatte. In dem Moment kam eine Frau, die ich aus der Nachbarschaft kannte, tränenüberströmt auf mich zu.

»Melissa«, schniefte sie. »Wie geht es dir?« Sie wollte mich in den Arm nehmen, aber zum Glück stand mein Einkaufswagen zwischen uns. Also begnügte sie sich damit, die Hände auf meine Arme zu legen.

»Es tut mir so leid. Ich denke ständig an Sophie und dich und muss die ganze Zeit weinen.«

Ich hatte diese Frau noch nie leiden können. Vor Jahren hatte sie eine Geburtstagsfeier für ihr Kind gegeben und alle Kinder aus der Kindergartengruppe eingeladen. Alle außer Sophie. Ich bin mir sicher, dass es ein Versehen war, aber ich habe es ihr trotzdem nie verziehen. Als sie also weinend auf mich zukam, bot ich ihr keine tröstenden Worte an (denn, *Hallo, ich bin diejenige, die trauert!*) und hatte auch nicht das Bedürfnis, das Schweigen zu füllen. Ich zog es vor, die Situation unangenehm werden zu lassen, und sah zu, wie ihr Gesicht rot wurde und die Tränen flossen. Sie weinte weiter, und dann kam zum Vorschein, warum sie wirklich so aufgelöst war.

»Ich …«, schluchzte sie, »ich weiß nicht, was ich tun würde, wenn mir das passiert wäre.«

Da! Sie hatte es gesagt. Ihre Tränen, ihr Weinen, ihr Mitleid hatten nichts mit mir zu tun. Es ging nur um *sie*. Um ihre Ängste. Ihre eigene Angst vor der Möglichkeit, *ihren* Ehemann zu verlieren, so unwahrscheinlich das auch sein mochte. Dass *ihre* Welt auf den Kopf gestellt wurde. Ich sah sie gleichgültig an.

»Gute Besserung«, sagte ich und schob meinen Wagen weiter.

Ich kam damit klar, dass ich nun für alle die Witwe war; was ich nicht ertragen konnte, waren die Projektionen und Mutmaßungen der anderen. Sie wussten über mich Bescheid, also dachten sie, sie würden mich *kennen,* würden meine Geschichte kennen.

Doch das taten sie nicht.

Sie kannten weder mein Leiden noch Joels. Sie wussten nicht, dass ich das Gefühl hatte, schon getrauert zu haben, lange bevor Joel überhaupt gestorben war. Dass ich trauerte, bevor ich überhaupt *wusste,* dass ich trauerte.

Es kommt häufig vor, dass eine Witwe das Gefühl hat, sie sei diejenige, die diejenigen trösten müsse, die versuchen, *sie* zu trösten. Ich wünschte, ich könnte anderen einen Tipp geben, was man sagen sollte. Aber ich habe keinen. Trauer ist etwas sehr Persönliches.

Mir ging es nur um die Anerkennung (»Es tut mir so leid« reichte normalerweise aus), und je nachdem, wer vor mir stand, wollte ich nicht mehr. Ich wollte keinen Small Talk oder von der fünfundachtzigjährigen Tante hören, die gerade gestorben war, nur weil man versuchte, die eigene Situation mit meiner in Verbindung zu bringen.

Ich wollte auch nicht umarmt werden.

Manche Leute verstanden das richtig. Wie damals, als ich den Clooney-Weg lief und eine Frau aus der Nachbarschaft traf, die dort täglich wandert. Wir sind keine Freunde, kennen uns aber seit Jahren. Sie sah, wie ich mich weinend und schniefend den Berg hinaufkämpfte, während sie aus der entgegengesetzten

Richtung auf mich zukam. Ich wollte nicht stehen bleiben, aber ich hörte sie seufzen, als sie mich sah. Sie streckte einfach die Hand aus und drückte meinen Arm, als wir aneinander vorbeigingen. Da war keine Heuchelei. Kein übertriebener Gefühlsausbruch. Meine Situation war traurig. Nicht zu fassen. Schwer zu begreifen … und ihre schlichte, schweigende Kenntnisnahme genügte.

Oder die Freundin, die ich in den Anfangsjahren mit Joel bei Atlantic Records kennengelernt hatte. Ich erkannte sie kaum wieder; es waren so viele Jahre vergangen. Doch sie hielt mich bei einer zufälligen Begegnung an und sagte: »Ich habe von Joel gehört. Es tut mir so leid.« Und dann erinnerte sie mich an die alten Tage. Ich wusste es zu schätzen, dass sie meine Umstände als Tatsache ansah. Sie strotzte weder vor Mitleid noch projizierte sie irgendetwas auf mich.

Die Leute kannten Joel und mich als ein glückliches Paar, als Sophies Eltern. Sie wussten, dass wir in dem Haus nahe der Grundschule wohnten (vor dem *jeder* in unserer Nachbarschaft, der Kinder hatte, irgendwann einmal geparkt hatte). Doch nun war ich die Frau, deren Mann gestorben war. Der Mann, der immer auf dem Fahrrad durch das Viertel gefahren war. Der Mann, der so nett gewesen war. *Was hatte er noch mal? Woran ist er gestorben?*

Und wenn das mir passieren konnte, konnte es dann nicht auch irgendjemand anderem passieren? *Wie wird sie damit klarkommen? In dem großen Haus, nur sie und ihre Tochter? O mein Gott! Was wird sie jetzt tun?*

Niemand wusste, was er von *der Witwe* halten sollte.

Die Wahrheit ist, ich wusste es auch nicht.

KAPITEL 13

KLEINE SCHRITTE VORWÄRTS

»Hallo, hier ist Allison Frank. Ich habe Ihren Namen von Rabbinerin Hannah. Mein Mann ist vor drei Jahren gestorben, und sollten Sie irgendwann das Bedürfnis haben, mit jemandem zu reden, würde ich mich freuen, Sie kennenzulernen. Danke.«

Der Name »Allison Frank« wurde als verpasster Anruf in meinem Handy aufgelistet, doch es sollte Wochen dauern, bis ich ihre Nachricht abhörte. Ich ließ sie in meiner Mailbox liegen, weil sie mich einfach nicht interessierte. Freunde hatten mir von Allison erzählt, und ich wusste, dass sie in unserem Viertel lebte, dass sie auch ihren Mann verloren hatte und dass ihre Kinder etwas älter waren als Sophie.

Ich hatte vorher gewusst, dass sie mich vielleicht anrufen würde, und man ermutigte mich, sie zu treffen, doch ich sträubte mich dagegen. Warum in aller Welt sollte ich eine Frau treffen wollen, deren Mann gestorben war? Nein, meine Trauer gehörte mir. Niemand außer mir war mit Joel verheiratet gewesen. Niemand wusste, wie es sich anfühlte, sein Ein und Alles zu verlieren.

Also beschloss ich, ihre Nachricht zu ignorieren. Vorerst.

Außerdem war es eine geschäftige Zeit. Oder zumindest eine Zeit des Übergangs. Joel war seit fast sechs Monaten fort, und alle wussten, dass Sophie oberste Priorität hatte. Wann immer ich eingeladen wurde, besprach ich es zuerst mit ihr. Ich wollte sie nicht allein oder bei einem Babysitter lassen. Dafür war sie sowieso zu alt.

Ich versuchte, meine Termine auf die Tageszeiten zu legen, zu denen sie in der Schule war. Das Problem war, dass Freunde mich zum Essen einluden. Zur Happy Hour. Ins Theater. Ich versuchte es; ich versuchte wirklich, einfach zu allem Ja zu sagen. Doch die Wahrheit ist, dass ich viele Veranstaltungen verpasst habe. Schon der Gedanke, allein zur Feier des fünfzigsten Geburtstags eines Freundes zu gehen, erschien mir zum Beispiel beängstigend.

Also entwickelte ich eine ungesunde Dynamik. Ich wartete ab, ob Sophie Pläne hatte, und wenn ja, welche, bevor ich Pläne für mich selbst machte. Ich traf mich zum Beispiel nur freitagabends mit Freunden zum Abendessen, wenn sie über Nacht bei einer Freundin eingeladen war. Ging sie samstags mit einem der Großeltern ins Kino, nahm ich die Einladung zu einer Wanderung oder einem Kaffeekränzchen an.

Alle ermutigten mich, mir Zeit für mich selbst zu nehmen. »Glückliche Mutter, glückliches Kind«, meinten sie. Ich wollte es ja versuchen, aber wie konnte ich jemals wieder glücklich sein, wenn ich meine Zukunft ohne Joel verbringen musste? Ich hatte Angst. Ich wusste nicht, ob ich mich jemals wieder ganz fühlen würde.

Dabei war ich von Natur aus ein fröhlicher Mensch – abgesehen davon, dass mein Mann gestorben und meine Welt aus den Fugen geraten war und ich die Aufgaben von zwei Elternteilen übernehmen musste. Ich musste daran glauben, dass ich irgendwann wieder fröhlich sein konnte. Es ist nicht so, dass ich überhaupt nicht mehr lachte oder mich amüsierte.

Das tat ich schon. Doch Joels Abwesenheit war immer präsent. Und sobald ich sie spürte, wurde ich traurig. Ich konnte mich einfach nicht damit abfinden.

Eine Freundin hatte mich ermutigt, ihrer Schreibgruppe beizutreten. Leigh und ich hatten uns kennengelernt, als unsere Töchter die gleiche Vorschule besuchten, und in der Mittelschule waren die beiden Mädchen enge Freundinnen geworden. Wir kamen uns während der Planung der Bat-Mizwa der Mädchen näher – und noch mehr in den schwierigen Monaten vor Joels Krankenhausaufenthalt und in der Zeit danach. Ihr Heim stand jederzeit jedem offen. Sophie und ich liebten das Chaos in ihrem Haus mit ihren drei temperamentvollen Kindern, ihrem Ehemann – einem Arzt – und ihrem großen Hund. Wir konnten stundenlang dort sitzen und einfach nur dem Treiben zusehen, das so anders war als das ruhige Leben in unserer Sackgasse.

Leigh hatte einen Abschluss in spiritueller Psychologie und die gleiche Alma Mater besucht wie eine meiner »Heilerinnen«, Iyanla Vanzant, womit sie mich quasi am Haken hatte.

»Sieh mal, du bist Autorin, du solltest schreiben«, meinte sie. »Ich glaube, dass es sehr heilsam für dich sein könnte, und wir sind eine ziemlich nette Gruppe. Niemand beißt.«

Ich wusste, dass ich wieder zu mir selbst finden musste. Einer Schreibgruppe beizutreten wäre ein kleiner Schritt gewesen – und gleichzeitig ein sehr großer. Denn dafür hätte ich mich tatsächlich anziehen und das Haus verlassen müssen. Doch der Gedanke, dass Leigh während der Gruppentreffen anwesend sein würde, beruhigte mich. Außerdem traf sich die Gruppe in einem Haus am Berg gleich hinter meinem Zuhause. Ich konnte zu Fuß dorthin gehen, wenn ich wollte.

»Soph«, sagte ich eines Tages auf dem Heimweg von der Schule. »Ich glaube, ich werde mich einer Schreibgruppe anschließen.«

»Okay«, antwortete sie, während sie auf der Suche nach einem Sender am Radio herumspielte.

»Sie trifft sich einmal pro Woche gleich um die Ecke.«

»Aha.«

»Ich werde nur ein paar Stunden weg sein. Ich gehe nach dem Abendessen und bin um halb zehn, spätestens um zehn wieder zu Hause.«

Ich fuhr weiter, während Sophie ständig den Sender wechselte.

»Das könnte mir guttun. Ich habe schon eine Weile nichts mehr geschrieben, und Leigh ist in der Gruppe, und ich glaube, ich muss einfach wieder anfangen, Dinge zu tun und …«

Sophie ließ die Suchtaste los und sah mich an. »Mom, es ist okay.«

»Bist du dir sicher? Denn wenn ich lieber zu Hause bei dir bleiben soll …«

Verzweifelt warf sie die Hände in die Luft. »Mein Gott! Das ist doch keine große Sache. Mach es einfach. Geh zu einem Schreibkurs. Ich habe kein Problem damit!«

Ich weiß nicht, ob ich nach einer Ausrede für eine Absage suchte oder ob ich mich nur versichern wollte, dass sie wirklich damit einverstanden war, dass ich wegging. Daher fragte ich mich, WwJt? *Schatz,* hätte Joel gesagt, *tu es. Es gibt keinen Grund, es nicht zu tun.*

Also meldete ich mich in Leighs Schreibgruppe an. Acht Wochen lang fuhr ich jeden Donnerstagabend den Hügel hinauf, parkte mein Auto, holte tief Luft und erklomm die Treppe zum Haus.

Der Kurs bestand aus etwa acht Personen; alle waren Hobbyautoren. Ich war die Einzige, die jemals ihren Lebensunterhalt mit dem Schreiben verdient hatte, und leider kamen meine schlechtesten Eigenschaften zum Vorschein. Ich war ein Snob. *Was könnte ich von Menschen lernen, die nur hobbymäßig schreiben?* Ich hatte keine Geduld. *Ihr meint, dass jeder vorlesen wird, was er geschrieben hat? Laut vor der Gruppe? Und ich muss tatsächlich zuhören?* Und ich hasste es, zu lesen, was ich gerade erst geschrieben hatte. *Es ist noch nicht lektoriert worden; es wird nicht gut sein!*

Doch noch während des ersten Treffens lösten sich meine Vorbehalte in Luft auf. Als wir uns vorstellten, erklärte ich ihnen, dass ich Witwe sei, und sie reagierten auf eine Art und Weise, die mir langsam vertraut war. Ich konnte sehen, wie sie versuchten, diese Information zu verarbeiten, und wie ihr Lächeln verblasste. *Hat sie gerade gesagt, dass sie Witwe sei?* Und dann folgten die üblichen Fragen. *Wie alt war dein Ehemann, wenn ich fragen darf? Woran ist er gestorben?* Dann folgten das Stöhnen und die Beileidsbekundungen, die Hände auf dem Herzen, ein paar Tränen wurden weggewischt (auch meine), und dann ging es weiter.

Jede Sitzung begann mit einer fünfminütigen Meditation. Das machte mir nichts aus. Ich versuchte, friedliche Gedanken heraufzubeschwören und meinen Geist zur Ruhe zu bringen. Ich atmete. Im Lauf der ersten Wochen verabschiedete ich mich von meiner vorgefassten Meinung über die Gruppe, denn die Leute hatten interessante Dinge zu sagen, und die meisten von ihnen konnten tatsächlich *schreiben*. Anna, die Gründerin und Moderatorin der Gruppe, schuf eine so angenehme und nährende Atmosphäre, dass es sich wie im Mutterleib anfühlte. Ich fühlte mich als Teil von etwas. Etwas, was nichts damit zu tun hatte, Witwe, Mutter oder gar »Profi« zu sein. Das war etwas, was nur für mich war. Nur zum Spaß.

Das Schreiben war ein Weg zurück zu mir selbst, und die Schreibgruppe wurde zu einem wichtigen Pfeiler meines Wohlbefindens. Ich liebte sie. Sie unterstützte und ermutigte und war damit das Gegenteil von der Arbeit als Drehbuchautorin, wo man sich immer entbehrlich, unterschätzt und eingeschüchtert fühlte, egal wie erfolgreich man war.

In Annas Gruppe schrieben die Menschen Gedichte. Persönliche Essays. Kurzgeschichten. Liebesromane. Und ich konnte eine kreative Quelle in meinem Kopf anzapfen, von der ich vergessen hatte, dass es sie gab. Ich schrieb Geschichten und erfand Szenen. Ich schuf Figuren und baute eine komplette Welt auf, die von Menschen bewohnt wurde, denen ich das Leben schenkte, mit Kindern, Häusern, Autos und Hobbys. Es war aufregend. Annas Gruppe war der einzige Termin, den ich jede Woche für mich einplante – und den ich nicht ein Mal verpasste. Als der erste achtwöchige Kurs zu Ende ging, meldete ich mich gleich wieder für den nächsten an, und dann für den übernächsten.

Die ganze Situation war immer noch surreal, aber unser Leben ging weiter. In ganz kleinen Schritten bauten wir uns ein Leben ohne Joel auf. Ich ermutigte Sophie, jeden Tag nach ihm zu suchen, ihn zu finden, wenn sie ihn brauchte, und mit ihm zu reden. Sie sollte wissen, dass er immer bei ihr war und sie immer lieben würde.

»Daddy liebte The Clash«, meinte sie eines Abends, nachdem sie unsere allabendliche Buchseite vorgelesen hatte.

»Und The Who«, fügte ich hinzu.

»Er sah aus wie Pete Townshend.«

»Und manche Leute behaupteten, er sehe aus wie Ralph Fiennes.«

»Wer ist das?«, wollte Sophie wissen. Also holte ich meinen Laptop heraus, und wir wühlten uns durch die Google-Bilder, *suchten, suchten, suchten* nach Joel.

Ich sprach jeden Tag mit ihm und stellte ihm meistens die gleichen Fragen: *Wo bist du? Bist du noch hier? Geht es dir gut?*

Etwa zu dieser Zeit begann ich, einige von Joels Sachen abzugeben. Seine Kleider im Schrank neben meinen hängen zu sehen, tat weh. Seine Zahnbürste in ihrem Becher auf unserem Badezimmertisch. Seine Sandalen im Korb an der

Eingangstür. Das waren ständige Erinnerungen an seine dauerhafte Abwesenheit. Also begann ich langsam, seine Sachen zu bewerten.

Joel zu verlieren, prägte den Gedanken, dass *Dinge,* denen wir so viel Wert beimessen, in Wahrheit bedeutungslos sind. Joel hat gelebt. Joel ist gestorben. Und als er starb, hat er nichts mitgenommen. Nichts.

Nicht sein iPad. Nicht seine geliebte Plattensammlung. Nicht einmal seinen Ehering.

Er hatte nichts mitgenommen. Aus diesem Grund hing ich nicht besonders an dem »Zeug«, das zurückgelassen worden war. Also ging ich seine Sachen durch und bildete Stapel. Auf dem einen Stapel landeten Dinge, von denen ich wusste, dass ich sie für mich und/oder für Sophie behalten wollte, auf dem anderen Dinge, die ich meiner Familie schenken wollte. Mir gefiel der Gedanke, dass Menschen, die uns nahestanden, etwas von ihm haben würden. So wie ich allen erzählte, dass ich Witwe war, hielt ich Joel dadurch am Leben, dass ich seine Sachen verschenkte.

Mein Neffe bekam einen sportlichen Blazer und einige Pullover, Joels Schwester Andrea ebenfalls einige Kleidungsstücke für ihren Mann und ihren Sohn, Hal und Nancy einige Fotos und andere persönliche Dinge. Für sie war es am schwersten zu sehen, was er zurückgelassen hatte. Joels Freunde kamen gern vorbei, um mir seine Platten- und CD-Sammlung abzukaufen. Ich freute mich über ihren Besuch, denn dabei konnte ich mit ihnen in Erinnerungen schwelgen. Was mich überraschte, war die Unmenge an Gitarren und Musikausrüstung, die ich in der Garage fand. Joel hatte oft auf der Gitarre herumgeklimpert, die in unserem Haus stand, doch all die anderen Sachen, die er aus seiner Zeit als Bandmitglied mitgebracht hatte, hatte ich völlig vergessen. Akustikgitarren, E-Gitarren, Verstärker, Pedale, Saiten und sogar ein paar Tamburine.

Als ich Joels Freund Greg fragte, was ich damit machen sollte, schlug er mir vor, die Sachen ins Guitar Center zu bringen, und bot mir seine Hilfe an. Ein anderer Freund war der gleichen Meinung. Ich hatte einen Frühjahrsputz geplant und wollte das Zeug eigentlich loswerden. Bei dem Gedanken daran, es in mein Auto zu packen und quer durch die Stadt zu fahren, ohne genau zu wissen, was ich da anzubieten hatte, beschloss ich jedoch, es einfach in der Garage zu lassen. Ich fühlte mich überfordert.

Eines Abends fragte Jillian mich, ob ich sie zu einem Konzert begleiten wolle, bei dem der Sohn einer Freundin auftrat. Sie wollte, dass ich mein Haus verließ, und tat es nur für mich. Sie wusste auch, dass ich Musik liebte, und das Ganze war ein unverfänglicher Auftritt von Sophies ehemaligem Gitarrenlehrer mit einigen seiner Schüler. Ich wollte eigentlich nicht mitkommen. Ich war in dieser Woche bereits in meiner Schreibgruppe gewesen, und normalerweise ging ich nicht öfter als einmal pro Woche aus dem Haus.

Sophie hatte jedoch eine Hauptrolle im Schulmusical bekommen und war die ganze Woche bis spätabends bei den Proben, sodass ich keine Ausrede hatte (außer dass mein Mann gestorben war).

Sophie hatte seit der siebten Klasse bis kurz vor ihrer Bat-Mizwa Gitarrenunterricht genommen, was in Joels Zuständigkeit gefallen war. Er hatte alles kontrolliert, den Stundenplan aufgestellt und sie für die Stunden zum anderen Ende unseres Viertels gefahren.

Eines Tages schaffte er es nicht, also fuhr ich sie. Ich parkte das Auto auf der Straße und sah einen Mann vor einem kleinen Bungalow stehen. Er trug Jeans und T-Shirt, und unter seiner schwarzen Mütze lugten dunkle Haare hervor. Außerdem hatte er einen Dreitagebart. Er telefonierte gerade und winkte Sophie zu.

»Wer ist das?«, fragte ich sie.

»Das ist Marcos.«

»*Das ist* der Gitarrenlehrer?«

»Jepp.«

Marcos war etwa in meinem Alter. Er sah gut aus und hatte so eine coole, lässige Musiker-Ausstrahlung.

»Kennen wir uns?«, fragte er, während er sein Handy in die Hosentasche steckte. Er schüttelte mir die Hand. »Du kommst mir irgendwie bekannt vor.«

»Das liegt daran, dass Sophie und ich uns so ähnlich sehen«, antwortete ich. Ich glaube, ich bin sogar rot geworden.

»Das stimmt, doch sie hat die gleichen grünen Augen wie ihr Vater«, erwiderte er. »Aber trotzdem, ich glaube, wir kennen uns.«

Er öffnete die Haustür. »Komm rein und mach dich startklar, Soph.« Dann drehte er sich zu mir um. »Mom, du kannst dich da drüben hinsetzen.« Er zeigte in Richtung des Küchentisches auf der gegenüberliegenden Seite des Zimmers.

Schließlich drehte er sich wieder um und richtete seine ganze Aufmerksamkeit auf Sophie.

»Okay, Soph, hast du geübt?«

Sophie nickte, während sie ihre Gitarre aus dem Koffer nahm. Erstaunt sah ich zu, wie meine Zwölfjährige ihre Gitarre umhängte, das Kabel anschloss und sich vor das Mikrofon stellte. Marcos nahm hinter dem Schlagzeug Platz, und während der nächsten halben Stunde sah ich zu, wie meine Tochter Gitarrenunterricht bekam. Sie spielten ein paar Lieder, als ob sie schon lange in einer Band zusammen Musik machen würden.

Marcos war ein toller Lehrer. Er behandelte seine Schüler, als wären sie gleichberechtigt, als wüssten sie bereits, wie man spielt. Das ermutigte sie. In dem Moment verstand ich, warum alle Kinder in der Nachbarschaft, die Gitarre lernten, zu Marcos gingen.

Am Abend rief ich unsere Freundin an, die ihn empfohlen hatte, ebenfalls eine Mutter. »Niemand hat mir gesagt, dass der Gitarrenlehrer so gut aussieht!«, sagte ich.

Sie lachte. »Stell dich hinten an. Wir sind alle verrückt nach Marcos.«

Der Auftritt, zu dem Jillian mich eingeladen hatte, fand in einem kleinen Klub statt, in dem Joel und ich Marcos schon einmal hatten spielen sehen, damals, als er Sophie unterrichtet hatte. Es gab eine Bühne und Tische; das Lokal war wie ein Nachtklub eingerichtet, stand aber allen Altersgruppen offen. Marcos wollte, dass die Kinder und ihre Eltern das Gefühl hatten, gemeinsam ein Rockkonzert zu besuchen, auch wenn das Konzert eigentlich ein Auftritt von Marcos mit seinen Schülern war. Er war alleinerziehend, und sein Sohn im Teenageralter stand oft mit ihm zusammen auf der Bühne.

Ich erinnere mich, dass ich mich an diesem Abend traurig und einsam fühlte. Ich kannte fast alle Eltern dort, und natürlich kannten sie auch mich und hatten Joel gekannt. Sie wussten, dass ich trauerte, freuten sich aber, dass ich unter Leute ging und so tat, *als ob* ich am Leben teilnehmen würde. Eine der Mütter nahm mich in den Arm und erwähnte ihre Freundin Allison – jene Frau, die mir vor Wochen eine Sprachnachricht hinterlassen hatte.

»Ruf sie zurück«, meinte sie ermutigend. »Selbst wenn ihr nur einen Kaffee trinken geht oder so, sie ist toll! Und sie hat das Gleiche durchgemacht wie du.«

Nein, das hat sie nicht, dachte ich. Ich pochte noch immer auf das Recht der exklusiven Trauer.

»Bist du okay?«, fragte Jillian.

Ich nickte und schaute zur Bühne, wo Marcos gerade die Band der achten Klasse vorstellte. Ich fand ihn immer noch attraktiv, war aber überrascht, dass ich das überhaupt bemerkte.

Jillian und ich schauten zu und klatschten, und ich tat, *als ob* ich mich amüsieren würde, doch nach einer Weile drehte ich mich zu ihr um.

»Ich glaube, ich muss nach Hause.«

»Okay, dann lass uns gehen«, sagte sie etwas zu schnell. Das Ganze war auch nicht wirklich ihr Ding, und sie verstand, wie schwer es für mich war.

Als wir aufstanden, bemerkten wir Marcos, der inzwischen vor der Bühne stand und in meine Richtung sah. »Ich glaube, er möchte mit dir sprechen … aber wahrscheinlich weiß er nicht, was er sagen soll«, meinte Jillian.

Also ging ich zu ihm. Ich wollte nicht gehen, ohne Hallo gesagt zu haben.

»Hallo«, sagte er. »Wie geht's?«

Bevor ich antworten konnte, meinte er: »Ich wollte dir nur sagen, dass mir das mit Joel wirklich leidtut. Er war ein guter Kerl. Und ein toller Vater. Ich habe ihn auf der Bühne gesehen und …« Marcos griff sich berührt ans Herz.

»Danke. Und ja, es geht uns gut«, antwortete ich.

»Bitte, grüß Sophie von mir, und wenn ihr irgendetwas braucht, egal was, dann sag Bescheid, okay? Ich meine das ernst.«

Viele boten mir damals an, mir bei allem zu helfen, was auch immer es sei. *Aber was ich brauchte, war so viel!*

Ein Gefühl der Sicherheit.

Ein Gefühl des Wohlbefindens.

Das Gefühl, dass ich überleben würde.

Statt dieser schwer fassbaren Dinge wollten die Menschen wirklich helfen und waren so glücklich, wenn ich ihnen etwas Konkretes sagte: *Könntest du mir Kaffee mitbringen, wenn du das nächste Mal einkaufen gehst?* Oder: *Würde es dir etwas ausmachen, für mich ein Paket aufzugeben?*

»Also, ich habe tatsächlich ziemlich viele Gitarren von Joel in unserer Garage entdeckt«, sagte ich zu Marcos. »Es ist wirklich jede Menge Zeugs. Ich … ich bin mir nicht sicher, was ich damit machen soll. Ob ich versuchen soll, es zu verkaufen, oder ob deine Schüler vielleicht etwas davon gebrauchen könnten.«

»Ja, ich könnte dir dabei helfen. Aber was auch immer du damit machen willst, bring es bloß nicht ins Guitar Center.«

Damals brachte mich nur wenig zum Lachen, doch bei seiner Antwort musste ich grinsen. Sie kam so spontan und war genau das Gegenteil von dem, was Joels Freunde mir geraten hatten.

»Das ist witzig!«, antwortete ich. »Ich habe tatsächlich überlegt, alles ins Guitar Center zu bringen.«

»Nein, ich komme vorbei und schaue es mir an. Das mache ich gern. Hast du meine Nummer?«

»Ich weiß nicht genau«, sagte ich, »aber ich weiß ja, wie ich dich finden kann.«

Es war mir unangenehm, mit ihm dort zu stehen. Ich wusste nicht, ob ich ihn in den Arm nehmen sollte, oder ob er mich in den Arm nehmen würde. Viele Leute nahmen mich damals in den Arm. Es waren Umarmungen voller Trauer, zur Unterstützung, unbehagliche Umarmungen.

Marcos streckte die Hand aus und drückte meinen Arm. »Ich melde mich, okay?«

Ich nickte und sah zu, wie er wieder auf die Bühne kletterte, um das Konzert fortzusetzen.

Als ich nach Hause kam, saß ich einfach eine Weile im Dunkeln und dachte an Marcos und unser Gespräch. Es gefiel mir, dass Joel und er sich gekannt hatten. Ich war erleichtert, dass er mir mit den Gitarren helfen würde. Doch wichtiger als meine Begegnung mit Marcos wog die Frage, die ich mir plötzlich stellte: *Ist das jetzt wirklich mein Leben?*

Ich bin allein. Ich bin Single. Ich bin Witwe.

Wo ist Joel?!

Ich war traurig und ausgebrannt – und fühlte mich einsam. Alles fühlte sich nach zu viel an.

Ich griff nach meinem Handy und ging die Nachrichten durch. Ich fand Allisons Sprachnachricht und hörte sie endlich ab. Ich musste ihr Anerkennung zollen. Ich weiß nicht, ob ich eine fremde Witwe anrufen und ihr irgendeinen Trost spenden könnte. Aber mir gefiel, was sie sagte, und wir hatten genügend gemeinsame Bekannte. Ich holte tief Luft und beschloss, mich bei ihr zu melden. Es war zu spät, um anzurufen, also schickte ich ihr eine SMS.

> Hallo, hier ist Melissa Gould. Danke für Ihre Nachricht. Das mit Ihrem Mann tut mir leid. Vielleicht trinken wir irgendwann einmal einen Kaffee zusammen.

Ich erschrak, als plötzlich die Hunde bellten.

»Mom?«

Sophie war nach Hause gekommen. Sie stellte ihre Tasche ab und schaltete das Licht ein. »Warum sitzt du im Dunkeln?«

»Das ist mir gar nicht aufgefallen. Wie war die Probe?«

»Hat Spaß gemacht. Aber was gibt es zum Abendessen?«

Ich sah auf die Uhr. Es war nach zehn. »Abendessen?! Habt ihr keine Pizza bestellt oder so?«

»Schon, aber wir sind gerade mein Solo durchgegangen, als sie kam, und dann war nichts mehr übrig.«

»Okay. Ich mach dir etwas.«

Ich schlurfte in die Küche, müde, verwirrt, wie immer.

Sophie packte ihre Tasche aus, während ich das Wasser für die Nudeln aufsetzte.

»Wie war Marcos' Auftritt?«

»Schön. Ich habe ein paar deiner Freunde gesehen. Und Marcos. Er hat nach dir gefragt.«

»Das ist nett.«

»Es war nicht einfach«, sagte ich mit brüchiger Stimme. »Ohne Daddy dort zu sein. Ich vermisse ihn.«

Sophie nickte nachdenklich.

»Er wird mich nicht auf der Bühne sehen«, sagte sie.

Ich suchte nach den richtigen Worten, während ich einfach nur auf den Boden zusammenbrechen und losheulen wollte.

Joel wird nicht hier sein, wenn ihr Musical aufgeführt wird … oder wenn sie in ein paar Monaten die Mittelstufe abschließt.

Er wird nicht an ihrem ersten Tag in der Highschool dabei sein.

Er wird nicht hier sein, um ihr in ein paar Jahren das Autofahren beizubringen.

Er wird nicht hier sein, wenn sie ihren ersten Job bekommt.

Oder wenn sie heiratet.

Und er wird seine Enkelkinder niemals kennenlernen.

Ich schluckte all diese Gedanken und die Traurigkeit hinunter und versuchte, eine Antwort zu finden.

»Ich glaube, er kann dich immer noch auf der Bühne sehen«, meinte ich schließlich. »Ich weiß nicht, wie. Aber ich weiß, dass er das niemals verpassen würde.«

Sie dachte kurz darüber nach und meinte dann: »Du erinnerst dich noch, als Daddy im Krankenhaus lag und ich dich immer wieder fragte, ob es ihm wieder gut gehen würde? Also, ich glaube, ja. Ich glaube, es geht ihm wieder gut.«

In diesem Moment wurde ich von Liebe übermannt. Ich ging auf Sophie zu und wollte sie in den Arm nehmen. Doch sie hob die Hände, um mich aufzuhalten.

»Nicht.«

Es ist nicht so, dass sie kalt oder unfreundlich war. Sie war ein Teenager. Sophie hatte gern ihren Freiraum, aber dieses Verhalten war neu. *Ist es, weil sie jetzt ein Teenager ist oder weil ihr Dad gestorben ist?*, fragte ich mich oft.

Also starrte ich sie nur an. Meine wunderschöne, weise, gefühlvolle Tochter.

»Ich glaube auch, dass es Daddy jetzt gut geht«, antwortete ich schließlich.

Ich wollte gerade die Soße aufwärmen, als mein Handy eine eingehende Nachricht meldete.

»Dein Handy«, meinte Sophie.

»Oh, das ist vielleicht diese Allison«, meinte ich und sah auf die Uhr. »Es ist schon spät.«

»Es ist Marcos!«, sagte sie.

»Was?« Mein Magen zog sich ein kleines bisschen zusammen. Ich hatte gerade keine Hand frei und fragte sie: »Was schreibt er?«

»Hi, hier ist Marcos. Das ist meine Nummer. Sag mir einfach Bescheid, wenn es passt, dass ich vorbeikomme. Ich helfe gern. Grins.«

Sophie sah mich an. »Grins?«

Ich zuckte mit den Schultern. »Keine Ahnung.«

»Wobei will er dir helfen?«

Ich brauchte einen Moment, um zu antworten, während meine Gedanken abschweiften. Warum hatte Marcos mir eine SMS geschrieben? Er musste meine Nummer bekommen haben, als er Sophie unterrichtet hatte.

»Mom!«, hakte Sophie nach.

»Du weißt doch, dass uns alle ständig ihre Hilfe anbieten. Ich habe ihm von den Gitarren und dem ganzen Zeug erzählt. Er will mir helfen, herauszufinden, was ich damit machen soll.«

»Oh«, sagte sie. »Cool.«

»Ja, das ist es.«

Ich durfte Sophie einen Kuss auf den Kopf drücken. Dann goss ich die Nudeln ab und gab die Soße hinzu. Holte den

Parmesankäse. Ich stellte zwei Schüsseln hin. Legte zwei Gabeln dazu. Und zwei Servietten.

Sophie schenkte uns beiden Wasser ein. Obwohl ich vielleicht auch einen Wein genommen hätte.

Ich setzte mich an den Küchentresen.

»Komm essen, Smoosh.«

Sophie setzte sich neben mich.

An dem Tresen in der Küche hatten wir früher immer zu dritt gesessen und alle unsere Mahlzeiten eingenommen. Er war ziemlich groß, aber wir hatten nur zwei Barhocker. Einer von uns hatte immer auf einem kleineren Stuhl gesessen oder gestanden. Seit Joel gestorben war, mussten wir den kleinen Hocker nicht mehr heranziehen. Daran dachte ich bei jeder Mahlzeit.

Also saßen Sophie und ich in der Küche und aßen an einem Freitag spätabends Nudeln. Die Hunde lagen in ihren Körbchen. Im Haus war es ruhig.

Ich nahm mein Handy, um Marcos' Nachricht zu lesen. Schon beim Anblick seines Namens musste ich leicht lächeln. Ich bat um Hilfe, und da stand er und bot sie mir an.

Grins, schrieb er. *Ging es darum?*

Falls ja, funktionierte es.

Kapitel 14

Leicht

»Musst du wieder weinen?«, fragte Allison, als ich an meinem Cappuccino nippte. Ich nickte und griff nach meiner Serviette, um mir die Tränen abzutupfen.

»Ich verstehe das«, meinte sie, bevor sie sich mit der Gabel ein Stück von ihrem Omelett in den Mund schob.

Das war unser erstes Treffen. Das Treffen *der Witwen*. Wir hatten uns per SMS verabredet, und hier saßen wir nun, einen Monat, nachdem sie die Hand ausgestreckt und mir eine Nachricht hinterlassen hatte. Allison und ich kannten uns aus der Nachbarschaft und hatten uns umarmt, als wir uns begrüßten.

»Ich habe das Gefühl, dass sich unsere Ehemänner auch zum ersten Mal treffen. Als ob sie bei uns wären. Oder uns zumindest beobachten.«

»Glaubst du das wirklich?«, fragte Allison.

Ich mochte diese Allison Frank. Sie lächelte viel, hatte warme braune Augen und redete die ganze Zeit. Sie erzählte mir von Brad, ihrem Mann, der vor drei Jahren plötzlich gestorben war. Zunächst dachten sie, er habe einen Herzinfarkt gehabt, doch dann hatte eine Autopsie ergeben, dass er an Amyloidose gelitten hatte – einer Krankheit, bei der entartete Proteine im Blut zu einem lebensbedrohlichen Organversagen führen können. Brad schien ein Mensch mit einer großen Portion Humor gewesen zu sein. Joel und ich hätten ihn bestimmt gemocht. Sie erzählte mir auch von ihren Zwillingstöchtern. Sie waren in Sophies Alter, und ich konnte es nicht erwarten, sie meiner Tochter vorzustellen. Sie erzählte mir von ihrem Kontakt zu unserer Synagoge und unserer Rabbinerin. Sie erwähnte die Namen einiger anderer jüngerer Witwen und Witwer aus unserem Viertel. Sie erzählte mir aber auch, welche Musik, welche Bücher und Filme ihr gerade gut gefielen. Sie berichtete mir von ihren letzten Reisen und wo sie in Florida aufgewachsen war – zufälligerweise hatte auch meine Großmutter dort gelebt. Sie erzählte mir von ihren Cousins und Cousinen, die gerade in der Stadt waren, und von den Orten, die sie gemeinsam besuchten. Sie wusste eine Menge über viele Dinge. Sie war ein wenig herb, extrem bodenständig, und ich hatte das Gefühl, wir wären auch dann Freundinnen geworden, wenn wir keine Witwen gewesen wären, sondern »nur« das Elternsein gemeinsam gehabt hätten.

Sie schien ein erfülltes Leben zu führen. Sie hatte viele Freunde und schmiedete ständig Pläne. Sie hatte herausgefunden, wie sie ein Leben ohne ihren Mann führen konnte.

»Ich bin inzwischen auch wieder offen für eine neue Beziehung. Aber ich habe bisher noch nicht den Richtigen getroffen.«

»Ich habe immer noch das Gefühl, mit Joel verheiratet zu sein.«

»Ich weiß, aber ich glaube nicht, dass er möchte, dass du allein bleibst.«

Ich nickte. Wieder kamen mir die Tränen.

»Ich weiß nicht, wie ich mit jemand anderem als ihm zusammen sein könnte«, gestand ich.

»Das wirst du wohl herausfinden müssen.«

»Weißt du«, meinte sie, als wir gerade gehen wollten, »als Brad starb, bot mir eine andere junge Witwe ihre Hilfe an, und das hat mir damals sehr geholfen. Das war auch der Grund, warum ich mich bei dir gemeldet habe. Und wenn du von einer Frau hörst, deren Ehemann gestorben ist, bietest du ihr vielleicht deine Hilfe an. Das ist wie so eine Art kleine Witwen-Hotline.«

»Ich weiß nicht, ob ich dazu schon bereit bin«, erwiderte ich. »Ich habe Wochen gebraucht, um dich zurückzurufen.«

»Vielleicht ändert sich das irgendwann. Oder wir machen es zusammen.«

»So eine Art Witwenklub?«, fragte ich kopfschüttelnd. »Das ist so traurig – und lustig zugleich.«

Ich stellte mir ein Bat-Signal am Himmel vor. Nur dass es nicht das Zeichen von Batman war, sondern ein Emoji mit traurigem Gesicht oder ein Totenkopf, der uns wissen ließ, dass jemand gestorben war und einen anderen Menschen zurückgelassen hatte.

»Witwen eilen zur Rettung!«, sagte ich.

»Na ja«, meinte Allison und lächelte, »am Anfang ist es wirklich schwer. Da tut es gut, mit jemandem zu reden, der das Gleiche durchgemacht hat.«

Meine Freunde hatten recht gehabt, als sie mich ermutigt hatten, Allison zurückzurufen. Es half, sich mit einer anderen jüngeren Witwe zu unterhalten. Zu hören, wie sie von ihren Töchtern gesprochen hatte und wie offen sie wieder für Verabredungen war, hatte mir gutgetan. Natürlich war mir dieser Gedanke auch schon mal gekommen, aber dann hatte ich an Joel denken müssen und es mir einfach nicht vorstellen können.

Zu wem sonst werde ich mich jemals hingezogen fühlen? Wem sonst werde ich mein Herz öffnen wollen? Wer außer Joel wird mich auch nur ansatzweise verstehen?

Ich war fasziniert von dem, was mir das Medium über den neuen Mann erzählt hatte, aber ich hatte keine Ahnung, wen sie gemeint haben könnte. Als ich Ellie gegenüber erwähnte, dass sie mir einen neuen Mann am Horizont prophezeit hatte, den ich angeblich bereits kannte, machten wir Witze darüber, wer das wohl sein könnte.

»Vielleicht ist es dieser Taxifahrer, den wir in Vegas getroffen haben. Der konnte kaum die Augen von dir lassen. Erinnerst du dich an ihn? Wir wären fast ums Leben gekommen!«, rief sie und lachte.

»Ja, aber das war eine Frau, kein Mann.«

»Dann ist es vielleicht Joels Arzt? Du weißt schon, wer! Der, den du Prinz Charming genannt hast.«

In Joels MS-Team hatte es einen Arzt gegeben, der tatsächlich wie ein Prinz aus einem Disney-Film ausgesehen hatte. Lange dunkle Haare, kräftiger Kiefer, athletischer Körperbau.

»Er ist zu jung und hat keine Kinder. Das Medium meinte ja, dass der Neue einen Sohn habe«, erinnerte ich sie.

»Hm«, sagte Ellie, »was würde Joel tun?«

»Ich weiß es nicht.«

»Joel!«, rief Ellie und schaute nach oben in den Himmel. »Wir brauchen dich!«

»Das stimmt, aber wir wollen ihn damit nicht belästigen.«

»Ja, das ist zu viel.«

»Viel zu viel«, stimmte ich zu.

Das Leben ging ohne Joel weiter. Wir wohnten im selben Haus wie zuvor. Ich fuhr dasselbe Auto und schlief im selben Bett, aber alles war anders. Das war irritierend. Als wäre man an einem Ort verloren, der einem völlig vertraut war. Als ob plötzlich alle eine andere Sprache sprächen … Stellen Sie sich vor, jedes Straßenschild, jeder Brief, jede Bedienungsanleitung, jedes Lied, jedes Gespräch wäre plötzlich in einer anderen Sprache. Sie haben diese andere Sprache nie gelernt, aber weil alles andere immer noch gleich ist, machen Sie einfach weiter und schaffen es irgendwie. Bis Sie eines Tages erkennen, *Hey, alles ist wie immer, nur ganz anders!* Und dieser Gedanke kommt Ihnen in der neuen Sprache. Das war ich während des Trauerprozesses. Ich lebte mein Leben in dieser neuen Sprache. Ich war immer noch dabei, sie zu erlernen, sie zu verstehen, aber sie klang immer vertrauter.

Das war es, was mir bei Allison auffiel. Immer, wenn ich eine andere Witwe oder einen anderen Witwer traf (ich nenne sie gern *Wisters* – »widow sisters« und »widow misters«), sprachen wir dieselbe Sprache. Sie basierte auf Trauer, Resilienz und dem Wissen, dass wir dasselbe durchgemacht hatten.

Eines Tages lief ich gemeinsam mit meiner spanischen Freundin Maria den Clooney-Weg. Sie wollte den Hauptweg verlassen und einen anderen Pfad einschlagen, einen schwierigeren Aufstieg, an dessen Ende auf einer sattgrünen Weide ein Wasserfall wartete. Ich war mir sicher, dass er wunderschön war. Und die zusätzliche Bewegung hätte mir bestimmt gutgetan. Doch als wir uns schnaufend den Bergweg hinaufschleppten, sagte ich zu ihr: »Ich glaube nicht, dass ich das hinkriege. Nicht heute. Lass uns den neuen Weg ein anderes Mal laufen.«

»Ach, komm schon«, flehte sie mit ihrem starken Akzent, »du schaffst das!«

»Ich weiß, dass ich das schaffen würde, aber im Moment ist alles schon schwer genug.«

Nachdenklich blieb sie stehen.

»Weißt du was?«, fragte sie. »Du hast recht. Für dich ist im Moment alles schwer. Du triffst die richtige Entscheidung. Du musst es dir einfach machen. Entscheide dich von jetzt an bei allem für das Einfache.«

»Für das Einfache?«

»Ja! Jeder Gedanke, jede Aufgabe, jede Hausarbeit, tu, was auch immer dir am leichtesten fällt. Du hast deinen Mann verloren. Was ist schwerer als das?«

»Stimmt«, sagte ich.

»Ich meine das ernst«, sagte sie und wedelte mit dem Zeigefinger in der Luft herum. »Ich glaube, da ist was dran.«

Wir liefen weiter den Berg hinauf. Ich mochte die Sonne auf meinem Gesicht, den sanften Wind, der durch die Bäume strich. Alles fühlte sich so friedlich an. Maria verstand, dass es mir schwerfiel, mein Leben einfach weiterzuleben, weil Joel nicht mehr dabei war. Daher gefiel mir der Gedanke, mir alles einfacher zu machen. Das war die Lösung für die Last, die ich seit seinem Tod mit mir herumgetragen hatte. Ich fühlte mich die ganze Zeit schwer und müde, selbst wenn ich Dinge tat, die mir Spaß machten. Das war Trauer. Aber vielleicht musste ich mich gar nicht zu Sachen zwingen, die mir schwerfielen, nur weil ich dachte, dass ich sie tun *müsste*.

Ich fühlte mich schuldig, wenn ich den Geschirrspüler benutzte, wo wir jetzt nur noch zu zweit waren. Doch es mir einfacher zu machen, bedeutete, dass ich den Geschirrspüler noch öfter benutzen würde. Das war einfacher, als jeden Teller, jede Gabel und jedes Glas zu spülen, die sich in der Spüle stapelten. Es bedeutete weniger Stress bei der Essensplanung, wenn ich akzeptierte, dass wir mehr Tiefkühlpizza und Fertigsalate essen würden. Einfach bedeutete, dass ich mich nicht mehr zwang, jede E-Mail oder SMS zu beantworten, sobald sie einging.

Es mir einfacher zu machen bedeutete, dass ich mir erlaubte, zuzugeben, dass der Verlust meines Mannes das Schwerste war, was ich je durchgemacht hatte, und dass ich mein Bestes gab.

* * *

Marcos erzählte mir, dass er genau eine halbe Stunde Zeit hatte, um unsere Musikausrüstung durchzusehen. Wir hatten uns am

Vortag per SMS verabredet, und ich war froh, dass die Sache voranging. Marcos musste ein viel beschäftigter Mann sein. Ich wusste, dass er neben der Musik, dem Unterricht und den Liveauftritten bei der Tafel in seinem Viertel und in der Kirche half, in deren Hinterhof er in einem Bungalow lebte und Musikunterricht gab. Vor ein paar Jahren, kurz nachdem ich ihn kennengelernt und mit einigen anderen Eltern über ihn gesprochen hatte, hatte ich geglaubt, seine ganze Geschichte zu kennen.

»Schatz«, sagte ich eines Abends zu Joel, als wir gerade im Bad waren, »ich wette, Marcos ist bei den Anonymen Alkoholikern.«

»Ich weiß nicht, vielleicht«, meinte er nicht wirklich interessiert, während er sich die Zähne putzte.

»Warum sollte er sich sonst so für die Kirche engagieren? Er organisiert die Tafel oder hilft dort aus, und er lebt mit seinem Sohn hinter der Kirche. Vermutlich war er alkohol- oder drogenabhängig. Und wahrscheinlich ist er tätowiert.«

»Wie dramatisch«, meinte Joel grinsend. »Du spinnst dir da irgendwelche Geschichten zusammen.«

»Aber das passt doch alles zusammen, findest du nicht?«

»Ich habe noch nicht wirklich darüber nachgedacht, aber okay.« Joel war immer so geduldig mit mir.

Also fuhr ich fort: »Wahrscheinlich war er völlig am Ende, fand Jesus und die Kirche ...«

Joel zuckte mit den Schultern.

»... hat Gott oder wen auch immer gefunden und will nun etwas zurückgeben.« Ich war richtig zufrieden mit mir. »Ich wette, er ist so eine Art Jesus-Freak, aber irgendwie unauffällig. Das passt.«

»Ja«, sagte Joel. »Also ich meine, vielleicht. Ich weiß es nicht. Seine Freundin ist Schauspielerin oder Model oder so was. Ich glaube, sie wohnt bei ihm.«

»Ich wusste gar nicht, dass er eine Freundin hat«, sagte ich und versuchte herauszufinden, wie sie in meine Geschichte passte. »Hm, vielleicht ist sie ja auch süchtig.«

Marcos' Leben war faszinierend, weil es so anders war als Joels und meins. Ich wollte mehr darüber herausfinden. Über *ihn* herausfinden. Er wirkte so geerdet und zuversichtlich. Sehr männlich. Er war Musiker. Ein Fan von Jesus. Süchtig. Das war die Geschichte, die ich mir ausgedacht hatte – und an der ich festhielt.

An dem Tag, an dem Marcos vorbeikam, ging es mir recht gut. Ich freute mich auf meine Schreibgruppe am Abend. Ich freute mich über die Fortschritte beim Räumen der Garage. Ich würde nicht nur Joels Sachen loswerden, sondern außerdem Kartons mit Steuererklärungen schreddern und entsorgen. Kartons mit den Drehbüchern von sämtlichen Shows, für die ich je geschrieben hatte. Jahrbücher und Artikel, die ich für meine Highschool-Zeitung verfasst hatte. Ich fand meine Zeugnisse und Tagebücher aus meiner Kindheit sowie alte Fotoalben.

All das entsorgte ich.

Die Sachen waren nichts als *Sachen.* Ich wollte an nichts davon festhalten. Leigh nannte das »Spiritualität auf hoher Ebene«. Von mir aus.

Ich war gerade von einem langen Spaziergang mit den Hunden nach Hause gekommen, als Marcos auftauchte. Ich war verschwitzt, mein wirres Haar steckte unter einer von Joels Baseball-Kappen, und möglicherweise hatte ich mir am Morgen noch nicht die Zähne geputzt. Ich hatte die Gitarren und Verstärker vor der Garage aufgereiht und öffnete gerade das Tor zu meiner Einfahrt, als Marcos in seinem großen schwarzen Toyota Tundra vorfuhr. Ich sah, wie er in einem roten T-Shirt und Jeans aus dem Pick-up stieg, die dicken dunklen Haare nach hinten gekämmt, als käme er gerade aus der Dusche. Er trank einen Schluck aus einem Kaffeebecher – einer richtigen Keramiktasse, kein Pappbecher von Starbucks – und kam geschäftig auf mich zu.

»Hey, guten Morgen, wie geht es dir?« Dabei sah er mich überhaupt nicht an, sondern schielte zu den Instrumenten. Er schnappte sich gleich eine Gitarre und besah sie sich genauer. Er klimperte ein wenig auf ihr herum, stimmte sie und lauschte ihrem Klang. Lächelnd stellte er sie wieder hin.

»Ich habe einen Schüler, der genau so etwas sucht«, meinte er und zeigte auf einige Pedale und ein Mikrofon, die auf einem Haufen lagen.

Dann ging er zu zwei Verstärkern und inspizierte sie.

»Ich bin mir ziemlich sicher, dass das alles funktioniert. Joel hat sich immer gut darum gekümmert«, sagte ich.

»Ja, das sehe ich.«

Ich sah zu, wie er an den Kabeln an der Rückseite der Verstärker herumfummelte, während ich versuchte, die Hunde davon abzuhalten, zu bellen und um diesen Fremden herumzulaufen.

Schließlich sah er zu mir herüber. »Ich kenne einen Typen in Torrance. Er würde dir das hier abnehmen.« Er stellte einen weiteren Haufen zusammen und schaute auf seine Uhr.

»Ist irgendetwas davon etwas wert? Ich meine, ich würde es auch gern spenden, aber …«

»Natürlich würden dir die Leute dafür etwas zahlen.«

»Okay, such dir aus, was du willst oder brauchst. Ich meine, ich weiß deine Hilfe zu schätzen, also …«

Ich fand, dass er für seinen Zeitaufwand entschädigt werden sollte. Er nahm eine von Joels E-Gitarren, untersuchte sie, spielte auf ihr, obwohl sie keinen Ton von sich gab, weil sie nicht angeschlossen war.

»Die hier«, sagte Marcos lächelnd. »Diese Gitarre ist etwas Besonderes. Ich weiß, wo ich sie hinbringen kann, aber du musst wahrscheinlich mitkommen. Es könnte Papierkram anfallen.«

»Oh … okay.« Ich hatte zwar keine Ahnung, worauf ich mich da einließ, aber gut.

Marcos begann, das ein oder andere leichte Teil zu seinem Pick-up zu tragen. »Ist es okay, wenn ich die Sachen gleich mitnehme?«

»Klar.«

Er schien es eilig zu haben. »Ich melde mich bei dir, okay? Du hast hier ein paar gute Sachen. Wirklich.«

»Okay, toll.«

»Du schaffst das. Joel hat gute Arbeit geleistet.«

Vermutlich machte ich ein dummes Gesicht, weil ich keine Ahnung hatte, was er damit meinte. Hatte Joel gute Arbeit geleistet, als er seine Instrumente pflegte? Oder hatte Joel gute Arbeit im Leben geleistet? Indem er sich für mich als Ehefrau entschieden hatte? Mit unserer Familie?

Marcos schaute zu mir zurück und lächelte, bevor er die Hand ausstreckte und meinen Arm berührte. »Du kriegst das hin, Melissa. Alles wird gut.«

Um seine braunen Augen bildeten sich feine Fältchen, und er sah richtig glücklich aus. Ich beobachtete, wie er in seinen Pick-up stieg.

»Danke, dass du vorbeigekommen bist«, meinte ich, als er den Motor startete und das Fenster herunterkurbelte.

»Ich melde mich wieder«, rief er, während er rückwärts aus meiner Einfahrt fuhr, den Kaffeebecher in der Hand.

Dann war er weg. Das Ganze war so schnell über die Bühne gegangen, dass ich mich fragend umsah, nach dem Motto: »Was war das denn?«

Ich ging die Einfahrt hinauf und fand weniger als die Hälfte von dem vor, was ich aus der Garage herausgetragen hatte. Ein Gefühl der Erleichterung überkam mich. Ich vertraute darauf, dass Marcos das Richtige tat.

Doch es fühlte sich seltsam an. Ich dachte nicht, dass er Angst vor der *Witwe* hatte … Aber wir hatten nur über die Instrumente gesprochen, und eigentlich nicht einmal das. Er war so lässig gewesen. Er hatte Joel ganz locker erwähnt und schien mit der anstehenden Aufgabe kein Problem zu haben. Wir kannten uns nicht gut. Eigentlich kannten wir uns überhaupt nicht. Sophie nahm seit über einem Jahr keinen Unterricht mehr bei ihm, und ich hatte ihn nur ein paar Mal getroffen, einschließlich des Abends, an dem ich ihn um Hilfe gebeten hatte. Vielleicht war er einfach ein unkomplizierter Typ. Ein attraktiver unkomplizierter Typ. Ein wirklich cooler unkomplizierter Typ.

Ich ging ins Haus und rief Jillian an.

»Sitzt du?«, fragte ich.

»O je, was ist passiert?«

»Erinnerst du dich an Sophies Gitarrenlehrer? Den wir neulich Abend spielen sahen? Er war gerade hier und hat den Großteil von Joels Musikausrüstung mitgenommen.«

»Okay.«

»Und es war total …« Ich suchte nach dem richtigen Wort. »Es war wie … Er benahm sich wie … Ich weiß nicht, was ich sagen will«, gab ich schließlich zu.

»Hat er dich angebaggert?«

»O mein Gott, nein! Aber ich wünschte, er hätte es!«

Diese Worte aus meinem Mund hatte ich nicht erwartet.

»Ha!«, rief Jillian lachend.

Ich schnappte nach Luft. »Ich kann nicht glauben, dass ich das gerade gesagt habe!«

»Du hast mir doch erzählt, dass du ihn sexy findest.«

»Sexy? Habe ich wirklich dieses Wort benutzt?«, fragte ich.

»Jepp.«

Joel war seit sechs Monaten fort. In dieser Zeit hatte ein guter Freund versucht, mich mit einem seiner Brüder zu verkuppeln, der nach der Schule die meiste Zeit im Ausland gelebt hatte und nun nach L.A. zurückgekehrt war. Ich hatte ihm erklärt, dass ich dazu noch nicht bereit sei.

Die Eltern einer Freundin von Sophie aus der Grundschulzeit waren geschieden. Der Vater hatte mir gleich am Anfang eine Nachricht geschickt. Er habe mich schon immer gemocht und ich solle mich melden, wenn ich einen Kaffee oder etwas anderes trinken wolle. Ich hatte sein Angebot abgelehnt.

Ich erhielt sogar einen Heiratsantrag von einem Engländer, mit dem ich vor dem Weinregal im Supermarkt ein paar Worte gewechselt hatte. Ich sagte ihm, ich würde darüber nachdenken. *(Er hatte Pickel!)*

Der Gedanke, jemanden kennenzulernen oder gar mit jemandem zusammenzukommen, den ich bereits kannte, hatte nichts Reizvolles. Ich war eine verheiratete Frau. Ich war mit einem Mann verheiratet, den ich liebte. Allein der Gedanke, mich zu verabreden, war irritierend. Wie könnte ich? Ich liebte Joel. Meine Ehe *fühlte* sich nicht so an, als wäre sie vorbei, obwohl sie es war. Jedoch nicht freiwillig.

Marcos und ich waren auf Facebook befreundet, wahrscheinlich seitdem er Sophie unterrichtet hatte. Ich durchsuchte seine Seite nach Hinweisen auf sein Privatleben. Nichts deutete auf eine Ehefrau oder eine Model-Freundin hin. Auch über seinen Sohn fand ich nichts. Ich entdeckte lediglich ein Posting nach dem anderen über seine vergangenen und bevorstehenden Auftritte. Wo die meisten Leute, die ich kannte, mit den Leistungen ihrer Kinder prahlten, alberne Haustierfotos online stellten oder sich in tiefgründigen Diskussionen über Nachbarschaftsprobleme ergingen, schien Marcos in einer Welt der Selbstvermarktung zu leben. Ich verstand das. Er war von Beruf Musiker und ging das Ganze professionell an.

Vor ein paar Jahren war Joel von einer von Sophies Gitarrenstunden nach Hause gekommen, als ich an meinem Schreibtisch saß und schrieb. Er kam herein, küsste mich zur Begrüßung und gab mir eine CD.

Ich sah sie an. »Was ist das?«

»Marcos' neueste CD. Du solltest sie dir anhören. Ich glaube, sie wird dir gefallen.«

Ich zuckte mit den Schultern und legte sie neben meine Autoschlüssel, damit ich sie im Wagen hören konnte. Ich nahm mir Joels Musikempfehlungen immer zu Herzen. Marcos' Musik klang nach Blues und Talent – sie gefiel mir.

Nun trauerte ich um meinen Mann und versuchte, das zu tun, was ich Sophie immer gepredigt hatte: *Vertrau einfach deinen Gefühlen, wie auch immer sie sein mögen.* Die Trauer war mein ständiger Begleiter, der gelegentlich ein Nickerchen machte. Und während dieser kurzen Phasen kehrte ich auf den Weg zu mir selbst zurück. Durch mein Schreiben. Durch meine Readings. Durch meine engen Freunde. Und nun durch das schwache Gefühl der Anziehung für jemand Neues.

Einen Seitensprung in Erwägung zu ziehen, fiel mir leichter, als ich zugeben mochte. Trotzdem war es gleichzeitig auch unrealistisch. Abgesehen von dem, was ich für eine saubere und nüchterne Existenz hielt, hatte ich keine Ahnung von Marcos' Privatleben. Und so selbstbewusst und ungezwungen er schien, ich war eine Witwe. Wer würde sich mit einer derart komplizierten Situation auseinandersetzen wollen?

Während der nächsten Wochen meldete sich Marcos bei mir, wenn er eines der Musikinstrumente verkaufen oder spenden konnte.

Habe die Akustikgitarre verkauft, stand dann in der Nachricht. Oder **Behalte die Mundharmonika für meine Stunden. Grins.** Einmal kam ich nach Hause und fand unter meiner Matte vor der Haustür einen Umschlag mit etwas Bargeld und einem Klebezettel, auf dem »Von Marcos« stand.

Es war eine seltsame Art, Geschäfte zu machen, aber auf Marias Rat hin beschloss ich, die Dinge einfach zu halten, und versuchte, nicht zu viel darüber nachzudenken.

Eines Nachts, als Sophie neben mir im Bett lag, erhielt ich eine SMS von Marcos. Er wollte wissen, ob ich am nächsten Tag mit ihm in den Gitarrenladen gehen könne, um vielleicht eine von Joels Gitarren zu verkaufen. Mein Magen zog sich zusammen. Ich war aufgeregt. Ich war nervös. Und ich fühlte mich schuldig wegen der Gedanken, die ich mir gestattete.

Das hat nichts zu bedeuten. Ist nur ein Geschäft. Joel hatte mich gern daran erinnert, dass ich Autorin war. Ich schuf ein Szenario zwischen Marcos und mir, das keinen Sinn ergab. Ich war alleinerziehende Jüdin und Witwe, die versuchte, in ihr Leben zurückzufinden. Er war ein ehemaliger Drogenabhängiger und/oder Alkoholiker, der hinter einer Kirche lebte, Musikunterricht gab, Auftritte hatte und Obdachlosen Essen gab.

Mit diesen Gedanken schlief ich in jener Nacht ein. Sie waren eine willkommene Verschnaufpause.

KAPITEL 15

MARCOS

Als der Kellner an unseren Tisch kam, bestellte ich mir als Mittagessen das Kombigericht mit zwei Enchiladas, Reis und Bohnen.

»Möchten Sie auch etwas trinken?«, fragte er.

Ich schüttelte den Kopf und fuhr mir mit den Fingern durchs Haar. Ich hatte es hochgesteckt und eine Baseballmütze aufgesetzt, als Marcos mich abholte, um zum Gitarrenladen zu gehen. Ich hatte die Nacht zuvor nicht gut geschlafen, und am Morgen hatte ich es wie immer eilig gehabt, Sophie zur Tür hinauszuschieben. Dann war ich mit den Hunden spazieren gegangen und hatte einige Arbeiten für Joels Firma erledigt, aber keine Zeit zum Duschen gehabt.

»Startklar?«, fragte Marcos, als ich dann an diesem Morgen die Tür öffnete.

»Ja, danke fürs Abholen«, sagte ich.

»Kein Problem.« Er öffnete die Tür des Pick-ups, damit ich einsteigen konnte.

Ich war völlig fertig. Ich fühlte mich erschöpft, nervös. Marcos war so gelassen wie immer. Ruhig. Ich dachte, es würde unangenehm werden, mit ihm zu fahren, doch das wurde es nicht. Er trug wie immer Jeans und T-Shirt, hatte die dichten Haare nach hinten gegelt und einen Dreitagebart.

»Ich glaube, der Typ heißt George. Ihm gehört der Laden, und er meint, er würde die Gitarre in Kommission nehmen. Du bekommst dein Geld, aber es kann ein paar Monate dauern. Oder vielleicht auch nur einen Tag, je nachdem, wer vorbeikommt.«

»Klingt gut. Ich habe es nicht eilig.«

»Okay«, meinte Marcos. »Und dadurch habe ich einen Vorwand, um in seinen Laden zu gehen. Der ist was für seriöse Musiker. Du wirst schon sehen.«

Er lächelte mich an. Ich spürte, wie ich rot wurde, und schaute schnell aus dem Fenster. Es fühlte sich an wie das Leben einer anderen. Einer jungen, unerfahrenen und unbekümmerten Frau. Nicht wie das einer Frau, die zugesehen hatte, wie ihr Mann an einer schrecklichen Krankheit litt und schließlich an einem Mückenstich starb. Nicht wie das einer Frau, die jede Nacht mit ihrer vierzehnjährigen Tochter in einem Bett schlief, weil beide Angst vor dem Alleinsein hatten.

Ich klärte mit George das Geschäftliche, während Marcos sich wie ein Kind in einem Süßwarenladen benahm. Er schloss jede Gitarre an, die ihn interessierte, und spielte mit echter Hingabe.

Ich setzte mich hin und beobachtete ihn, wie er von einem Instrument zum nächsten ging und mit dem Inhaber und seinem Assistenten fachsimpelte. Als er auf dem Weg zu einer anderen Gitarre an mir vorbeikam, zwinkerte er mir zu.

»Richtig seriöse Musiker«, sagte ich.

Er blieb stehen und lächelte. »Entschuldigung. Du langweilst dich bestimmt zu Tode.«

»Überhaupt nicht!« Das tat ich wirklich nicht. Das war nicht meine Welt, und es war schön, inkognito zu sein.

Er bemerkte, dass ich auf meinem Handy nach der Uhrzeit sah.

»Wir sind gleich fertig. Wann holst du Sophie ab?«

Ich erschrak, als er Sophie erwähnte. Mein reales Leben schien so weit weg zu sein.

»Erst in ein paar Stunden.«

»Gut«, sagte er und lächelte.

Wir landeten schließlich in dem mexikanischen Restaurant die Straße runter. Unsere Augen mussten sich erst an das gedämpfte Licht gewöhnen, als wir an einen Tisch in einer ruhigen Ecke geführt wurden. Meine innere Stimme sagte mir, dass das keine Verabredung war (aber es fühlte sich wie eine an), dass ich gut aussah (was ich nicht tat) und dass ich mich an alles erinnern sollte, um Jillian später davon erzählen zu können. Aus den Lautsprechern hinter uns klang leise mexikanische Volksmusik, und ich war beeindruckt, als Marcos sein Mittagessen in gebrochenem Spanisch bestellte.

»*Señor, por favor*«, sagte er zu dem Kellner. »*Un chile relleno*, eine *enchilada de pollo* und *un taco de pollo*.«

Vielleicht stammten Marcos' Vorfahren aus Lateinamerika. Es war mir jedoch überhaupt nicht in den Sinn gekommen, dass er Spanisch sprechen könnte, und ich saß wie gebannt da.

»Etwas zu trinken?«, fragte ihn der Kellner.

Marcos sah mich an. »Bist du sicher, dass du nichts möchtest?«

»Ja, alles gut«, sagte ich.

»Okay.« Marcos wandte sich an den Kellner. »Ich nehme nur ein Bier. *Una cerveza*. Danke.«

Mein Herz begann zu rasen. Ziemlich schnell. *Hatte Marcos gerade ein Bier bestellt?*

Der Kellner lächelte und verließ unseren Tisch. Ich sah Marcos an.

»Bist du sicher, dass du das kannst?«

Er zog fragend die Augenbrauen hoch. »Dass ich was kann?«

»Ein Bier trinken.«

»Ja, warum nicht? Ich gebe erst heute Abend wieder eine Stunde, und …«

Ich geriet innerlich in Panik. Marcos wurde direkt vor meinen Augen rückfällig, und ich wusste nicht, was ich tun sollte. Ich griff nach meinem Handy. Ich wollte Joel anrufen. *Schatz, Marcos hat gerade ein Bier bestellt! Was soll ich tun?* Ich sackte zusammen und saß verwirrt da. Mir war nach Weinen zumute.

»Was hast du denn?« Marcos sah mich ratlos an.

»Ich … ich dachte nur, du trinkst keinen Alkohol.«

Er grinste. »Also ab und an trinke ich was. Wenn ich mexikanisch esse, trinke ich zum Beispiel gern ein Bier.« Plötzlich wirkte er besorgt. »Aber wenn das für dich ein Problem ist …« Er wollte dem Kellner ein Zeichen geben, doch ich hielt ihn zurück.

»Nein, nein. Es ist okay. Ich trinke manchmal auch gern etwas.«

Er lehnte sich zurück und knabberte Chips und Salsa. Das Gespräch hätte in viele Richtungen gehen können. Wir waren zwei erwachsene Menschen, die in einem mexikanischen Restaurant in unserem Viertel gemeinsam zu Mittag aßen. Doch das Gespräch in meinem Kopf war so laut – *Joel, du wirst es nicht glauben!* –, dass ich mich kurz entschuldigen musste und zur Toilette ging.

Ich habe das Ganze völlig falsch verstanden! Ich kann mir selbst nicht vertrauen, dachte ich.

Es machte mir nichts aus, dass Marcos Alkohol trank. Ich war tatsächlich irgendwie erleichtert. Wenn ich mich geirrt hatte, was seine Vorgeschichte anging, und wenn das, was ich mir über ihn ausgedacht hatte, nicht stimmte, was konnte ich dann noch falsch interpretieren? Ich kannte ihn überhaupt nicht, was mich noch nervöser machte. Wie konnte ich überhaupt darüber nachdenken, ob das hier ein Date oder nur der Abschluss unseres Geschäfts war? Ich wollte so dringend mit

Joel sprechen, dass ich zu beten begann. *Sag mir, was ich tun soll, Schatz ... Ich weiß nicht, was los ist! ... Marcos ist nicht der Mann, für den ich ihn gehalten habe, für den wir ihn gehalten haben!*

Ich starrte mein Spiegelbild an, ließ kaltes Wasser über die Pulsadern laufen und holte tief Luft.

Als ich ins Restaurant zurückkam, stand Marcos' Bier auf dem Tisch. Ich nahm es und trank es mit einem riesigen Schluck zur Hälfte leer. Er sah mich überrascht an.

»Sorry«, sagte ich.

»Alles okay? Du wirkst ein wenig ... Ich weiß nicht, nervös oder so.«

»Es tut mir leid. Es ist nur ... also ... ich dachte, ich meine, Joel und ich dachten, du wärst vielleicht bei den Anonymen Alkoholikern.«

Marcos lachte.

»Joel dachte was? Wieso das denn?«

»Na ja, vielleicht habe ich ihn davon überzeugt. Ich dachte nur ... Du arbeitest doch bei der Tafel, oder?«

»Ich bin dort der Chef. Seit sechs Jahren.«

»Du bist der Chef der Tafel? Du bekommst also Geld dafür?« Ich konnte nicht anders, als so direkt zu fragen.

»Nein, die Arbeit ist ehrenamtlich.«

»Wow. Dir macht es nichts aus, mit all diesen Obdachlosen zu arbeiten?«

Er schüttelte den Kopf und fuhr sich mit einer Hand durch das dichte Haar. Offenbar hatte er diese Frage schon öfter gehört.

»Die Tafel ist nicht nur für die Obdachlosen. Es kommen auch viele ältere Menschen. Eine Mom oder ein Dad, die gerade ihren Job verloren haben oder schon länger arbeitslos sind. Menschen, die knapp unter der Armutsgrenze leben.«

»Warum machst du das? Vor allem, wenn es ehrenamtlich ist.«

Wieder lachte Marcos.

»Warum? Also, die Sache ist die … Man könnte wohl sagen …« Er dachte wirklich über die Frage nach. »Ich denke, weil ich mich frage, wenn ich es nicht tue, wer tut es dann?«

Die Leute, die ich kannte, stellten Schecks aus. Vielleicht meldeten sie sich einmal im Jahr an Thanksgiving oder Weihnachten freiwillig, um Menschen in den Obdachlosenheimen Essen zu bringen. Doch ich hatte noch nie im echten Leben von einer solchen Selbstlosigkeit gehört oder so etwas gesehen.

Marcos sah mich mit leicht zusammengekniffenen Augen an, als versuchte er, aus mir schlau zu werden.

»Warum dachtest du, dass ich Alkoholiker wäre?«

Ich bemühte mich, beiläufig zu klingen.

»Na ja, du wohnst doch hinter der Kirche, oder?«

Er nickte.

»Dort finden die Treffen der Anonymen Alkoholiker statt … und du ziehst deinen Sohn dort groß …«

In dem Moment, in dem ich »Sohn« sagte, traf mich die Erkenntnis wie ein Schlag. Das Medium. Es hatte gesagt, ein Mann, der einen Sohn hatte und den ich bereits kannte, liebe mich. *Wird mich lieben. Wird mich in Zukunft lieben. Marcos?*

»Kennst du Davis? Er ist nur ein paar Jahre älter als Sophie. Sie kennt ihn.«

Die Wahrheit ist, dass jeder in unserem Viertel Davis kannte. Er war der Inbegriff eines »Bad Boys«. Wild. Attraktiv. Halbstark. Die Mädchen, die Angst vor ihm hatten, waren gleichzeitig in ihn verknallt. Die Jungs, die *keine* Angst vor ihm hatten, wollten seine Freunde sein.

»Okay, ich sag es einfach, wie es ist. Weil du hinter der Kirche wohnst und für die Tafel arbeitest, dachte ich, du hättest einen Entzug hinter dir. Hättest Jesus gefunden. Und würdest nun etwas zurückgeben wollen, aus Dankbarkeit dafür, dass du gerettet worden bist. Vielleicht bekehrt worden oder so.«

Ich konnte nicht anders, als weiterzureden. »Oder … oder dass du vielleicht drogenabhängig warst.«

»Was? Nein!«

Ich hielt mir die Hand vor den Mund. Mir waren meine Vermutungen etwas peinlich.

»Es tut mir leid!«, murmelte ich, konnte mir die Frage aber trotzdem nicht verkneifen: »Irgendwelche Tätowierungen?«

Wieder lachte Marcos und schüttelte den Kopf. »Wow, du bist Autorin, oder? Hast du mir das erzählt oder Joel?«

»Ich weiß es nicht«, sagte ich. Es gefiel mir, dass er Joel erneut erwähnte.

»Dein Mann muss es mir gesagt haben. Du bist gut. Das ist eine richtig gute Geschichte. Sie ist zwar total falsch, aber plausibel. Eine gute Note für Plausibilität.«

Wir grinsten beide, als unser Essen kam. Ich hatte Marcos' Bier getrunken. Der Kellner fragte ihn, ob er noch eins wolle. Er überlegte kurz, schüttelte dann aber grinsend den Kopf. »Nein danke, *compadre*. Besser nicht.«

Das Bier half, meine Nerven zu beruhigen, und ich machte mich über meine Käse-Enchiladas her. Sie schmeckten köstlich. Marcos und ich unterhielten uns zwar ganz nett miteinander, aber ich hatte ständig das Gefühl, dass er mir einen Gefallen tat. Ja, er hatte mir mit Joels Gitarren geholfen, wofür ich ihm dankbar war. Aber es fühlte sich an, als ginge er am Abend des Abschlussballs mit der kleinen Schwester seines Freundes aus, damit sie nicht länger darüber nachdachte, dass niemand sie gefragt hatte, ob sie mit ihm hingehen wolle.

Als er mich zu Hause absetzte, stieg er aus seinem Pick-up aus und lief um den Wagen herum, um mir die Tür zu öffnen. Dann stieg er wieder auf seiner Seite ein, rief: »Ich melde mich wieder«, und fuhr los.

Als ich Sophie am Nachmittag von der Schule abholte, setzte sie sich ins Auto und fragte: »Was gibt es zum Abendessen?«

Das war immer ihre erste Frage, wenn ich sie abholte. Es hätte morgens ein Erdbeben gegeben haben können, ein Pferd auf dem Rücksitz sitzen können, ich hätte sogar ein anderes Auto fahren können. Egal, was passierte, das war die erste und normalerweise auch einzige Frage, die sie stellte.

»Enchiladas mit Käse.«

»Super!« Sie klatschte begeistert in die Hände.

Zum Glück fragte sie nicht, wo ich sie herhatte. Ich wollte ihr nicht von meinem Nachmittag mit Marcos erzählen. Ihr zu sagen, dass ich mit ihm zu Mittag gegessen hatte, wäre zu verwirrend und merkwürdig gewesen, weshalb ich es nicht freiwillig erwähnen wollte. Wir freuten uns einfach beide, dass sie an diesem Abend etwas Leckeres zu essen bekam.

Als ich in der folgenden Woche auf dem Weg zu meiner Schreibgruppe war, klingelte mein Handy. Ich sah nach, ob es Sophie war, und las stattdessen Marcos' Namen auf dem Display.

»Hallo?«, meldete ich mich.

»Melissa! Ich bin's, Marcos«, sagte er. Er klang glücklich. »Mir ist eingefallen, dass du mir neulich eine Frage gestellt hast, die ich nicht beantwortet habe.«

Ich machte eine kurze Bestandsaufnahme meiner Inquisition. Anonymer Alkoholiker, geprüft. Drogen, geprüft. Weltverbesserer, geprüft. *Welche meiner Fragen hatte er nicht beantwortet?*

»O-kay«, sagte ich. Nun war ich diejenige, die grinste.

»Erinnerst du dich, was du mich gefragt hast?«

»Ähm … nicht genau.«

»Also, die Antwort ist: Nein, ich habe keine Tätowierungen.«

Mein Gesicht schmerzte fast, so sehr musste ich grinsen. »Ja, nun, das ist …« Ich wusste nicht, was ich sagen sollte.

»Überrascht dich das?«

»Dass ich mit allem, was ich über dich zu wissen glaubte, falsch lag? Ja, das überrascht mich.«

»Das ist irgendwie komisch. Also, dass du überhaupt über mich nachgedacht hast.«

»Na ja«, versuchte ich mich herauszureden, »ich habe darüber nachgedacht, mit wem meine Tochter Zeit verbringt, also …«

»Du bist eine gute Mutter, Melissa. Joel war ein guter Vater. Sophie kann sich glücklich schätzen.«

»Wirklich? Ihr Vater ist gerade gestorben; also ich weiß nicht, ob man sie da als glücklich bezeichnen kann«, antwortete ich und erschrak gleichzeitig bei meinen Worten.

»Ja, natürlich. Das ist … einfach traurig. Aber sie wird schon wieder. Sie weiß, dass ihre Eltern sie lieben«, sagte er.

»Danke. Danke, dass du das sagst.« Ich sah auf die Uhr. Mein Kurs begann bald. »Hast du nur angerufen, um mir von den Tätowierungen zu erzählen?«

»Ich dachte, vielleicht könnten wir mal was trinken gehen. Wenn du Lust hast. Einfach so. Ganz locker.«

Ich bemerkte die unbeholfene Formulierung, aber das störte mich nicht.

»Ja«, sagte ich. »Das wäre schön.«

»Fein. Ich freu mich.«

Wir beendeten das Gespräch, und ich stieg aus meinem Wagen. Ich fummelte mit meinen Autoschlüsseln herum, um die Tür abzuschließen, war dabei aufgeregt und nervös. Und obwohl ich glücklich war, kämpfte ich mit den Tränen. *Ich vermisse Joel.* Ein Großteil meiner Erinnerungen an ihn stammte immer noch vom Krankenhaus. Deshalb hatte ich mir angewöhnt, Fotos von ihm anzusehen, damit ich mich daran erinnerte, dass er nicht nur im Koma gelegen, sondern einmal ein Leben gelebt hatte. Ein Leben, in dem er nicht durch eine Krankheit beeinträchtigt gewesen war. Ein Leben, das erfüllt und zum größten Teil glücklich gewesen war.

Von einem bestimmten Foto war ich inzwischen regelrecht besessen. Es zeigt Joel in Großaufnahme, wie er lächelt und nach unten schaut, weil die fünfjährige Sophie die Fotografin war. Joel lächelt aufrichtig, und es ist so viel Liebe in seinem Gesicht. Ich bin überzeugt, das liegt daran, dass er in die Augen seiner Tochter sieht. Sie hat diesen Moment auf eine Art eingefangen, die ihre Beziehung genau widerspiegelt. Das ist der Joel, an den ich mich erinnern wollte. Das ist der Joel, der nicht gewollt hätte, dass seine *ziemlich* junge Frau noch immer darunter litt, wie und wann sein Leben zu Ende ging. Das ist der Joel, der so viel Liebe ausstrahlt.

Joel Osteen sprach in einer Predigt davon, dass es eine *Zeit* der Trauer im Gegensatz zu einer *lebenslangen* Trauer gibt. Dieser Gedanke gefiel mir. Ich wusste, dass mich der Verlust von Joel auch meine Existenz kosten konnte. Ich wollte die Trauer überwinden und nicht für immer in ihr gefangen bleiben.

Es waren mehr als sechs Monate vergangen, seit Joel gestorben war. Ich wusste nicht, ob ich für ein Leben mit einem neuen Partner bereit war. Ob ich überhaupt jemals wieder mit jemandem zusammen sein würde. Ich dachte, dass ich es nicht durfte. Doch ich wusste, dass meine Gefühle leicht in Aufruhr waren. Ich war bereit für … irgendetwas.

KAPITEL 16

DER MANN MEINER TRÄUME

»Wenn du einverstanden bist, gebe ich dir einen Kuss«, sagte Marcos und lehnte sich auf dem Vordersitz meines Autos zu mir. Er lächelte, während er auf meine Zustimmung wartete. Er hatte sich rasiert, und zum ersten Mal bemerkte ich, dass er Grübchen hatte. Ich hatte eine Schwäche für Grübchen. Ich lehnte mich zu ihm hinüber, und als sich unsere Lippen berührten, zog es mir den Boden unter den Füßen weg. Ich fühlte mich federleicht, was beunruhigend war – ich hatte mich seit Joels Tod so unendlich schwer gefühlt. Es war, als umhüllte Marcos und mich eine Luftblase, schwerelos und heiter.

Wir sind nie zusammen etwas trinken gegangen. Warum nicht?

Weil ich furchtbare Angst hatte.

Im Gegensatz zu unserem spontanen Mittagessen war dies eindeutig eine Verabredung. Mir fehlte die Erfahrung, mich als erwachsene Frau zu verabreden. Es fehlte mir an Selbstvertrauen. Ich war immer noch mit dem Mann verheiratet, den ich liebte, auch wenn er gestorben war.

»Ja, mach es!«, hatte Jillian gesagt, als ich sie am nächsten Tag anrief, um ihr zu erzählen, dass Marcos sich mit mir verabreden wollte.

»Aber ich habe Angst«, gab ich zu.

»Das ist okay. Es wird dir guttun. Es wird großartig sein, egal was passiert.«

Ich wollte es all meinen Freunden sagen. Und meiner Schwester! Und dem Postboten! Doch ich behielt es für mich, vor allem weil Sophie es nicht erfahren sollte und ich nicht wollte, dass sich irgendjemand verplapperte. Ich hatte schon früher beschlossen, Sophie nichts zu erzählen, wenn ich mich mit wem auch immer treffen würde (weil ich dachte, dass ich es *irgendwann* tun würde). Die Sache hätte weder den Stress noch die Aufregung gerechtfertigt. Es sei denn, es wäre etwas Ernstes gewesen.

Außerdem verunsicherte mich der Gedanke, »auf einen Drink« auszugehen. Ich hatte Angst, uns könnte jemand begegnen, den ich kannte und der misstrauisch oder voreingenommen oder übermäßig begeistert reagieren könnte. Um all das zu vermeiden, beschlossen wir, uns an einem Mittwoch um zwei Uhr nachmittags in einem Restaurant mit Barbetrieb zu treffen. Für abends konnte ich keine Pläne machen, weil ich meinen Zeitplan nach wie vor an den von Sophie anpasste.

Außerdem bestand ich darauf, dass wir uns in Burbank trafen. Das war zwar in der Nähe, aber nicht so nah, dass das Risiko bestand, jemand Bekanntes zu treffen. Hoffte ich.

Und ich schlug vor, getrennt zu fahren. Doch bei all meinen Planungen für etwas, was sich allmählich wie eine verbotene Affäre anfühlte, rechnete ich nicht damit, Marcos bereits vor dem Restaurant auf dem Parkplatz zu begegnen. Wir hatten vereinbart, uns drinnen an der Bar zu treffen. Mir kam der irrationale Gedanke, dass *er absagen wollte*. Ich kurbelte mein Fenster herunter. Er lächelte und sagte: »Auch die besten Pläne gehen manchmal schief. Sie öffnen erst abends. Also in drei Stunden.«

Ich atmete erleichtert aus, weil er keinen Rückzieher machte. Doch als ich ihn da stehen sah, wie er mit mir durch das offene Fenster sprach, geriet ich in Panik.

»Steig ein!«, rief ich. Marcos nahm auf dem Beifahrersitz Platz. »Ich will nicht, dass uns jemand sieht«, sagte ich, während ich die Straße in Richtung der Wohnsiedlung raste.

Marcos lachte. »Was ist denn los? Wo fährst du denn mit mir hin?«

Ich hielt am Straßenrand an, die Hände fest um das Lenkrad geklammert. Meine Gedanken rasten. *Das ist verrückt! Ich bin verrückt! Was tue ich hier? Mein Mann ist gerade erst gestorben! Joel ... Joel ... wo bist du? Ist das hier okay? Dass ich mit Marcos zusammen bin? O mein Gott! Ich bin ein schlechter Mensch. Ich bin eine schlechte Ehefrau und eine schlechte Mutter, und ich sollte nicht hier sein!*

Ich sah Marcos an. Ich hatte Tränen in den Augen. Er nickte verständnisvoll.

»Weißt du«, sagte er, »es ist okay. Was immer du gerade denkst. Was auch immer dir gerade durch den Kopf geht. Ich bleibe einfach hier sitzen.«

Er brachte mich um den Verstand. *Wer ist dieser Mann? Dieser hinter der Kirche lebende, Obdachlose fütternde Musiker/Lehrer/Gutmensch?*

»Es tut mir leid«, sagte ich. »Ich mache bestimmt eine viel zu große Sache daraus, wo es doch nur ein Drink ist. Ich meine, es ist nichts. Das ist nichts! Und jetzt bekommen wir nicht einmal einen Drink! Ich bin einfach nur etwas nervös wegen all dem. Vielleicht ist es zu früh oder zu viel.«

Marcos sah mich an. Er schien sich neben mir pudelwohl zu fühlen. Als ob er sich um nichts in der Welt sorgen müsste. »Ich meine ...« Er suchte nach Worten, zuckte dann aber nur mit den Schultern. Ich verspürte das Bedürfnis und den Wunsch, ihn zu berühren, also tat ich es. Ich legte die Hand sanft auf seinen Arm.

»Es ist nur so, dass ich Joel liebe. Er ist mein Mann, und wir sind immer noch verheiratet.«

»Das verstehe ich«, sagte Marcos.

»Wie kannst du das verstehen? Ergibt das überhaupt Sinn? Es klingt verrückt, und gleichzeitig auch nicht. Ich glaube, ich werde verrückt.«

Marcos sah mir in die Augen. »Also ich glaube, dass das alles ziemlich normal ist. Du hast viel durchgemacht. Joel und du, ihr habt euch so nahegestanden. Das habt ihr doch, oder?«

Ich nickte. Er war vernünftig. Meine Gedanken wurden zwar etwas ruhiger, aber mein Herz raste noch immer.

»Ich glaube, du hast ziemlich viel zu tun, besonders hier oben.« Er klopfte sich an die Schläfe, fasste dann herüber und klopfte an meine. Ich lächelte. »Vielleicht solltest du dich etwas entspannen. Wie klingt das? Dass du dich einfach nur … entspannen musst?«

»Ja, ich glaube, du hast recht«, sagte ich und überlegte, wie genau ich das tun sollte.

»Wenn du einverstanden bist, gebe ich dir einen Kuss. Ich denke, das könnte helfen.«

Er lehnte sich zu mir und ich ließ zu, dass er mich küsste. Der Kuss war weich und zärtlich und genau das, was ich zur Beruhigung brauchte. Ich erwiderte ihn. So blieben wir sitzen und küssten uns über eine Stunde lang auf dem Vordersitz meines Toyota Prius. Es war eine gute, altmodische Knutschrunde, wie ich sie als über sechzehn Jahre verheiratete Frau lange nicht mehr erlebt hatte.

Wenn ich Marcos nach diesem Tag nicht mehr wiedergesehen hätte, wäre es in Ordnung gewesen, weil dieser ganz besondere Moment so entsetzlich perfekt war, dass er für immer gereicht hätte. Es war genau das, was ich brauchte. Obwohl ich nach Joels Tod manchmal eine gewisse Leichtigkeit und Fröhlichkeit erlebt hatte, war dies ein Gefühl, das einen Teil von mir zu berühren vermochte, von dem ich vergessen hatte, dass er existierte.

Es war *Begehren.*

Ich wollte, dass es geschah; ich hatte mir gewünscht, dass es geschehen würde. Marcos hatte mir diesen Wunsch erfüllt. Das war alles, was ich brauchte.

»Ich würde dich gern wiedersehen«, sagte er, als wir uns endlich voneinander lösten. Wir wirkten regelrecht betrunken von den Küssen und hatten ein albernes Lächeln auf den Gesichtern.

»Ich dich auch.«

Er ging seinen Wochenplan durch und zählte jede Aufgabe an einem Finger ab. »Morgen habe ich fast den ganzen Tag Unterricht, übermorgen auch. Und nachmittags muss ich ins Krankenhaus. Dann habe ich diese Woche eine Vorstandssitzung, und Freitag und Montag arbeite ich in der Tafel. Nächste Woche habe ich einen Auftritt …«

»Warte«, unterbrach ich ihn, »in welches Krankenhaus?« *War er krank? Würde er sterben? Oder besuchte er nur einen Freund?*

»Ins Kinderkrankenhaus. Da gehe ich einmal im Monat hin.«

Ich sah ihn an. »Warum?«

»Ist ein Ehrenamt. Ich nehme meine Gitarre mit und singe den Kindern etwas vor.«

»Welchen Kindern?«

»Den kranken und sterbenden Kindern.«

Mir muss der Unterkiefer heruntergeklappt sein.

»Echt jetzt?«

»Das ist eine wichtige Aufgabe. Und die Familien wissen es zu schätzen. Ich mache das gern. Schon seit fast zehn Jahren.«

»Also, du leitest nicht nur die Tafel, sondern arbeitest ehrenamtlich auch noch im Kinderkrankenhaus? Damit du sterbenden Kindern etwas vorsingen kannst?«

Meine Gedanken schweiften zur Intensivstation ab, auf der Joel die letzten Wochen seines Lebens verbracht hatte. Ich konnte mir nicht vorstellen, dass in diesen Fluren ein Musiker auftrat. Aber den Krankenschwestern, Ärzten und dem gesamten Personal der Intensivstation hatte Joels Musik gefallen, die aus den kleinen tragbaren Lautsprechern drang, die ich mitgebracht hatte. Also verstand ich es … irgendwie.

»Wie dem auch sei, ich habe in den nächsten Wochen einen ziemlich vollen Terminkalender, aber ich möchte sichergehen, dass du darin vorkommst. Klingt das gut?«

Ich nickte … verwirrt … verliebt … interessiert. *Ist Marcos ein moderner Jesus? Ist er der Teufel?* Ich hatte keine Ahnung. Doch ich wusste, dass ich mehr von ihm wollte.

* * *

Wenn ich abends schlafen ging, betete ich, dass Joel mich besuchen käme. Ich vermisste ihn so sehr. Ich hatte ihm so viel zu sagen.

Einmal hatte ich einen Traum, der so real und lebendig war, dass mir jedes Mal die Tränen kommen, wenn ich an ihn denke. In unserem Viertel gibt es eine Hauptstraße, die über eine Brücke führt. Die meisten Autofahrer merken gar nicht, dass sie über eine Brücke fahren, weil das Wasser unter ihr ein schmaler, größtenteils betonierter Abschnitt des Los Angeles River ist, der bei Regen als Überlaufschutz dient. Geht man jedoch zu Fuß über die Brücke, bemerkt man, dass man von einer Seite der Stadt zur anderen geht. Man »geht hinüber«.

In meinem Traum stand ich auf der Nordseite der Brücke und lief dann in Richtung Süden. Die Sonne schien. Es war ein schöner, klarer Tag. Ich schaute auf und sah, wie Joel von der anderen Seite der Brücke auf mich zukam. Er winkte mir aufgeregt zu und schenkte mir das breiteste Lächeln, das ich je gesehen hatte. Ich traute meinen Augen nicht! *Da ist er!* Meine Liebe, mein Ein und Alles. Es raubte mir den Atem, ihn so zu sehen. *So lebendig! So gesund!* Ich konnte mich nicht bewegen. Ich konnte nicht glauben, dass er es war! Ich lächelte und winkte zurück. Ich rief seinen Namen, *Joel!* Ich dachte immerzu: *Er ist so glücklich! Und er ist da, er ist DA!*

Er winkte weiter, mit dem ganzen Arm. Große, ausladende Bewegungen in der Luft, und dieses breite Lächeln. Es war so real. *Er ist so nah. Er ist real! Er lebt!* Mein Herz schien vor Glück und auch vor Verwirrung fast zu platzen.

Aber du bist doch gestorben!, sagte mein Verstand im Schlaf.

Und in dem Moment, in dem mir dieser Gedanke kam, wachte ich auf.

Es war so grausam. Aber auch ermutigend. Ich hatte Joel gesehen. *Er war da.* Er war glücklich und begeistert. *Er hat mich gesehen!* Er strengte sich auf seiner Seite so sehr an, um zu beweisen, dass er da war. Ich hatte das Gefühl, als hätte er meine Gebete nicht nur gehört – *Komm mich im Schlaf besuchen, Schatz, bitte! –,* sondern als hätte er sie auch erhört. Das war ein Geschenk.

»Letzte Nacht habe ich von Daddy geträumt«, erzählte ich Sophie, als sie am Morgen aufwachte. »Es war so real. Er lebte.« Ich begann zu weinen. Sie drückte mir ihre wunderschöne Hand auf die Wange.

»Es tut mir leid, dass du mich immer weinen siehst«, sagte ich schniefend.

»Ist schon okay«, antwortete sie. Ich küsste ihre Hand und drückte sie.

»Ich habe ganz vergessen, es dir zu erzählen«, meinte sie und streckte sich. »Ich habe gestern einen Kolibri gesehen.«

Eines der Geschenke zu Joels fünfzigstem Geburtstag war ein Futterautomat für Kolibris gewesen. Es war ein einfacher Glaszylinder, der mit flüssigem Futter gefüllt werden konnte und eine rote Stange besaß, auf der die Vögel während des Fressens sitzen konnten. Joel liebte ihn. Er liebte die Natur im Allgemeinen und Kolibris im Besonderen. Die rote Farbe soll Kolibris anziehen, und Joel stellte den Automaten gleich nach dem Auspacken in unserem Garten auf. Er hatte nicht mehr die Gelegenheit, sich so an ihm zu erfreuen wie Sophie und ich. Wir haben ihn immer noch und bekommen von mehr Kolibris Besuch, als ich je in ganz Los Angeles vermutet hätte. Jedes Mal, wenn Sophie und ich einen sehen, wo auch immer auf der Welt wir gerade sind, glauben wir, dass es entweder Joel *ist* oder dass Joel ihn uns geschickt hat, um Hallo zu sagen.

Als Joel starb, wurde jede noch so kleine Kritzelei, die er hinterlassen hatte, und sämtliche Liebesbriefe an uns einrahmungswürdig. Jedes Männchen und jede Skizze – ob auf einem billigen Werbezettel, den uns ein Makler im Briefkasten hinterlassen hatte, oder in der unteren Ecke auf einer Fast-Food-Speisekarte – wurde zum Beweis dafür, dass Joel lebte, dass er hier war, dass wir unser Leben miteinander teilten.

Irgendwie ging mein Leben ohne ihn weiter.

Nach mehreren erfolglosen Versuchen, uns erneut auf einen Drink zu verabreden, beschlossen Marcos und ich, uns morgens auf einen Kaffee zu treffen. Ich schlug Starbucks vor.

»Die Filiale direkt am Boulevard gegenüber vom GAP-Store«, sagte ich. »Weißt du, welche ich meine?«

»Ähm, nicht wirklich«, antwortete er.

»Echt nicht? Der Starbucks am Boulevard, in der Nähe der CVS-Apotheke?«

Er hatte keine Ahnung. Wir lebten nur eine Meile voneinander entfernt, aber in völlig verschiedenen Welten.

Also tranken wir Kaffee in seinem Haus. Marcos wohnte nur einen Block von Sophies Schule entfernt, und obwohl ich nach wie vor ein nervöses Wrack war – *Jemand könnte mich vor deiner Haustür sehen!* –, war ich angenehm überrascht, dass er ausgezeichneten Kaffee kochte.

Ich dachte (und hoffte), es würde ein lustvolles Techtelmechtel am Morgen werden, aber stattdessen verbrachten wir die Zeit damit, uns besser kennenzulernen, weil sein Sohn nebenan im Zimmer lag und schlief.

Marcos hatte Davis vor Kurzem von der staatlichen Highschool genommen und ihn an einer freien Highschool mit flexiblem Stundenplan angemeldet, bei der ein Großteil der Schularbeiten zu Hause erledigt wurde. Während ich mich also frei und unbelastet fühlte, weil Sophie tagsüber in der Schule war, war Davis' Klassenzimmer Marcos' Küchentisch, an dem wir zwischen heimlichen Knutschrunden auf der Couch und unserem starken Morgenkaffee saßen.

Wir trafen uns schließlich öfter vormittags bei ihm und lernten uns auf ganz altmodische Art kennen – durch Gespräche. Bei einem Kaffee. Ich erfuhr, dass sein Vater in Peru geboren und aufgewachsen war und dass Marcos als Kind die Sommer in Südamerika bei seinen Großeltern verbracht hatte. Ich erfuhr, dass er schon einmal verheiratet gewesen war, aber nicht mit der Mutter seines Sohnes. Dass er zuerst Bass, nicht Gitarre gespielt hatte, und dass seine jüngsten Schüler fünf Jahre und die ältesten älter als wir beide waren.

Ich hatte nach wie vor nur Jillian von ihm erzählt. »Ich verstehe das nicht. Du hast noch nicht mit ihm geschlafen?«, fragte sie. Ich erklärte ihr, dass wir bisher weder die Zeit noch den Ort dafür hatten finden können.

Wir waren erwachsen und trafen uns dennoch heimlich, damit unsere Kinder es nicht herausfanden. Unsere Zeitpläne passten nicht wirklich zusammen, da Marcos oft abends arbeitete – als Lehrer oder Livemusiker –, und ich wollte natürlich nach wie vor für Sophie verfügbar sein.

Eines Morgens kam es zu einer peinlichen Begegnung zwischen Davis und mir, als wir beide gerade Marcos' Haus betraten. Ich kam von der Schule, Davis vom Feiern. Er taxierte mich von oben bis unten, und später erzählte mir Marcos, dass er mich auf den ersten Blick gemocht hatte, weil ich nicht so *aussah*, als würde ich *in nächster Zeit bei ihnen einziehen wollen.*

Während ich ab Mitte zwanzig in einer festen Beziehung mit Joel gelebt hatte, hatte Marcos viele Beziehungen gehabt. *Sehr viele.* Meistens mit schönen Schauspielerinnen und/oder Models wie Davis' Mutter. Marcos und sie waren nie verheiratet gewesen, obwohl sie jahrelang zusammengelebt hatten. Sie hatten sich getrennt, als Davis noch klein gewesen war. Davis war bei seiner Mutter geblieben und hatte Marcos erst wirklich kennengelernt, nachdem er als Teenager zu ihm gezogen war.

Ich wollte keine Beziehung eingehen. Ich dachte, dass alles, was zwischen uns passierte, höchstens eine Affäre sei. Für mehr hatte ich keine Zeit; er auch nicht. Unsere Knutscherei erinnerte mich daran, dass das gegenseitige Verlangen manche Dinge überwog, wie zum Beispiel die Befangenheit angesichts eines alternden Körpers und die Sorge, ob er mich jemals wieder anrufen würde. Ich war Witwe. Ich war über vierzig. Ich hatte bereits alles verloren, was es zu verlieren gab.

Als ich eines Morgens mal wieder den Clooney-Weg lief, erhielt ich eine SMS.

Komm her. Jetzt. Sie war von Marcos.

Grünes Licht?, schrieb ich zurück.

Ja!, antwortete er.

Ich hatte den Clooney-Pfad noch nie in meinem Leben so schnell beendet. Es war egal, dass ich völlig verschwitzt bei Marcos ankam. Davis würde den ganzen Tag weg sein, und das war unsere Chance.

Marcos öffnete mir nackt die Tür. Völlig nackt. Mit einem breiten Grinsen im Gesicht.

»Herzlich willkommen!«, sagte er.

Das war vielleicht nicht romantisch, aber ich fand es lustig. Und irgendwie charmant. Als wir in seinem Schlafzimmer ankamen, war ich ebenfalls nackt.

So hatte ich mir unser erstes Mal nicht vorgestellt. Oder mein erstes Mal mit jemand anderem als Joel. Ich dachte, es würde auf jeden Fall abends sein. Ich dachte, dass der Nacktheit vielleicht ein romantisches Abendessen mit Wein vorangehen würde. Wieder waren alle meine Vorstellungen, die ich Marcos gegenüber gehegt hatte, von Anfang an falsch gewesen.

Mir gefiel, dass er Joel kannte. Er erwähnte ihn oft im Gespräch. Die *Witwe* schien ihn weder zu verängstigen noch zu entmutigen oder gar nervös zu machen. Er sah mich als ganze Person, und er interessierte sich genauso sehr für mich wie ich mich für ihn. Was auch immer zwischen uns geschah, fühlte sich anders an – für uns beide.

Ich liebte es, wie er mich küsste. Das Gewicht seines Körpers neben meinem hatte eine tröstliche Wirkung auf mich.

Danach gestand ich ihm: »Weißt du, ich war wirklich überrascht, dass du mich damals angerufen hast. Wegen der Tätowierungen.« Ich begann zu lachen.

»Du hast mich doch gefragt, ob ich welche habe!«

»Ja, eine Woche vorher!«

Marcos lächelte.

»Ich dachte, du hättest kein Interesse«, sagte ich.

»Na ja, dein Mann war gerade gestorben. Ich war halt vorsichtig.«

»Ja«, sagte ich und seufzte.

Joel.

Mir kamen die Tränen. Marcos drückte mich. Ich lag neben Marcos, dachte aber an Joel. *Ist das okay für dich, Schatz? Bist du sauer auf mich? Falls ja, kannst du mir verzeihen?*

»Es ist in Ordnung. Du kriegst das hin«, sagte Marcos.

Ich wischte mir die Tränen vom Gesicht und weinte leise in seinem Arm. Es schien ihm nichts auszumachen.

Ich atmete seinen Geruch ein, und er beruhigte mich. Er roch männlich. Seine Hände und Arme waren vom täglichen Gitarrenspiel sehr kräftig. Ich liebte es, wie glatt sich seine Haut anfühlte und wie sich sein Haar am Halsansatz nach unten kräuselte. Ich trocknete meine Tränen an seiner Brust.

»Ich bin hier«, sagte er und drückte meine Schulter. »Ich bin hier.« Er küsste mich auf den Scheitel.

Wo immer dieser Mann ist, dachte ich, *da möchte ich auch sein.*

KAPITEL 17

MEIN EIN UND ALLES

Ich setzte weiterhin jeden Abend meine Heilungsrituale fort (ich las einen Absatz aus »Healing After Loss«, erinnerte mich gemeinsam mit Sophie an Joel, sah mir »Real Housewives« an, las ein Buch von Iyanla, hörte dem anderen Joel zu …). Und ich weinte mich immer noch durch viele meiner Tage. Gleichzeitig freute ich mich auch auf mein nächstes Treffen mit Marcos, mit dem ich ungefähr einmal pro Woche verabredet war.

Während ich in anderen Bereichen meines Lebens völlig verwirrt schien, waren die Dinge mit Marcos kristallklar. Meine Bedürfnisse, die überraschend körperlich waren, wurden erfüllt, und keiner von uns hatte ein Problem damit. Ich machte mir nie Sorgen, dass er eine Grenze überschreiten oder meine Verletzlichkeit ausnutzen könnte, weil wir uns einig waren. Es war ein zwangloses Abenteuer.

Wir trafen uns bei ihm, wenn die Luft rein war, und nach etwa einer Stunde war ich wieder zu Hause. Unsere gemeinsame Zeit war voller Zärtlichkeit, aber wenn wir fertig waren, tat keiner von uns so, als würden wir den Rest des Tages oder des Abends zusammen verbringen. Ab und zu tranken wir einen

Kaffee, unterhielten uns und lachten in seiner Küche. Wir versuchten ein paar Mal, uns auf einen Drink zu treffen oder ein »richtiges« Date zustande zu bringen, aber es klappte nie. Wir lernten uns schubweise kennen – doch da ich mich bemühte, die Dinge einfach zu halten, dachte ich nicht zu viel darüber nach. Ich glaubte auch nicht, dass daraus eine Beziehung werden könnte. Ich war nicht immer mit allem einverstanden, was er sagte, aber mir gefiel seine Gesellschaft.

Marcos dachte wie ein Künstler, schwebte irgendwie über den Dingen und war mit den Gedanken ständig woanders. Er war ein leidenschaftlicher Blues-Musiker, kannte aber nicht die Bands, die ich liebte, wie zum Beispiel Wilcox und die Avett Brothers. Er wusste nur deshalb etwas über Popmusik, weil seine Schüler zu ihm kamen und den neuesten Taylor-Swift- oder One-Direction-Song lernen wollten. Ansonsten hatte er keine Ahnung von der Popkultur. Er besaß nicht einmal einen Fernseher.

Er wusste nicht, wer die »Real Housewives« waren, hatte noch nie eine Folge von »Game of Thrones« gesehen und nannte Kourtney Kardashian, der er eines Nachmittags in unserem Viertel begegnete, *irgendein Mädchen, das von einem Haufen Paparazzi verfolgt wurde, als ich gerade eine Tasse Kaffee trinken wollte.*

Er unterhielt sich gern über Filme, egal aus welchem Genre und welcher Epoche, und glaubte, dass seine Filmzitate und Kommentare allgemein bekannt seien. Außerdem nannte er Schauspieler und Regisseure beim Nachnamen.

Als ich einmal erwähnte, dass ich Juliette Lewis an der Tankstelle gesehen hatte, erklärte er mir, dass ihr Vater ein Charakterdarsteller war, der häufig in »Eastwood-Filmen« auftrat, wusste aber nichts von den Gerüchten, dass sie Mitglied von Scientology sei, was für mich weitaus interessanter war.

Manchmal konnte ich Marcos nur schwer folgen, und er schien Dinge zu sagen, die nicht unbedingt das betrafen, worüber wir uns gerade unterhielten. Wenn ich ihm etwas aus dem Roman vorlas, an dem ich gerade arbeitete, und meinte, dass es meiner Schreibgruppe zu gefallen schien, sagte er zum Beispiel: »Wenn alle gleich denken, dann denkt jemand nicht.«

»Wie bitte?«, fragte ich.

»Patton. Ist ein berühmter Ausspruch von ihm. Ich habe gerade seine Biografie gelesen.«

Unsere Verabredungen waren kurz, aber bedeutsam. Manchmal fiel es mir schwer, ihn zu verlassen, und ungeachtet unserer Unterschiede fühlte ich mich magisch von ihm angezogen. Doch es gab immer einen Schüler, der gleich auftauchen würde, eine Vorstandssitzung, an der er teilnehmen, oder einen Auftritt, zu dem er gehen musste. Und bei mir gab es auch immer etwas, das erledigt werden musste. Ich war jetzt alleinerziehend. Ich war für alles verantwortlich.

Für alles.

Zwischen meiner Arbeit für Joels Firma und dem Schreiben ging ich mit den Hunden spazieren, brachte die Mülltonnen rein und raus, wechselte Glühlampen aus. Ich erledigte sämtliche Fahrdienste, Einkäufe und die Wäsche. Ich suchte und fand Nachhilfelehrer und Ärzte und ging allein zu den Eltern-Lehrer-Gesprächen, weil ich keine andere Wahl hatte. Ich sorgte dafür, dass die Großeltern – *alle sechs!* – ihre Geburtstagskarten pünktlich erhielten, und dass ihre Enkelin sie anrief. Ich machte Termine mit dem Elektriker wegen der Reparatur unserer Gartenbeleuchtung, mit dem Maler wegen der Zaunreparatur und mit dem Gärtner, als ein riesiger Ast herunterstürzte und unsere Einfahrt demolierte. Ich nahm an Schulausschusssitzungen und Gemeindeversammlungen teil, brachte die Hunde zum Tierarzt und plante jedes Frühstück, Mittagessen und Abendessen. Ich kündigte Abonnements, stellte sicher, dass wir krankenversichert waren, und versuchte, ein paar Schreibaufträge zu ergattern. Ich sorgte dafür, dass das

Auto sauber war und Benzin im Tank und Luft in den Reifen hatte. Ich wechselte die Batterien in den Rauchmeldern aus – meistens mitten in der Nacht, weil sie genau dann nervtötend piepsten. Ich musste mich auch um alles kümmern, als die Klimaanlage defekt war und die Waschmaschine nicht mehr schleuderte. Als wir eine riesige Wanze im Haus fanden. Als einer der Hunde von einem Stinktier eingenebelt wurde. Als der Kühlschrank leckte. Und jeder Gedanke, jedes Gefühl, jeder Gefühlsausbruch und jede Stimmung – sowohl von mir als auch von Sophie – waren meine Sache.

Ich beantragte Kopien von Sterbeurkunden, Geburtsurkunden und Heiratsurkunden. Ich hing stundenlang in der Warteschleife und wurde von einer Abteilung zur nächsten weitergeleitet, als ich eine Stromrechnung von Joels Namen auf meinen änderte. Und ich musste *jedes Mal* erklären, dass der Grund für die Umschreibung der Tod meines Mannes war.

Ich war für *alles* verantwortlich, und ich genoss die Zeit mit Marcos, denn wenn ich mit ihm zusammen war, war das eine Atempause von *allem*.

Obwohl ich eine sehr verantwortungsbewusste Mutter war, wollte ich auch eine Mutter sein, mit der man Spaß haben konnte. Sophies Vorstellung von Spaß bestand jedoch ausschließlich aus Shoppen, etwas, was ich noch nie leiden konnte. Ich fühlte mich immer so alt, wenn ich mit ihr ins Einkaufszentrum ging und die laute Musik im Forever 21 nicht ertragen konnte. Ich hielt zwei Minuten durch, sie zwei Stunden.

Sie ließ sich gern maniküren, ich weniger.

»Komm schon, lass uns zusammen zur Maniküre gehen. Das wird toll«, sagte sie eines Sonntagmorgens.

»Totale Geldverschwendung«, konterte ich. »Der Nagellack splittert ab, sobald du nach deinem Block im Rucksack greifst.«

»Toll!«, sagte sie und verschränkte die Arme.

»Und wenn wir den Clooney-Weg gehen?«, schlug ich vor.

»Ich wandere nicht gern«, antwortete sie. »Aber ich würde gern reiten!«

»Reiten? Nein. Du weißt doch, dass ich es nicht so mit diesen Tieren habe.«

»Bowling?«

Ich rollte mit den Augen.

So ging es die ganze Zeit zwischen uns hin und her, bis eine von uns nachgab, normalerweise ich, und wir entweder wieder im Einkaufszentrum oder in irgendeinem Restaurant landeten.

Ich wollte ihr die Welt schenken. Ich hatte Joel fünfundzwanzig Jahre lang gehabt, sie nur dreizehneinhalb Jahre. *Sie verdient alles, was sie sich wünscht.* Doch dann hörte ich immer Joels Stimme, die mir sagte: *Du verwöhnst sie, Schatz.* Wenn dem so war, konnte ich nicht anders. Sophie wirkte nie verwöhnt, denn wie Joel war sie ein von Grund auf guter Mensch.

Der Abschluss ihrer Mittelschule stand vor der Tür, und die Zahl der Eintrittskarten war begrenzt. Ich konnte nicht alle Großeltern unterbringen, auch nicht Jillian, die ebenfalls gern dabei sein wollte. Da ich mir wünschte, dass ein Vater für Sophie anwesend war, lud ich Hal ein, neben mir im Publikum zu sitzen.

Es war schwer, während der ganzen Zeremonie zu lächeln, wenn Joels Abwesenheit so allgegenwärtig war. Ich konnte ihn mir vorstellen, wie er an jenem warmen Sommermorgen auf dem Sportplatz direkt neben mir auf einem Klappstuhl saß, während Luftballons die Bühne schmückten. Joel wäre freudig aufgesprungen und hätte wild applaudiert, als Sophies Name aufgerufen wurde, damit sie ihr Diplom entgegennahm. Er hätte mit Tränen in den Augen zu mir herübergeschaut und gesagt: »Sie hat es geschafft, Schatz! Schau dir unser wunderschönes Mädchen an.« Und danach hätte er ihr Blumen geschenkt und mit ihr für die Kamera posiert, ohne dabei seinen Blick von ihr zu wenden, der stolze Dad, der er war.

Ich weiß nicht, wie Sophie das gemacht hat. Wie sie in ihrem süßen Sommerkleid durch den Gang lief, das Diplom in der Hand, ein breites Lächeln im Gesicht, während alle Anwesenden sie als »das Mädchen, dessen Vater gestorben ist« kannten. Ich wartete in diesem Jahr die ganze Zeit darauf, dass sie zusammenbrechen oder einen Wutanfall bekommen würde, doch das passierte nie.

Anfang des Jahres hatte ich beschlossen, ihr als Abschlussgeschenk eine gemeinsame Reise nach Paris zu schenken. Sophie würde in diesem Sommer nicht ins Sommercamp fahren, weshalb ich die Kosten für eine solche Reise vor mir rechtfertigen konnte. Außerdem besaß ich ein kostenloses Flugticket und genügend Punkte, um den Großteil unserer Hotelkosten zu decken. Hal fuhr uns zum Flughafen, und fünfzehn Stunden später landeten wir in Paris.

Wir hatten einen vollen Reisekalender mit einer Rundtour durch die ganze Stadt an einem Tag und einer Fahrradtour nach Versailles an einem anderen. Eine gute Freundin aus London stieß für einen Tag zu uns, um mit uns den Jardin des Tuileries und das Musée de l'Orangerie zu besuchen und kurz in den Galeries Lafayette und im Le Bon Marché vorbeizuschauen. Eine andere Freundin aus unserem Viertel war ebenfalls mit ihrer Tochter in Paris, und wir trafen uns mehrmals mit ihnen zum Abendessen. Wenn das wunderbar und *oh là là* klingt … das war es auch. Wir haben uns in Paris wohlgefühlt, auch wenn wir die Sprache nicht sprachen und es fast jeden Tag regnete. Wir aßen Crêpes und Eiscreme in der Form von Rosen. Wir liefen durch die Straßen und besuchten den Eiffelturm, Notre-Dame und den Triumphbogen.

Doch Sophie war oft schlecht gelaunt und müde und wollte zurück ins Hotel. Dort machte sie es sich mit ihrem Laptop bequem, schaute sich über WLAN ihre Lieblingssendungen an und surfte in den sozialen Medien herum. Manchmal hatte ich den Eindruck, als wollte sie nur deshalb so viele Fotos machen, um sie posten zu können, anstatt wirklich zu realisieren, dass *wir in Paris waren!* Ich versuchte, geduldig zu sein, aber irgendwann wurde ich wütend, und wir stritten uns.

»Wir haben schon genug gesehen!«, schrie sie mich an, als ich am Ende eines langen Tages vorschlug, noch ein Denkmal zu besichtigen. »Ich muss nicht die ganze Stadt erkunden. Ich will zurück ins Hotel!«

Ich war ihren Gefühlen einfach nicht gewachsen und konnte mit ihren unberechenbaren Stimmungsschwankungen nicht umgehen. Ich schleppte immer etwas zu essen mit mir herum, weil ich dachte, ihr Blutzuckerspiegel sei vielleicht zu niedrig. Wenn sie zufrieden wirkte, entspannte ich mich. Schien sie ängstlich oder desinteressiert, tat ich übertrieben glücklich, um das auszugleichen. Daran änderte sich nichts, nur weil wir in Paris waren. Grundsätzlich wollte ich sie vor jeder Form von Aufregung schützen, aber ich wollte auch, dass sie *ihre Gefühle fühlte.* Sie schien wütend auf mich und frustriert zu sein, während ich das Gefühl hatte, ihr alles zu geben, was ich ihr geben konnte.

Schließlich stellte ich meine Beweggründe für die Reise infrage. Vielleicht wäre es besser gewesen, zu Hause zu bleiben, unsere Routine aufrechtzuerhalten und uns *an das Leben ohne Joel zu gewöhnen.* Projizierte ich meine eigenen Gefühle und Ängste auf Sophie, weil ich alleinerziehend war, oder verhielt sich ein Teenager eben so? Ich setzte mich oft mit ihrer Therapeutin in Verbindung, die mir stets versicherte, dass es Sophie gut gehe. Trotzdem beunruhigte mich dieses veränderte Verhalten nach wie vor.

Normalerweise nahm ich mein Handy nicht mit, wenn wir tagsüber unterwegs waren, weshalb ich meine E-Mails und sämtliche Nachrichten erst prüfte, wenn wir ins Hotel zurückkehrten. Für unseren letzten Abend hatte ich Sophie versprochen, dass wir noch einmal zum Eiffelturm gehen würden, um ein paar Fotos von dem beleuchteten Bauwerk zu machen. Doch als wir nach einem weiteren ereignisreichen Tag auf das Zimmer kamen, quoll mein Postfach mit Nachrichten von zu Hause über. Unsere geliebte Lucy war krank. In den letzten Wochen hatte sie oft lethargisch und niedergeschlagen gewirkt, weshalb ich sie nach unserer Rückkehr gleich zum Tierarzt bringen wollte. Doch meine Nachbarin Roxanne hatte versucht, mich zu erreichen. Lucy fraß nicht mehr und konnte sich nicht mehr auf den Hinterbeinen halten. Roxanne hatte Lucy zum Tierarzt gebracht, der meinte, dass Lucy Schmerzen habe. Sie sei fünfzehn Jahre alt und ihre Zeit einfach gekommen. Natürlich war Lucy schon älter, aber ihr Herz war gebrochen – wie meins und Sophies. Sie verstand nicht, warum Joel plötzlich verschwunden war. Sie schien sich nicht davon zu erholen, dass sie ihn vor acht Monaten verloren hatte.

Wieder einmal musste ich eine Entscheidung treffen. Sie hätten Lucy Medikamente geben können, damit es ihr etwas besser ging, aber wir würden erst in acht Tagen nach Hause kommen. Ich hätte es nicht ertragen können, sie so lange leiden zu lassen.

Also rief ich meine Mutter an, und sie traf Roxanne beim Tierarzt. Roxanne und sie waren da, um Lucy zu trösten, als sie ihren letzten Atemzug tat. Sophie und ich weinten in unserem Hotelzimmer und hielten uns gegenseitig im Arm. Wir fühlten uns so weit weg, so hilflos.

»Sie wird Daddy wiedersehen«, schluchzte Sophie.

»Ich weiß«, meinte ich weinend. »Sie hat Glück!« Dieser Gedanke ließ uns lächeln.

Wir konnten kaum glauben, was in diesem Jahr alles geschehen war. Sophie hatte ihren Vater verloren. Und jetzt ihre Fellschwester Lucy. Alles schien durcheinander und aus den Fugen geraten zu sein. Ich wollte Sophie gegenüber nicht zugeben, dass ich Schuldgefühle hatte, weil ich nicht für Lucy da gewesen war. Sophie sollte kein schlechtes Gewissen haben, weil wir in Paris waren. Aber mich *plagten* Schuldgefühle – *ich hätte sie vor unserem Abflug zum Tierarzt bringen müssen!* Ich hätte merken müssen, dass es ihr schlechter ging, als ich vermutet hatte. Wir waren erst sechs Tage weg gewesen. *Was, wenn ich die Reise für das Ende des Sommers statt für den Anfang geplant hätte?* Dann wären wir zu Hause gewesen, um uns während ihrer letzten Stunden um Lucy zu kümmern.

Und dann kam Sophie und mir ein Gedanke. Vielleicht hatte Lucy gewartet, bis wir weg waren, um uns eine weitere Totenwache zu ersparen. Das klang verrückt. Lucy war ein Hund. Wie hätte sie so etwas einfädeln können? Doch sie war alles für uns, so wie wir alles für sie gewesen waren. Sie hatte mir gezeigt, wie groß mein Herz werden konnte. Sie hatte mich auf Sophie vorbereitet.

An diesem Abend trauerten wir vor dem Eiffelturm um Lucy. Der Gedanke, dass Joel und sie nun zusammen waren, spendete sowohl Sophie als auch mir Trost. Und wir hatten unseren Sinn für Humor nicht ganz verloren. Der Tod war etwas, mit dem wir inzwischen vertraut waren. Und wir mussten lachen; unser Leben war so lächerlich geworden.

Am nächsten Tag brachen wir nach New York auf, wo wir eine Woche mit meinem Vater, Elisabeth, Holly und ihren Kindern in den Hamptons verbringen würden. Sophie und ihre Cousins waren wie Geschwister, was uns allen sehr viel bedeutete. Sie wurden alle älter, aber mit einem Altersunterschied von höchstens drei Jahren spielten sie problemlos zusammen am Strand und im Pool. Nach dem Abendessen führten sie uns Shows vor oder suchten Filme aus der Bibliothek aus, die wir uns ansehen konnten. Sie wechselten sich ab, um mit Grandma etwas Leckeres zu backen, während Grandpa ihnen auf den ruhigen Straßen im Hinterland das Autofahren »beibrachte«. Unsere gemeinsame

Zeit in diesem Sommer war entspannt und familiär, aber es fehlte jemand. Besonders Sophie und mir, wie in Hawaii … und in Chicago … und in Paris. Unsere Trauer reiste mit uns.

Und ich hatte Angst vor unserer Rückkehr nach Los Angeles.

Ich wusste, dass unser Haus ohne Joel und Lucy, die uns dort nun nicht mehr begrüßten, noch ruhiger erscheinen würde. Das machte mir Angst. Sophie blieb noch ein Monat bis zur Highschool, und ich wollte, dass sie dieses neue Kapitel gestärkt und zuversichtlich aufschlug. Ich überlegte, was Joel ihr gesagt oder was er mit ihr getan hätte. Doch mir fiel nichts ein. *Ich wusste es einfach nicht!*

Sophie würde vierzig Minuten von zu Hause entfernt eine vom Niveau her anspruchsvolle öffentliche Highschool besuchen. Sie würde mit dem Bus zur Schule fahren, und wir würden jeden Morgen um sieben Uhr an der Bushaltestelle stehen müssen. Das wäre Joels Aufgabe gewesen. Ich fragte mich, ob ich die Lehrer informieren sollte, dass ihre neue Schülerin kürzlich ein Elternteil verloren hatte. Ich hatte kein Problem damit, der Welt zu verkünden, dass *ich Witwe war*! Doch Sophie war sensibel und unsicher und war sich nicht sicher, ob sie wollte, dass ihre Lehrer es erfuhren. Wie so oft wünschte ich, ich hätte das mit Joel besprechen können.

Ich fürchtete, dass jede Entscheidung, die ich traf, falsch, dass egal, was ich tat, zu schnell oder zu langsam oder zu spät oder zu früh sein könnte.

Doch mir blieb keine Wahl.

Ich hatte von Hubschrauber-Eltern, Tigermutter-Eltern und sogar von Schneepflug-Eltern gehört. Ich hatte das Gefühl, dass ich zu einer Noppenfolien-Mutter wurde und Sophie vor *jeder* Art von Aufregung schützen wollte, auch wenn das Schlimmste, was passieren konnte, eigentlich schon hinter ihr lag. Natürlich versagte ich kläglich dabei. Sie war ein vierzehnjähriges Mädchen, und alles an Drama, das damit einherging, lag nicht in meiner Hand. Es gab Dramen mit Freunden, der Schule und der Familie – und, oh ja, ihr Vater war gestorben. Ich wusste, dass es Sophies Leben war, egal wie sehr ich sie beschützen wollte.

»Ich denke, es ist vielleicht an der Zeit, dass du wieder in deinem eigenen Zimmer schläfst, Smoosh«, erklärte ich Sophie, als wir wieder in Los Angeles waren.

Sie sah mich an wie damals, als sie vier Jahre alt gewesen war und Joel und ich ihr gesagt hatten, dass es an der Zeit sei, ihren Schnuller abzugeben.

»Ab heute Abend?«, fragte sie.

»Na ja, ich glaube einfach … also, du kommst bald in die Highschool. Wir werden uns natürlich weiterhin jeden Abend vorlesen und über Daddy reden …«

»Ich bin irgendwie … damit durch«, sagte sie vorsichtig.

»Oh, ich glaube schon, dass das wichtig ist. Manchmal fällt es schwer, sich an ihn zu erinnern. Deine Gedanken zu hören, hilft mir.«

Sie sah mich an. »Aber ich erzähle doch immer wieder dasselbe. Ich habe das Gefühl, dass ich mich nicht an so viel erinnere, und es macht mich traurig, wenn ich versuche, an etwas Neues zu denken.« Mir erging es genauso. Nach und nach fühlte es sich an, als entferne Joel sich immer weiter. Unsere Erinnerungen schwanden.

Joel war für kurze Zeit Veganer gewesen, oder? Oder dachte er darüber nach, es zu werden? Er aß kein rotes Fleisch mehr, als Sophie das tat, aber wann hörte er auf, Hühnchen zu essen? Und als er mit dem Fahrrad zur Arbeit fuhr, war das in dem Sommer gewesen, in dem er auch die Hügel im Viertel hinaufrannte? Oder war es gewesen, als er sein Büro noch in Hollywood hatte?

Manchmal stolperte ich bei der Reihenfolge der Dinge … *Haben wir diesen schicken Mixer gekauft, bevor bei Joel MS diagnostiziert wurde? Waren wir an unserem Jahrestag auf dieser Party in der Stadt oder während der Feiertage?* Wenn ich mich kaum an diese Dinge erinnern konnte, wie konnte ich es dann von Sophie erwarten? Wie konnte ich Joel in Ehren halten und ihr ein vollständiges Bild davon vermitteln, wer ihr Vater gewesen war, wenn ich mich nicht einmal daran erinnern konnte, wann oder ob er jemals Veganer gewesen war? Ich wollte mehr als alles andere, dass sie sich an das *Gefühl* erinnerte, das man in Joels Gegenwart gehabt hatte. Das ist eines der schlimmsten Dinge an der Trauer, auf die mich niemand vorbereitet hatte. Man fängt an, Dinge über die Menschen zu vergessen, die man liebt.

Joel war noch nicht einmal ein Jahr fort. Wir lebten noch immer in unserem Jahr der ersten Male. Wir hatten Thanksgiving und Chanukka und Neujahr erlebt. Sophies Geburtstag, Muttertag, Sophies Abschluss der Mittelschule, Vatertag. Alles ohne Joel. Diese Dinge geschahen. Wir schmiedeten Pläne, zogen uns an, ließen uns sehen. Ich weiß nur nicht, wie.

Sein einundfünfzigster Geburtstag stand kurz bevor. Ich dachte, es sei der perfekte Zeitpunkt, um Joel so zu feiern, wie wir es getan hätten, wenn er noch am Leben gewesen wäre. Eine Party mit Joels Lieblingsmenschen, seiner Lieblingsmusik, an seinem Lieblingsplatz, in unserem Garten. Ich lud alle ein, die zu Joels Geburtstag gekommen wären, wenn er noch gelebt und die Gästeliste selbst erstellt hätte. Dann bat ich einige seiner Freunde, das Wort zu ergreifen, um *ihre* Erinnerungen an Joel mit uns zu teilen.

Sie alle sprachen von Joels Freundlichkeit und seinem Einfühlungsvermögen. Sie waren sich einig, dass er ein guter Mensch gewesen war. Ein Freund gestand sogar, dass er selbst erst den Wunsch nach eigenen Kindern verspürt habe, nachdem er Joel mit Sophie gesehen hatte. Natürlich sprachen sie alle über Joels vielseitigen Geschmack und sein Wissen über Musik. Sie gestanden, dass sie kein Spiel der Dodgers verfolgen konnten, ohne an ihn zu denken. Joel war ein guter, fürsorglicher Freund gewesen, frei von Heuchelei und Hochmut. Und sie waren dankbar, ihn gekannt zu haben.

Wie während Schiwa war unser Haus an diesem Abend voller Freunde. Menschen zu sehen, die Joel gekannt und geliebt hatten, ihre Geschichten zu hören, unsere Erinnerungen zu teilen, all diese Dinge hielten Joel lebendig.

In dieser Nacht schlief Sophie bei mir. Wir lasen in unserem Buch der Heilung und teilten eine neue Erinnerung, so wie wir es in den vorangegangenen 260 Nächten getan hatten.

»Das war ein schöner Abend«, meinte sie. »Daddy hatte viele Freunde.«

Ich nahm sie in den Arm und sagte: »Und viele Menschen, die ihn liebten.«

KAPITEL 18

WITW*ISCH*

Als ich knapp neun Monate nach Joels Tod Marcos das erste Mal zu einer Party mitbrachte, zog mich eine Frau aus der Nachbarschaft beiseite und fragte mich: »*Du bist mit einem Mann hier?* Wann ist dein Ehemann noch mal gestorben?«

Die Tatsache, dass ich auf eine Party ging, und dann auch noch zusammen mit Marcos, war eine große Sache. Dass dieses Gespräch innerhalb von fünf Minuten nach meiner Ankunft stattfand, ließ mich innerlich taub werden. Mich mit Marcos in der Öffentlichkeit zu zeigen, löste eine Mischung aus Nervosität und Aufregung in mir aus. Dieses Gefühl des Verurteiltwerdens hatte ich jedoch nicht erwartet.

Als ich einige Wochen zuvor die Einladung zu Mimis Geburtstagsfeier erhalten hatte, rief ich sie an und fragte, ob ich jemanden mitbringen könnte.

»Klar, wen auch immer du willst. Das ist toll!«

»Ich habe … irgendwie jemanden kennengelernt. Jemanden, den du kennst.«

»O mein Gott, wen?«

Ich holte tief Luft und sagte: »Marcos.«

Sie fing sofort an zu lachen. Marcos brachte ihren beiden Kindern das Gitarrespielen bei und half Mimis Tochter und deren Band, Songs für ein Demo aufzunehmen.

»Weißt du, was? Ihr beide passt bestimmt gut zusammen. Diese Verbindung durch die Musik.« Ich wusste, dass sie darüber nachdachte – und ein Lächeln im Gesicht hatte. »Ich kann's kaum erwarten, es Paul zu erzählen!«, sagte sie und meinte damit ihren Mann.

So fing es an, dass ich den Leuten gegenüber erwähnte, dass Marcos und ich zusammen waren. Wir würden auf eine Party gehen, was gewissermaßen unser Debüt werden würde. Meine Freunde sollten darauf vorbereitet sein, mich mit einem anderen Mann als Joel zu sehen.

In jenem Sommer verbrachte ich die meiste Zeit mit Sophie. Doch nachdem wir von unseren Reisen zurückgekehrt waren, schmiedeten Marcos und ich ein paar Pläne, die sich nicht ausschließlich auf die knappe Zeit zwischen den Bettlaken beschränkten.

Sophie wusste immer noch nichts von ihm. Ich trauerte nach wie vor und wollte nicht, dass Sophie – oder *irgendjemand* – dachte, dass ich Joel weniger vermisste oder liebte, nur weil ich mit Marcos zusammen war. Das zu verstehen, wäre von meiner Vierzehnjährigen zu viel verlangt gewesen, auch wenn ich mich schuldig fühlte, weil ich es ihr verschwieg.

Wenn »die Luft rein war«, kam Marcos manchmal vorbei und wir gingen mittags etwas essen oder trinken. Er sang oft das Lied »Uptown Girl« von Billy Joel, wenn ich ihm in einem Kleid für unsere Verabredung die Tür öffnete.

»So langsam verstehe ich dich«, sagte er, wenn ich einen Salade Niçoise und ein Glas Chardonnay bestellte. »Ich bekomme ein Gespür für deine Stimmungen.«

Er hielt mich für »kultiviert«, und mir gefiel es, dass er mich in sein peruanisches Lieblingsrestaurant mitnahm, wo Ceviche und Lomo Saltado auf Papptellern serviert wurde.

Wenn ich ihn fragte, ob er sich Gedanken mache, weil ich Witwe war – also zu anhänglich oder zu distanziert war oder meinen Ehemann zu sehr vermisste, was alles zutraf –, antwortete er: »Schatz, ich bin genau der richtige Mann für diesen Job.«

Inzwischen war ich in seiner Gegenwart viel entspannter, nicht mehr so gehemmt wie früher. Wir gingen Hand in Hand, und ich war gern mit ihm unterwegs. Unsere Beziehung entwickelte sich von einer Affäre zu etwas Ernstem.

Inzwischen hatte ich auch Ellie davon erzählt. Als sie Marcos in Jeans und T-Shirt mit einer Gitarre in der Hand antraf, meinte sie: »Also, er ist auf jeden Fall nicht so wie die anderen Väter.«

Meine verheiratete Nachbarin Roxanne, die ihn durch die Tafel kannte, meinte zu mir: »Oh, ich bin total verrückt nach ihm, Süße. Wenn du nicht mit ihm ausgehst, tu ich es.«

Meine Freunde, die Marcos kannten, freuten sich für mich, weil sie bemerkten, dass ich nun alles *leichter* nahm. Sie machten sich nicht mehr so viele Sorgen um mich und freuten sich, dass ich nicht mehr allein war und jemanden hatte, an den ich mich anlehnen konnte.

Einige Freunde, insbesondere diejenigen, die ich durch Joel kennengelernt hatte, waren allerdings weniger begeistert. Einer schien sich persönlich von meiner neuen Beziehung angegriffen zu fühlen. Er hielt es für zu früh, und obwohl er es nie laut aussprach, empfand er es wohl auch als respektlos. Ich versuchte, mich in seine Lage zu versetzen, versuchte zu verstehen, warum er es so persönlich nahm.

Vielleicht sollte ich es langsamer angehen, dachte ich. *Auf die Bremse treten, weniger Zeit mit Marcos verbringen und mehr Zeit damit, um Joel zu trauern.* Allerdings trauerte ich *tatsächlich immer noch.* Marcos war eine Salbe für all meine Trauer.

Er fragte ein paar Mal, ob es für Sophie in Ordnung sei, mit uns zusammen zu essen. Ich freute mich, dass er sie einbeziehen wollte, hatte aber das Gefühl, dass es dafür noch zu früh war. Ich hatte niemanden, den ich um Rat fragen konnte. Das war für meine Freunde unbekanntes Terrain, wie so viele Situationen, die ausschließlich Alleinerziehende und/oder junge Witwen betrafen. Selbst Allison konnte mir keinen Rat geben. »Ich glaub das nicht!«, meinte sie einmal stöhnend. »Joel ist erst seit Kurzem weg, Brad seit vier Jahren. Bei mir dauert es ewig, bis ich jemanden kennenlerne.«

Allmählich hatte ich das Gefühl, Sophie von Marcos erzählen zu müssen. Eine Freundin schlug vor, das Wort *Date* zu verwenden. Sie dachte, das würde den Schock mildern, da ein Date unverbindlich und irgendwie beiläufig klang. Das erschien mir zwar nicht richtig, aber ich war verunsichert. Ich traute mich nicht, Sophie einfach die Wahrheit zu sagen. Ihr einfach zu erzählen, dass Marcos und ich uns trafen. Doch nachdem ich erst einmal beschlossen hatte, es ihr anzuvertrauen, wollte ich es sofort tun – als wäre es ein Geständnis. Außerdem war mir ein wenig schwindlig, wie das in einer neuen Beziehung eben so ist.

Ich telefonierte gerade in meinem Arbeitszimmer mit Jillian. »Ich werde Sophie von Marcos erzählen, sobald wir aufgelegt haben. Es ist an der Zeit, meinst du nicht auch?«

»Ja, wahrscheinlich ist es besser, dass sie es erfährt. Besonders jetzt, wo du den Leuten von ihm erzählst.«

»Und nächstes Wochenende gehe ich mit ihm zu dieser Party. Ich will nicht, dass sie es von jemand anderem erfährt.«

»Ja, sag es ihr. Und ruf mich danach an und erzähl mir, wie es war.«

»Okay.«

Als ich mein Handy auf den Tisch legte, hörte ich Sophie in der Küche.

»Smoosh?«, rief ich, »kannst du mal kurz kommen?«

Sie kam an die Tür. »Was ist denn?«

Ich hatte mir nicht überlegt, wie ich es formulieren wollte, und war so versessen darauf, es ihr jetzt *sofort* zu sagen, dass ich einfach damit herausplatzte.

»Du wirst es nicht glauben, aber erinnerst du dich an deinen Gitarrenlehrer? Marcos? Er hat mich auf ein Date eingeladen!«

Das war so plump, meine Wortwahl völlig falsch. Es platzte einfach zu schnell aus mir heraus.

Sophie stand vor mir und brach in Tränen aus. Das Ganze dauerte höchstens drei Sekunden. Ihre Gefühle waren so unverhohlen, so unmittelbar. Die Tränen rannen nicht nur über ihre Wangen, sie flossen in Strömen. Sie wurde rot und begann zu schreien: »Das ist ekelhaft! Er kannte Daddy! Das ist nicht richtig, Mom! Du kannst dir einfach einen anderen Mann suchen, aber ich werde nie einen anderen Dad haben! Ich hasse dich, und ich hasse ihn!«

Ich wollte ein »Ich finde es gerade gut, dass er Daddy kannte!« und »Daddy ist immer noch mein Ehemann!« einwerfen, brachte jedoch kein Wort heraus. Sie stürmte hinaus, verzweifelt, verärgert, wütend.

Ich schloss die Augen und saß da. Mein Herz raste. Ich hörte, wie ihre Schlafzimmertür zuschlug. Wenn ich mich bisher schlecht gefühlt hatte, weil ich es ihr verheimlicht hatte, fühlte ich mich nun noch schlechter. *Wie konnte ich mich nur so dumm verhalten? So sorglos? So gedankenlos?* Ich saß da und weinte.

Ich zerstöre Sophies Leben!

Ich bin die schlechteste Mutter der Welt!

Ich schaffe das nicht allein!

Ich überlegte, die Sache mit Marcos zu beenden und mich erst wieder mit jemandem zu verabreden, wenn Sophie im College war. Ich saß in meinem Büro und suchte nach Klarheit, indem ich Joel zuflüsterte:

Es tut mir leid, Schatz.

Ich hab's versaut, Joel.

Es tut mir so leid.

Ich hatte auf Sophies Zusammenbruch gewartet. Ich hatte immer wieder gedacht, dass sie zusammenbrechen würde, wenn sie erkannte, dass Joel für immer fort war. Sie behielt ihren Kummer für sich, war viel introvertierter als ich. Diesen Zusammenbruch hatte jedoch *ich* verschuldet. *Ich* hatte diesen Schmerz verursacht, und das konnte ich nicht ertragen.

Und dann dachte ich an Iyanla. Sie sagt, um Hilfe zu bitten und Dankbarkeit zu zeigen, helfe in jeder Krise. Ich versuchte so sehr, beides zu tun.

Was kann ich tun?

Was soll ich tun?

Danke, dass du mir sagst, was ich tun soll!

Aber ich wusste nicht, wer »du« war.

Ich konnte meine Gedanken nicht beruhigen. Ich hatte irgendwo gelesen, dass man in einer Krise manchmal am besten … nichts tut. Nichts war das Einzige, womit ich umgehen konnte. Ich war erschöpft. Ich war traurig. Ich war wütend auf mich selbst.

Ich ging in mein Zimmer, zog mich aus, wusch mir das Gesicht und legte mich ins Bett. Ich lag auf dem Rücken, eine Hand auf dem Herzen, die andere auf dem Bauch. Ich atmete tief ein und aus und versuchte, meinen Geist zur Ruhe zu bringen. Doch mein Herz fühlte sich so schwer an. Ich wurde ganz still und atmete einfach weiter.

Einatmen … ausatmen … einatmen … ausatmen.

Langsam beruhigten sich meine Gedanken. Ich dachte an Joel. Er war derjenige, den ich in diesem Moment brauchte. Ich atmete tief aus und flüsterte ihm zu:

Schatz, ich glaube, ich verliere den Verstand. Und du fehlst mir. Ich weiß nicht, wie ich in dieser Welt ohne dich leben kann.

Ich atmete ein.

Ich treffe mich mit Marcos. Ich glaube irgendwie, dass du das weißt. Weißt du es? Ist das für dich in Ordnung?

Inzwischen weinte ich.

Ich mache mir Sorgen um Sophie. Ich brauche dich hier für sie. Ich schaffe das, ich bin stärker, als ich dachte. Aber Sophie braucht dich. Ich bin nicht genug für sie. Ich weiß nicht, was ich tun soll.

Und wie aus dem Nichts kamen mir diese Gedanken in den Sinn.

Wir werden es schaffen.

Sophie weiß, dass ich sie liebe. Sie weiß, dass Joel sie liebt.

Joel ist bei uns. Joel ist bei uns. Joel ist hier.

Und in der Stille meines Zimmers, das Gesicht voller Tränen, öffnete ich die Augen, und ich schwöre, ich hörte Joel zu mir sagen: »*Was auch immer geschieht, ich werde dich finden.*«

Ich konnte ihn spüren. Ich war an meinem Tiefpunkt angekommen, und er tauchte trotzdem auf.

Ich zog mich gerade für Mimis Geburtstagsparty an und hatte Marcos seit dem *Date*-Debakel Sophie gegenüber nicht mehr erwähnt. Fast eine ganze Woche war vergangen, und keiner von uns hatte auch nur ein Wort darüber verloren. Wir lebten unsere eng miteinander verwobenen Leben weiter, als ob nichts geschehen wäre. Doch ich wollte nicht noch mehr Zeit verstreichen lassen, bevor ich es wieder ansprach, vor allem, weil ich an diesem Abend mit Marcos ausgehen würde.

Sie saß auf der Couch und sah fern.

»Was siehst du dir an?«, fragte ich.

»Keeping Up With the Kardashians.«

»Oh«, sagte ich und setzte mich neben sie.

»Ihr Vater ist auch gestorben, als sie noch jung waren«, meinte sie.

»Ich weiß. Sprechen sie in der Show über ihn?«

»Ständig! Sie haben gerade eine Folge gezeigt, in der sie sich private Filme von ihm angesehen haben. Es war traurig, aber auch schön.«

»Das ist wirklich süß.«

»Ich weiß. Ich möchte mir noch mal mein Bat-Mizwa-Video ansehen.«

Wir hatten es uns vor ein paar Monaten ansehen wollen, aber es war uns zu schwergefallen. Joel wieder zu sehen, wie er kaum laufen konnte und trotzdem breit grinste, seine Stimme zu hören. Das war schlimm gewesen. Nach weniger als der Hälfte hatten wir das Video gestoppt.

»Das werden wir auf jeden Fall tun«, sagte ich. »Wann immer du willst.«

Ich kann verstehen, dass sich manche Leute über die Kardashians lustig machen, aber sie feiern ihren Vater an seinem Geburtstag und halten sein Andenken auf viele Arten lebendig. Sie haben seinen Verlust überlebt. Das gab Sophie die Hoffnung, dass sie Joels Verlust auch überleben würde.

Ich sagte zu Sophie: »Also, wir müssen nicht jetzt darüber reden, aber ich möchte, dass du weißt, dass Marcos später auch bei Mimi sein wird.«

Sie nickte.

»Er ist ein guter Mensch, Smoosh.«

»Ich hasse ihn nicht«, antwortete sie leise.

»Danke, dass du das sagst. Aber selbst wenn du es tätest, wäre es in Ordnung. Deine Gefühle sind allein deine Sache. Aber ich mag ihn sehr, und ich möchte, dass du weißt, dass er Daddy niemals ersetzen wird. Niemand wird Daddy je ersetzen.«

Sie sah mich an, ihre Stimme zitterte. »Ich vermisse ihn einfach«, sagte sie.

Ich streckte die Hand aus und zog sie in den Arm.

»Ich auch. Sehr sogar.«

Ich hielt sie ganz fest.

»Weißt du, ich werde Daddy immer lieben. Immer. Egal, was passiert.«

Sie zog sich etwas zurück, um mich anzusehen. »Aber was ist, wenn du wieder heiratest?«

Heirat war das Letzte, woran ich dachte.

»Das wird in nächster Zeit nicht passieren«, versicherte ich ihr. »Ganz bestimmt nicht. Und selbst wenn es eines Tages in ferner, ferner Zukunft dazu kommen sollte, war Daddy zuerst da. Er ist immer noch mein Ehemann. Er wird immer mein Ehemann sein. Selbst wenn ich eines Tages wieder heiraten sollte, Daddy ist mein Ehemann für immer.«

»Wirklich?«

»Wirklich. Und mit wem auch immer ich zusammenkomme, *wenn* ich mit jemandem zusammenkomme, er wird das akzeptieren müssen.«

Die Frau auf Mimis Party wartete auf meine Antwort auf ihre Fragen – *Du bist mit einem Mann hier? Wann ist dein Ehemann noch mal gestorben?*

»Bist *du* mit einem Mann hier?«, fragte ich zurück.

Sie sah mich überrascht an. »Ähm … nein.«

»Wann war deine Scheidung?«

Sie wurde rot und stotterte: »Na ja … also … ich meine …«

»Aha«, sagte ich und goss mir etwas zu trinken ein. »Schön, dich getroffen zu haben.«

Ich drehte mich um und ging fort, wohlwissend, dass ich sie völlig verunsichert hatte.

In Wahrheit ist es nicht so passiert. Ganz und gar nicht. Doch im Nachhinein wünschte ich, ich hätte diese Worte gesagt.

Im wirklichen Leben war ich diejenige, die ins Stottern geriet. Mir kam nicht einmal der Gedanke, scharfzüngig zu sein. Ich antwortete einfach auf ihre Frage: »Vor fast neun Monaten.« Ich sah, wie sie über diese Antwort nachdachte. Dann sagte ich, dass sie *großartig* aussehe, und ging verlegen und nervös weiter.

Ich war überzeugt, dass sie einfach laut gesagt hatte, was viele Leute dachten.

Man stellte Erwartungen an die *Witwe*.

Bin ich traurig genug?

Ist es okay, wenn man mich lächeln sieht?

Darf ich glücklich sein?

Ich hatte das Gefühl, als Witwe zu versagen. Ich vermisste meinen Mann, doch das wusste niemand, wenn er mich ansah. Alle sahen nur eine Mutter mit blonden Strähnchen, die zum Yoga ging, ihre Tochter von der Schule abholte und im Supermarkt einkaufte. Und jetzt war ich mit einem Mann auf einer Party, wo ich doch zu Hause hätte sein sollen, trauernd und ganz allein.

Ich sah nicht aus wie eine Witwe. Ich benahm mich nicht wie eine Witwe. Doch ich *fühlte* wie eine Witwe.

Vermutlich war ich einfach »widow*ish*« – witw*isch*.

Ich suchte Marcos und fand ihn inmitten einer kleinen Menschentraube. Sie hörten alle zu, wie er etwas erzählte. Er sah gut aus in seinem braunen Cordblazer und mit dem Cocktail in der Hand. Er lächelte, und als er mich sah, hob er den Arm und rief: »Da ist sie. Da ist mein Mädchen.«

Ich erstarrte vor Scham. Ich war *sein* Mädchen?

Es fühlte sich wie ein Traum an; ich sah all diese Gesichter, die sich mir zuwandten. Es waren die Gesichter von Menschen, die ich seit Jahren flüchtig kannte. Als ich näher trat, streckte jemand die Hand aus und berührte meinen Arm. »Wir freuen uns so für dich!«

Eine Frau meinte: »Er ist hinreißend!«

Eine andere kam näher und flüsterte mir ins Ohr: »Er sieht aus wie Joel.«

Ich erreichte Marcos, und er legte den Arm um meine Schulter und drückte mich. Alle lachten und grinsten.

Marcos küsste mich auf die Wange. Ich wurde rot, und von den Leuten um uns herum war ein »Ohhh« zu hören.

Das ist zu viel. Ich kann nicht.

Ich entschuldigte mich und ging hinaus an die Bar. Ich goss mir etwas Wodka ein und kippte ihn hinunter. Als ich mir noch einen einschenkte, tauchte Marcos neben mir auf.

»Hey«, sagte er, »bist du okay?«

Ich nickte. »Ist einfach ein bisschen viel.«

»Willst du bleiben und noch was trinken? Oder willst du gehen? Du musst es nur sagen. Mir ist beides recht. Was immer du willst.«

Ich sah ihn an. Er war so *gut,* wie Joel.

Wie konnte ich nur so viel Glück haben?

»Liebling?« Marcos zog fragend die Augenbrauen hoch.

Ich stellte mein Glas ab und nahm sein Gesicht in meine Hände. Ich konnte nicht anders. Es mag der Wodka gewesen sein, es mag der Moment gewesen sein. Ich küsste ihn, direkt auf die Lippen, vor all den Leuten.

Marcos hatte vielleicht »Uptown Girl« für mich gesungen, als ich ihn an diesem Abend abgeholt hatte, doch das Lied, das mir nun durch den Kopf ging, war »Something to Talk About« von Bonnie Raitt.

Marcos hatte überhaupt nichts dagegen.

KAPITEL 19

ES WIRD PERSÖNLICH

In dieser Woche schrieb ich in meiner Schreibgruppe eine Szene für meinen Roman, in der eine der Hauptfiguren ein furchtbares Date mit einem Mann erlebt, den sie im Internet kennengelernt hat. Sie fand allgemein Anklang, und ich beschloss, sie in unserem bevorstehenden Schreibsalon vorzulesen.

Als Leigh und ich an diesem Abend zu unseren Autos gingen, sprachen wir über den Unterricht und darüber, was wir schrieben. Wir standen uns zwar nahe, hatten aber nur wenige gemeinsame Freunde, und mir wurde plötzlich bewusst, dass ich ihr noch nicht von Marcos erzählt hatte. Ich fühlte mich dazu gezwungen, zumal die halbe Nachbarschaft uns am Wochenende auf Mimis Party zusammen gesehen hatte.

»Und wie geht es dir, Süße?«, erkundigte sich Leigh.

»Ich treffe mich mit Marcos!«, platzte ich heraus.

Sie blieb stehen und sah mich an. »Was?«, fragte sie.

Ich war fast so ungeschickt wie ein paar Tage zuvor, als ich das Wort *Date* bei Sophie benutzt hatte.

»Marcos und ich treffen uns.«

»Marcos … der Musiker Marcos?«

»Ja.«

Wie alle Kinder in unserem Viertel hatten auch ihre bei ihm Gitarrenunterricht genommen.

»Okay, warte kurz, das muss ich erst verdauen.« Dann nickte sie und wandte sich mir zu. »Weißt du, was? Ich fühle mich einfach berufen, dir etwas zu sagen.«

Bei mir gingen sofort sämtliche Warnlampen an. Leigh sprach »universisch«, und wenn sie sich *berufen fühlte,* musste ich zuhören. Ich wappnete mich für das, was sie zu sagen hatte.

»Es ist …« Sie wählte ihre Worte sehr sorgfältig. »Mir gefällt die Szene, die du heute Abend geschrieben hast. Mir gefällt der ganze Roman, den du schreibst. Aber trotzdem … Joel ist vor Kurzem gestorben, du ziehst deine Tochter allein groß, und jetzt sagst du mir, dass du dich mit Marcos triffst.«

»Und?«, fragte ich und fühlte mich unweigerlich in die Defensive gedrängt.

»Deshalb würde ich vorschlagen, dass du darüber schreibst, was in dir persönlich vor sich geht. Diese Figuren in deinem Roman, die werden immer da sein. Du kannst jederzeit zu ihnen zurückkehren.«

»Aha«, sagte ich und fragte mich, wohin dieses Gespräch führen würde.

»Ich sage das nur, damit du einmal darüber nachdenkst«, fuhr Leigh fort. »Wenn du über die tiefe und bedeutungsvolle emotionale Reise schreiben würdest, auf der du dich gerade befindest und die du vielleicht sogar dein ganzes Leben lang fortsetzen wirst, würde das nicht nur dir helfen, sondern auch anderen.«

Ich stand fassungslos da. Ich hatte gerade ein Geheimnis enthüllt, das ich mit mir herumgetragen hatte, und sie hatte nichts dazu zu sagen? Stattdessen hatte sie den Nerv, mein Schreiben zu kommentieren und mir zu sagen, was ich stattdessen schreiben *sollte? Ich schreibe Romane. Ich schreibe*

Geschichten. Warum in aller Welt sollte ich überhaupt erwägen, über mein Privatleben zu schreiben?

Ich war verwirrt und suchte nach Worten. »Aha. Na ja, ich habe noch nie über mich geschrieben. Ich bin mir nicht sicher, ob ich das will.«

»Du *glaubst* vielleicht, dass du das nicht willst. Aber das sind nur Gedanken. Denk einfach mal darüber nach«, sagte sie. »Und nebenbei bemerkt: Ich liebe Marcos!«

Sie drückte mich und stieg dann in ihren Wagen. »Da gibt es so viel, Melissa. Persönliche Geschichten sind machtvoll.«

Ich stand mitten auf der Straße und sah zu, wie sie wegfuhr. Als ich mich umdrehte, um meine Autotür zu öffnen, öffnete ich wie aus dem Nichts meinen Mund und schrie. Das hatte ich nicht erwartet, und es war ein Schrei, der so laut und so heftig war, dass ich mich selbst erschreckte. Ich stieg in mein Auto, öffnete das Schiebedach und starrte in den Nachthimmel.

Ich war so wütend. Irgendetwas, was Leigh gesagt hatte, machte mich rasend.

Über meine »emotionale Reise« schreiben? Was soll dieser Scheiß?!

Ich kurbelte alle Fenster herunter und ließ die kühle Luft herein.

Scheiß auf sie!
Scheiß auf den ganzen Mist hier!
Scheiß auf Joel, weil er gestorben ist!
Scheiß auf meine Schreiberei!
Scheiß auf mein Leben!

Ich spürte den Wind auf meiner Haut, als ich den Berg hinunterfuhr. So wollte ich nicht nach Hause gehen. Ich war zu wütend. Wütend auf Leigh wegen ihres dummen Vorschlags, wütend auf alle, weil sie eine Meinung über *mein* Leben hatten, wütend auf Joel, weil er mich verlassen hatte, und wütend auf Marcos, weil er so …, weil er so … Ich wusste nicht, warum ich wütend auf Marcos war, aber ich war plötzlich wütend auf ihn! So wütend, dass ich nicht den Berg hinunterfuhr und nach links in Richtung meines Zuhauses abbog, sondern nach rechts und schnurstracks zu ihm.

Er stand zufällig vor dem Haus und lud seinen Pick-up aus, nachdem er gerade von einem Auftritt zurückgekommen war. Er lächelte, als er mich sah. Ich hielt auf der falschen Straßenseite an, sprang aus dem Auto und lief auf ihn zu.

Er sagte: »Hey!«, aber sein Lächeln verflog ziemlich schnell, als er mich auf sich zustürmen sah. »Was ist denn los? Was ist passiert?«

Ich atmete schwer und hyperventilierte praktisch.

»Liebling?«, fragte er.

»Nenn mich nicht ›Liebling‹!«, schrie ich.

»Was ist denn passiert? Ist etwas passiert?«

»Ich bin so wütend!«, schrie ich. »Ich kann nicht mehr!«

Ich hörte Joels Stimme fragen: »Was kannst du nicht mehr?« Das erwischte mich eiskalt.

»Was?«, rief ich in die Luft.

Marcos setzte an: »Ich weiß zwar nicht, was hier los ist, aber …«

»Scht!«, zischte ich. Ich sah mich weiter um und suchte nach Joel. »Schatz?«

»Wie bitte?«, fragte Marcos.

»Wer hat das gesagt?«, wollte ich wissen.

Es war mitten in der Nacht, der Himmel stockdunkel. Doch ich schwöre, in diesem Moment blendete mich die Sonne. Oder das, was ich für die Sonne hielt. Ich weiß, dass ich Marcos anstarrte. Ich weiß, dass wir vor seinem Haus standen. Vielleicht haben mich meine Scheinwerfer geblendet, aber ich hatte das Bedürfnis, zu blinzeln. Und in diesem Moment sah ich Joel dort stehen, lächelnd, glücklich, so wie in meinem Traum von der Szene auf der Brücke.

»O mein Gott, Schatz«, rief er lachend. »Du verlierst den Verstand.«

»Ja, das tue ich wirklich«, sagte ich.

Wir starrten uns an. Ich konnte es nicht glauben.

»Dito«, sagte er.

Ich schluchzte. »Du fehlst mir.«

»Ich bin hier«, sagte er. Aber ich wusste nicht, ob es Joel war, der das gesagt hatte. Oder Marcos.

Ich spürte die Tränen auf meinem Gesicht. Ich war so müde vom Weinen. Ich war es so müde, ständig all meine Gefühle zu spüren.

»Hey«, sagte Marcos, kam auf mich zu, die Hände erhoben, als würde er sich ergeben. »Lass uns reingehen. Ich glaube, du musst dich hinsetzen. Oder vielleicht sollte ich dich nach Hause fahren.«

Es war wieder dunkel geworden. Marcos streckte die Hand nach mir aus, und über seine Schulter hinweg sah ich Joel. Er hielt seine Hand hoch und winkte. Seine Augen funkelten. Er sah gesund aus. Er lächelte.

»Geh nicht!«, flüsterte ich.

»Ich bin hier«, sagte er. Dieses Mal wusste ich, dass es Marcos war.

Er sah mir in die Augen und wischte mir mit den Daumen die Tränen weg. »Hey, es ist okay. Du kommst damit klar.«

Er nahm meine Hand. »Komm, Liebling, ich fahr dich nach Hause.«

Ich schlang meine Finger um seine und wischte mir mit unseren gefalteten Händen das Gesicht ab. Er lachte.

»Entschuldigung«, sagte ich.

»Für was?«

»Dass ich so ein Chaos bin, vermutlich.«

»Du musst dich nicht entschuldigen. Ich bin ein Bluesmusiker, Baby. Ich singe den Blues, ich spiele den Blues, ich *fühle* den Blues.«

Den letzten Teil sang er, und ich schüttelte müde den Kopf – das war so typisch Marcos. Was hatte sein Bluesmusikerdasein damit zu tun?

»Ich mag vielleicht das Gefühl haben, verrückt zu sein«, sagte ich, »aber du *bist* tatsächlich verrückt.«

»Ich bin verrückt«, sagte er. »Verrückt nach dir, … weil ich dich liebe.«

»Was?«

»Hilft dir das, dich besser zu fühlen? Irgendwie? Vielleicht ein bisschen?«, fragte er.

Ich sah diesen gefühlvollen, wirklich guten Mann mit den braunen Augen an, der vor mir stand. *Er muss der Mann sein, von dem mir das Medium erzählt hat, oder?* Er hatte einen Sohn. Und auch wenn er es vorher nie ausgesprochen hatte, hatte ich gewusst, dass er mich liebte, weil ich es gefühlt hatte.

Marcos ergab oft keinen Sinn für mich. Als Paar ergaben wir noch weniger Sinn. Wir wohnten auf »verschiedenen Seiten« des Boulevards und lebten, so schien es manchmal, in zwei verschiedenen Welten. Aber er war so offen, so bereit, sich auf mich einzulassen. Auf mich *und* mein verwitwetes Herz.

Er stand vor mir, so glücklich, obwohl ich ein Wrack war.

»Ich weiß nicht, was ich mit dir machen soll«, sagte ich.

»Mach nichts. Nimm es einfach an, Liebling. Glaubst du, dass du das kannst?« Und dann küssten wir uns. Jedes Mal, wenn unsere Lippen sich berührten, verflüchtigten sich meine Wut, meine Traurigkeit und meine Ängste. Es war egal, dass ich mich die ganze Zeit so gebrochen und überwältigt und verloren fühlte, so verwirrt … Marcos akzeptierte mich so, wie ich war.

Ich schlief in dieser Nacht allein. Sophie war in ihrem Zimmer, ich in meinem. Ich las allein meinen Abschnitt aus »Healing After Loss«, erzählte meine Erinnerung mit geschlossenen Augen und stellte mir Joel an diesem Abend auf dem Bürgersteig vor.

Während ich in der folgenden Woche meiner Alltagsroutine nachging, schwirrten mir ständig Leighs Worte im Kopf herum, sosehr ich auch versuchte, sie zu ignorieren.

Als ich Sophie zur Schule fuhr, hörte ich Leigh zu mir sagen: *Persönliche Geschichten sind machtvoll!*

Während ich Rechnungen bezahlte und Schecks ausstellte, hallten ihre Worte wider: *Schreib über die tiefe und bedeutungsvolle emotionale Reise, auf der du dich befindest!*

Beim Kochen. Bei jeder einzelnen Mahlzeit. Immer wieder tauchten die Worte *Fang an, über das zu schreiben, was bei dir persönlich vor sich geht* in meinem Kopf auf.

Ich stellte mir auch Marcos vor. Auf dem Bürgersteig. In der Dunkelheit. Wie er mir seine Liebe gestand … während Joel direkt hinter ihm war.

Ich wollte mich Leighs Vorschlag so gern widersetzen. Es fühlte sich *so persönlich* an. Joel gehörte mir. Mir und Sophie. Ich wollte ihn nicht teilen. Und wie sollte ich über Marcos schreiben können? Ich war noch dabei, das alles zu verarbeiten. Ich hatte noch keinerlei Erkenntnisse gewonnen … Trotzdem konnte ich nicht aufhören, in meinem Kopf zu schreiben. Ich hatte so viel zum Thema Witwenschaft zu sagen. Nicht nur, was ich im Inneren fühlte, sondern auch, wie ich von der Welt als Witwe wahrgenommen wurde … was die Leute zu mir sagten, was ich zu ihnen sagte …

Als ich in dieser Woche zum Schreibkurs kam, stand ich kurz vor dem Zerbersten. Nachdem wir unsere Meditation beendet und einige Schreibanweisungen besprochen hatten, flogen meine Finger auf eine Art und Weise über die Computertastatur, die ich nur als »nicht von dieser Welt« beschreiben kann. Ich war mir nicht einmal bewusst, dass ich schrieb. Und als die vorgegebene Zeit abgelaufen war, stellte ich überrascht fest, dass ich fast zehn Seiten geschrieben hatte. Einzeilig. In einer kleinen Schriftart. Was ich geschrieben hatte, war persönlich, intensiv … und wahr. Ich saß da und weinte, während ich es den anderen vorlas. Ich wusste ihre Geduld zu schätzen, während mir bei jedem Satz die Stimme versagte und ich schluchzen musste. So viel dazu, die einzige »professionelle« Autorin im Kurs zu sein.

In den nächsten sechs Wochen und während des kompletten folgenden Kurses schrieb ich über Joel und die MS. Über die Verwirrung im Krankenhaus. Über den Tag, an dem er starb. Über seine Asche und die Hunde und Shiwa. Ich schrieb über Sophie und die Last der Verantwortung, die ich als alleinerziehende Mutter auf meinen Schultern spürte. Ich schrieb über unsere Nachbarn, unser Viertel und unsere Freunde. Ich schrieb über die Tiefen meiner Traurigkeit und darüber, wie mein Herz gebrochen war und gleichzeitig wuchs. Nachdem ich einmal angefangen hatte, über all die persönlichen Dinge zu schreiben, die ich erlebte, konnte ich nicht mehr aufhören. Das Schreiben hatte eine therapeutische Wirkung, es war heilsam und letztendlich das, was am meisten zu meiner Rettung beigetragen hat. Und das Beste daran ist, wenn ich über Joel schreibe, bleibt er mir dadurch nah und lebendig.

Obwohl ich Liebe für Marcos *empfand*, konnte ich es weder ihm noch mir selbst gegenüber zugeben, bevor ich Sophie vollständig über unsere Beziehung aufgeklärt hatte. Inzwischen waren wir ein richtiges Paar. Es war einfach so passiert, und ich hatte es geschehen lassen.

Sophie besuchte inzwischen die Highschool, und wir hatten den Wechsel zu den morgendlichen Fahrten zur Bushaltestelle, zu neuen Freunden und zu all dem geschafft, was der Besuch einer neuen Schule mit vierzehn Jahren mit sich brachte. Manchmal erwähnte ich Marcos, aber immer nur beiläufig.

Ach übrigens, ich habe mich heute mit Marcos auf einen Kaffee getroffen, und vergiss nicht, Smoosh, du musst morgen dein Französischbuch in die Schule mitnehmen.

Doch inzwischen war ich bereit, ihr zu verdeutlichen, dass Marcos und ich mehr als nur Freunde waren. Am Abend fand die Erstsemesterfeier in Sophies Schule statt, und ihre Freundinnen und deren Mütter machten sich bei uns fertig.

Ich hatte ein paar Snacks für die Mädchen vorbereitet, während sie sich im Wohnzimmer anzogen. Einige der Mütter standen mit mir in der Küche. Es roch nach Parfüm, überall lag Make-up herum, und es wurde gekichert, sehr viel gekichert … und plötzlich klingelte es.

Eines der Mädchen machte auf, weil es dachte, es sei eine Freundin, doch Marcos stand vor der Tür. Ihr fiel vor Überraschung die Kinnlade herunter.

»Ähm«, rief sie Sophie zu, »warum ist Marcos hier?«

»Hallo, junge Dame«, meinte er zu Sophies Freundin und grinste breit.

Sophie kam aus dem Zimmer und sah Marcos in der Tür.

»Hey, Sophie, wie geht's?«

Sophie warf mir einen raschen Blick zu. Ich wappnete mich innerlich für ihre Reaktion. Sie hätte anfangen können zu weinen oder zu schreien, oder sie hätte verlegen reagieren können. Doch sie tat nichts davon. Sie drehte sich zu ihrer Freundin um und meinte: »Oh, er und meine Mutter sind zusammen.«

Die Augen der Freundin wurden immer größer. Sie sah zu ihrer Mutter in der Küche hinüber, der die Tränen kamen, als sie mit den Lippen ein stummes *Ich freu mich für dich!* in meine Richtung formte.

Sophie ging zur Tür. »Hi, Marcos, komm rein.«

»Ich bleib nicht lange«, meinte er. »Ich wollte nur kurz Hallo sagen.«

Die nächsten Minuten verliefen wie eine Folge aus »Im Reich der wilden Tiere«, in der sich eine Spezies (die Teenie-Mädchen) zusammendrängte, um ein einzelnes Mitglied einer anderen Spezies (Marcos) zu beobachten. Die Mädchen flüsterten, kicherten und zeigten auf Marcos, während er einfach dastand und es geschehen ließ. Schließlich löste sich die Gruppe zum Glück wieder auf, und die Mädchen machten sich weiter fertig.

Marcos kam zu mir in die Küche.

»Hallo, Liebling«, sagte er, gab mir einen Kuss auf die Wange und nickte den anderen Müttern zu. Er kannte sie alle, und hinter seinem Rücken brachten sie mit einem anerkennenden Nicken ihre Zustimmung zum Ausdruck und hoben in meine Richtung den Daumen hoch.

Ab und zu streckte ein mutiges Mädchen den Kopf herein und rief: »Hi, Marcos!«

Nach ein paar Minuten kehrte ich ins Wohnzimmer zurück, um nach dem Rechten zu sehen, und zog Sophie zur Seite.

»Ist das okay für dich, Smoosh?«, fragte ich sie.

»Ja, alles okay. Kann ich deine Wimperntusche haben?«

»Meine Wimperntusche?«, fragte ich zurück und tat übertrieben schockiert.

»Bitte«, quengelte Sophie grinsend.

Ich gab ihr einen flüchtigen Kuss und sah zu, wie sie zu ihren Freundinnen zurückkehrte. Alles war ganz normal.

Kapitel 20

Liebe

»Oh, das ist einfach wunderbar!«, meinte Hal beim Brunch. Rita und er hatten mich an meinem Geburtstag eingeladen. Was bedeutete, dass Joels erster Todestag näher rückte.

Ich feierte meinen Geburtstag immer gern. In unserer Familie sind Geburtstage so etwas wie nationale Feiertage. Als Hal anrief und fragte, ob mir der Sinn nach etwas Bestimmtem stünde, antwortete ich prompt mit einem fröhlichen Ja und reservierte einen Tisch zum Brunch für Hal, Rita und mich in einem angesagten neuen Restaurant. Wir wollten zwar auf mein neues Lebensjahr anstoßen, hatten aber nur Joel im Kopf. Es war tröstlich, mit Hal zusammen zu sein, denn wie durch ein Wunder lebten wir beide ohne Joel weiter.

Der Verlust von Joel hatte uns einander nähergebracht. Die unzähligen Stunden, die wir im Krankenhaus verbracht hatten, hatten uns zusammengeschweißt; wir hatten diesen schmerzlichen Verlust gemeinsam durchlebt. Wir respektierten nicht nur einander, sondern auch den Schmerz, das Leiden und letztlich das Überleben, das wir erfahren hatten. Wir waren so etwas wie Kriegskameraden. Laufpartner.

Als wir unsere Champagnerflöten in der Hand hielten und Eier Benedict mit Lachs und Rührei mit Würstchen bestellt hatten, meinte ich: »Ich möchte, dass ihr wisst, dass ich mich mit jemandem treffe.«

Ritas Augen wurden groß. »Oh, das ist toll! Ich freue mich so für dich.«

Hal schien überrascht, allerdings freudig überrascht. Er lächelte, schaute zu Rita hinüber und hob dann sein Glas in meine Richtung. »Das ist wunderbar!« Wir stießen an, und ich begann zu weinen. Nicht dieses hässliche, tränenüberströmte Weinen, an das ich inzwischen gewöhnt war, sondern feine Tränen, die über die Wangen kullerten, weil ich glücklich war, dass sie glücklich waren. Ich hatte geahnt, dass sie es sein würden. Sie liebten mich. Sie wussten, wie schwer es mir fiel, so zu tun, *als ob* ich ein Leben ohne Joel hätte. Doch sie sahen, wie ich genau das tat. Sie sahen, wie ich mich allein um Sophie kümmerte, und ich wusste, dass sie erleichtert waren, dass ich nun eine Atempause von all dem bekam.

»Also sag schon, wer ist der Glückliche?«, wollte Hal wissen.

Ich erzählte ihnen von Marcos. Dass er Sophie Gitarrenunterricht gegeben hatte und als Musiker überall in der Stadt auftrat. Dass er ein Weltverbesserer in seiner Gemeinde war und einen Sohn im Teenageralter hatte. Als ich darauf zu sprechen kam, dass Joel und er sich gekannt hatten, leuchtete Hals Gesicht auf.

»Das ist großartig!«, rief er. »Ist das nicht toll?«

»Wann lernen wir ihn denn kennen?«, fragte Rita aufgeregt.

So ging die Unterhaltung weiter. Es gab keine Verurteilung. Keine Kritik.

Falls uns jemand von der anderen Seite des Raumes beobachtete, sah er die beiden, ein Paar, auf der einen Seite des Tisches, während ich ihnen allein gegenübersaß, mit einem leeren Platz neben mir. Es sah aus, als ob jemand fehlte. Doch Joel war bei uns. Das spürten wir alle.

Als ich Nancy, Joels Mutter, anrief, um sie in einen Pub in ihrer Nähe einzuladen, in dem einer meiner Freunde auftreten würde, sagte sie sofort zu. Nancy war immer offen für neue Erfahrungen und Bekanntschaften.

»Aber du solltest wissen, dass ich mich mit dem Mann, der dort auftritt, treffe.«

»Das dachte ich mir schon«, meinte sie lachend. »Warum solltest du mich sonst dorthin einladen? Sonst wären wir einfach Essen gegangen.«

Als Nancy auftauchte, spielte Marcos bereits, also setzte sie sich zu mir und wir schauten ihm zu.

»Er sieht gut aus!«, sagte sie. »Mir gefällt seine Nase.«

Ich musste lachen. Nancy blieb sich stets treu, und ich wusste es zu schätzen, dass sie nicht zurückschreckte, zusammenzuckte oder irgendein Problem damit hatte, dass Marcos und ich ein Paar waren. Als er eine Pause machte und zu unserem Tisch kam, stand Nancy auf und umarmte ihn.

»Ich weiß, dass du ein guter Mensch bist, sonst würde Melissa nicht Zeit mit dir verbringen.«

»Danke«, antwortete Marcos. »Ich glaube, sie ist auch ein guter Mensch.«

»Natürlich ist sie das!«, sagte Nancy. »Es freut mich, dich kennenzulernen, Marcos. Das freut mich wirklich.«

Meine Schwiegereltern haben Marcos mit offenen Armen aufgenommen. Ich bin von ihrer Schwiegertochter zu jemand noch Näherstehendem geworden. Vom Gefühl her war ich wie eine Tochter für sie. Hal und Rita laden Marcos zu Familienessen ein. Nancy kommt zu seinen Auftritten, sitzt meistens in der ersten Reihe und bringt oft Freunde mit.

Ich weiß nicht, ob wir eine moderne Familie sind, aber wir sind auf jeden Fall eine einzigartige Familie. Ein bunt zusammengewürfelter Haufen von Familie. Die Art von Familie, bei der die Leute anfangs nicht gleich wissen, wer zu wem gehört, es sei denn, Sophie ist dabei. Dann ist es leicht: »Das sind Sophies Großeltern, ich bin ihre Mutter, und Marcos ist mein Freund.« Es scheint immer noch kompliziert, aber für uns sind wir einfach eine Familie.

Im ersten Jahr habe ich mir selbst eine Geburtstagsparty geschmissen. Es war eine Geburtstagsfeier und gleichzeitig eine »Lasst uns zusammenkommen und uns an Joel erinnern«-Party. Ich wollte das Leben feiern, wohl wissend, dass es für manchen viel zu kurz sein kann. Ich kaufte ein neues Kleid, bestellte Essen in meinem Lieblingsrestaurant, deckte mich mit reichlich Alkohol ein und gab Marcos den Job des Barkeepers. Ich merkte, dass er nervös war. Marcos ist ein selbstbewusster Mann, aber bei dieser Feier spürte er einen unausgesprochenen Druck auf sich lasten. Zum ersten Mal würden ihn viele meiner und Joels Freunde kennenlernen. In meinem Haus, in dem ich mit Joel gelebt hatte, in derselben Küche, in der Joel und ich so viele Feste ausgerichtet hatten.

»Liebling«, sagte Marcos, als er mit Eis und Limetten eintraf, »schick mich einfach dorthin, wo du mich brauchst, und ich werde tun, was du mir sagst.«

Ich sah ihn an. Er war nicht der Mann, für den ich ihn vor ein paar Jahren gehalten hatte, als ich Sophie zum Gitarrenunterricht gefahren und ihn vor seinem Haus zum ersten Mal gesehen hatte. Er war so viel mehr.

»Danke«, sagte ich. »Danke. Danke.« Ich küsste ihn.

»Wofür?«

»Dafür, dass du hier bist. Das fällt dir bestimmt nicht leicht, und ich weiß es zu schätzen. Danke. Ich liebe dich.«

Fast erwartete ich, er würde *Dito* sagen. Doch das war nicht mehr unser Ding, oder besser gesagt: mein Ding.

Wir küssten uns, und er sagte: »Es ist okay, Schatz. Liebe. L-I-E-B-E. Liebe.«

»Liebe?«, fragte ich.

»Ja, Liebling. Liebe.«

Und so wurde *Liebe* zu unserem Stichwort. *Unser* Spruch und unsere Antwort.

Es klingelte an der Tür. Jillian traf als Erste ein. Als sie Marcos in der Küche entdeckte, sah sie zweimal hin.

»Im ersten Moment dachte ich, er wäre Joel«, meinte sie und zog mich zur Seite.

»Ich weiß«, antwortete ich. »Ich glaube, das wird heute Abend öfter passieren.«

Sie sah sich um. »Mag der Hund ihn?«

»Er bellt zumindest nicht.«

»Dann ist es in Ordnung. Ich freue mich für dich. Alles Gute zum Geburtstag!«

Und so ging es den ganzen Abend weiter. Es war seltsam. Wir sahen alle zweimal hin. Doch Marcos kam damit klar. Meine Freunde waren neugierig auf ihn. Manche fragten ihn bei einem Cocktail aus, andere machten Small Talk. Er zündete die Geburtstagskerzen auf meiner Torte an und trug sie zu mir herüber, damit ich mir etwas wünschte. Meine Freunde standen um uns herum und sangen. Ich hatte ganz andere Wünsche als im Jahr davor. Als Joel im Koma gelegen hatte, hatte ich mir gewünscht, dass er frei wäre. In diesem Jahr und in jedem Jahr, das folgte, wünschte ich mir, dass Joel in unserer Nähe bliebe.

Fünf Tage später, an Joels erstem Todestag, saßen Sophie und ich am Strand von Malibu und aßen seine Lieblingssüßigkeiten. Wir teilten einige lustige Erinnerungen an ihn und ließen das Jahr Revue passieren. Wir weinten, als wir durch das Fotoalbum blätterten, das ich gemacht hatte, und waren überrascht, dass wir es so weit ohne ihn geschafft hatten.

»Ich weiß nicht, wie ich mich fühlen soll«, sagte Sophie. »Ich vermisse Dad, ohne dabei die ganze Zeit traurig zu sein. Manchmal glaube ich, dass ich das aber sein sollte.«

»Ich glaube nicht, dass Daddy wollen würde, dass du die ganze Zeit traurig bist. Ich glaube sogar, er würde nicht wollen, dass du überhaupt traurig bist.«

»Natürlich bin ich traurig, Mom. Mein Dad ist gestorben!«

»Ich weiß«, erwiderte ich. »Und er hat dich so sehr geliebt!« Ich suchte nach Worten, wusste aber nicht, was ich sagen sollte. Also sagte ich, was ich immer sagte. »Ich glaube, man muss seine Gefühle einfach fühlen, wann immer man sie hat. Verstehst du, was ich damit sagen will? Und was du auch fühlst, auch wenn es keine Traurigkeit ist, es ist okay. Selbst an einem Tag wie heute.«

Die Leute hatten mich immer wieder gefragt, was Sophie und ich an diesem Tag, am Jahrestag, machen würden. Das hatte uns unter Druck gesetzt. Wie am Vatertag, an Joels Geburtstag und an unserem Hochzeitstag. Ich habe gelernt, dass meine Gefühle unberechenbar sind. Es kann irgendein Dienstag im Januar sein, und ich werde mich untröstlich fühlen. Doch an Joels Geburtstag im August bin ich vielleicht fröhlich. Trauer kennt keinen Rhythmus und braucht keinen Grund. Sie trifft dich, wann immer sie auftaucht. Das wollte ich Sophie vermitteln, obwohl ich das an diesem Tag am Strand, nach dem ersten Jahr, selbst noch lernen musste.

»Ich denke, wir müssen Daddy einfach jeden Tag ehren. Auf welche Art auch immer wir das können. Und wir fühlen, was auch immer wir fühlen.«

»Ich habe das Gefühl, dass ich Glück habe«, sagte Sophie.

»Warum?«

»Weil du und Daddy … euch geliebt habt. So viele Eltern meiner Freundinnen tun das nicht mehr. Aber diese Erinnerung werde ich immer haben. Dass Daddy und du zusammen glücklich wart.«

»Ja, das waren wir. Wir drei waren eine kleine glückliche Familie.«

»Das sind wir noch immer«, sagte sie.

Ich lächelte mein Mädchen an und nahm sie in den Arm. So saßen wir zwei am Strand und starrten auf das Meer, zusammen.

KAPITEL 21

GOTT LACHT

Manchmal stelle ich mir Joel auf dem Basketballplatz vor. Er schwitzt, läuft, ist glücklich. Er bewegt sich ganz leicht. Er blockt, schnappt sich den Ball, dribbelt über das Spielfeld, wirft einen Korb und erzielt so einen Treffer für sein Team. Ich weiß nicht, wo das ist, ich kann die anderen Spieler nicht erkennen, aber die Sonne scheint, es weht eine leichte Brise, und Joel sieht gesund aus und fühlt sich auch so. Er bewegt sich, er ist glücklich, er ist frei.

Endlich konnte ich das Krankenhaus hinter mir lassen. Heute kann ich mir Joel so vorstellen, wie er gewesen ist – und wie er ohne MS und das West-Nil-Virus hätte bleiben können.

Darüber unterhalte ich mich gerade mit den beiden Witwen, die neben mir in Allisons Haus sitzen. Sich meinen Ehemann ohne Krankheit und Schmerzen vorzustellen, ist eine Erleichterung. Sie verstehen das vollkommen. Wir fühlen uns wohl in dieser Sprache der Trauer und der Heilung, und wir sprechen ganz offen darüber.

»Waren eure Männer sportlich?«, frage ich.

»Dan hat in der Highschool verschiedene Sportarten ausprobiert, aber später joggte er meistens. Das war seine Denkzeit«, antwortet eine von ihnen.

»Mike war nicht wirklich sportbegeistert. Er mochte Käsekuchen. Ist Käsekuchen eine Sportart?«

Wir lachen alle drei, und ich entschuldige mich, um zu Allison in die Küche zu gehen.

»Was für ein Zuspruch«, sagt sie.

»Ich kann es kaum glauben!«

Wir betrachten beide die Gruppe, die sich in Allisons Wohnzimmer versammelt hat. Etwa zehn Witwen und drei Witwer.

»Ich glaube, wir können bald anfangen«, sage ich zu Allison.

Sie nickt, und wir wenden uns der Gruppe zu, die wir gegründet haben.

* * *

Hätte ich in jungen Jahren gewusst, dass mein Leben so verlaufen würde, hätte ich es nicht glauben können. Andererseits hätte ich so viele Dinge nicht geglaubt:

Dass Joel und ich am Ende heiraten würden, schien bis zu dem Zeitpunkt unmöglich, als er mich in Seattle fand.

Dass wir nur ein Kind haben würden, wo wir doch so viele haben wollten, war auch nicht zu erwarten. Doch unsere Familie war am Ende genau so perfekt, wie sie war.

Dass wir nicht zusammen alt werden würden, war mir nie in den Sinn gekommen.

Ich hätte nie erwartet, mit Mitte vierzig Witwe zu werden.

Ich hätte nie erwartet, mich in den Gitarrenlehrer meiner Tochter zu verlieben.

Man sagt, wenn man Gott zum Lachen bringen will, soll man ihm von seinen Plänen erzählen. Ich habe meine Pläne vielleicht nie ausgesprochen, aber er lacht trotzdem.

Wenn ich mich mit Freunden treffe, die ich eine Weile nicht gesehen habe, und sie fragen, wie es mir geht, lautet mein erster Satz meistens: »Ich vermisse Joel«. Es ist schwer, in solchen Momenten nicht zu weinen. Noch heute, *so viele Jahre später,* sage ich zu denen, die mir am nächsten stehen: *Könnt ihr das glauben? Dass das mein Leben ist?* Und sie sagen alle dasselbe … *Nein, kann ich nicht.*

Was in den frühen Tagen des Verlusts von Joel so surreal war, ist heute zwar die Realität, aber immer noch genauso schwer zu verstehen. Es fällt mir leichter, mit meiner Trauer umzugehen, aber ich trauere immer noch. Ich glaube nicht, dass das jemals aufhört. Es wird nur leichter, weil ich gelernt habe, dass die Zeit Wunden heilt.

Marcos und ich haben zwar nicht vor, in nächster Zeit zusammenzuziehen, aber wir haben darüber gesprochen. Die Dinge scheinen für uns so zu funktionieren, wie sie sind, so unkonventionell unsere Beziehung auch ist. Wir sind uns einig, dass das Getrenntleben der Schlüssel zu unserem Erfolg sein könnte. Als wir einmal über ein mögliches Zusammenleben sprachen, meinte Marcos: »Du bringst deine Bücher und deine Musik mit. Wir werden ein Regal für Joel haben …« Er akzeptiert, dass Joel einen großen Platz in Sophies und in meinem Herzen einnimmt, und dass mich der Schrein, den ich für Joel errichtet habe, auf Schritt und Tritt begleiten wird. Dafür liebe ich ihn.

Der Schrein, der auf dem Regal meines begehbaren Schranks steht, enthält eine versiegelte Schale mit einem Teil seiner Asche. Ein Foto von Joel, das beim Spiel der Dodgers an dem Tag gemacht wurde, als er diesen verschlagenen Ball gefangen hat. Eben dieser Baseball liegt neben dem Foto, verschlossen in einer transparenten Plastikschachtel und mit dem Datum des Spiels in Joels Handschrift versehen. Ein zweites Foto zeigt Joel, Sophie und mich, wie wir alle bei einem Spaziergang im Park unseren Hund Lucy umarmen. Ein lilafarbener, mit Sternen und Glitzer gefüllter Zauberstab, mit dem Sophie als Baby gern gespielt hat, liegt ebenfalls dabei. Ich sehe diese Dinge jeden Tag. Ich achte darauf, dass ich sie wirklich sehe.

Es hat eine Weile gedauert, aber inzwischen haben Sophie und Marcos eine gute Beziehung zueinander aufgebaut. Er ist sehr respektvoll und verständnisvoll gegenüber unseren Erinnerungen an Joel, und Sophie weiß das ebenso zu schätzen wie ich. Marcos akzeptiert, dass es keinen Ersatz für Joel gibt, dass diese Lücke nicht geschlossen werden kann. Er bietet unserem dynamischen Mutter-Tochter-Duo bedingungslose Unterstützung.

Als Sophie es nicht auf Anhieb schaffte, die Führerscheinprüfung zu bestehen, gab Marcos ihr Fahrstunden und brachte sie für ihre nächste Führerscheinprüfung zur Zulassungsstelle. Ich lief zu Hause hin und her, starrte auf die Uhr und stellte mir jedes erdenkliche Worst-Case-Szenario vor.

»Liebling«, begann Marcos, als ich den Hörer abgenommen hatte. »Sie hat die Lady in dem Hawaii-Shirt bekommen.«

»O mein Gott, nein!«, schrie ich. Es gab Gerüchte, dass es bei dieser speziellen Zulassungsstelle leichter sei, zu bestehen, es sei denn, man bekam die Lady in dem Hawaii-Shirt als Prüferin zugewiesen.

Marcos lachte. »Alles gut, sie steht jetzt in der Warteschlange.«

»In welcher Warteschlange?«, fragte ich, mein Herz raste.

»In der Schlange, um das Foto zu machen. Für den Führerschein. Sie hat bestanden.«

Dass Marcos das Gespräch nicht mit der guten Nachricht begonnen hatte, war typisch für ihn. Doch das war egal. Ich seufzte erleichtert und ging unter Tränen in die Knie. Als wir auflegten, nahm ich mein eingerahmtes Lieblingsfoto von Joel. »Sie hat es geschafft, Schatz. Unser kleines Mädchen fährt jetzt

Auto. Wenn du nicht jedes Mal, wenn sie sich hinters Steuer begibt, neben ihr sitzt, bringe ich dich um!«

Ich begann, Essays über meine witw*ische* Reise online und in lokalen Zeitungen zu veröffentlichen und bekam von immer mehr Menschen Zuschriften. Meine Geschichte hatte sie angesprochen, und ihre E-Mails hatten immer den gleichen Inhalt:

»Keiner versteht meine Geschichte.«

»Meine Eltern wollen helfen, aber die einzigen Witwen, die sie kennen, sind Mitte siebzig.«

»Ich bin noch jung genug, um wieder zu heiraten, vielleicht sogar noch mehr Kinder zu bekommen, aber niemand will sich mit einer Witwe verabreden.«

Viele von ihnen lebten in Los Angeles. Einige von ihnen fragten nach, ob wir uns treffen könnten. Sie kannten keine Witwen in ihrem Alter. Sie wollten ihre Geschichten erzählen. Also rief ich Allison an. »Ich glaube, wir müssen etwas für all diese jungen Witwen tun.«

»Ja, genau!«, sagte sie. »Lass uns ein erstes Treffen planen. Ich stelle meinen Garten zur Verfügung, und jeder bringt etwas zu essen mit.«

»Und Wein!«

»Unbedingt!«

Ich war nervös, als ich die erste E-Mail abschickte. Es standen so viele Leute auf der Liste! Viele wohnten in der Nähe, einige waren Freunde von Freunden. Ich wollte den richtigen Ton treffen und sicherstellen, dass die Leute wussten, dass es sich nicht um eine Trauergruppe handelte, sondern um ein geselliges Beisammensein von Menschen, die einander verstanden … Ich hatte kaum auf Senden gedrückt, als schon die ersten Antworten eintrafen. Die Menschen waren so dankbar. Sie wollten sich dieser seltsamen witw*ischen* Welt anschließen, in der wir alle lebten, sie annehmen.

Ich halte Allison kurz zurück, bevor wir in ihr Wohnzimmer gehen, und umarme sie.

»Danke!«, sage ich.

»Gern geschehen. Aber wofür denn?«

»Dafür, dass du mich an diesem Tag angerufen hast. Dafür, dass du mir deine Hilfe angeboten hast. Ich wollte dich eigentlich nicht zurückrufen, aber ich bin so froh, dass ich es getan habe.«

»Jepp, und sieh uns jetzt an!«

Ich werfe einen Blick ins Wohnzimmer und atme tief ein, bevor Allison und ich uns zu der Gruppe gesellen, die wir gegründet haben.

Während der ersten Treffen bat ich alle, ein Bild ihres verstorbenen Ehepartners mitzubringen. Wir gingen herum und stellten uns und unseren geliebten Menschen vor. Ich hatte das Foto von Joel mitgebracht, das Sophie mit fünf Jahren gemacht hatte. *Ich bin Melissa. Das ist mein Mann, Joel.*

Wir erzählten einander eine Erinnerung. *Joel brachte mich jeden Tag zum Lachen. Schon ganz am Anfang erzählte er mir einen Musikerwitz.*

Ich berichtete ihnen, dass ich auf dem Weg zu diesem Treffen einen Kolibri gesehen hatte. Eine der Witwen sagte sofort: »Meine Mädchen und ich wissen, dass jeder Schmetterling, den wir sehen, ein Besuch von Peter ist.«

Eine andere Witwe stimmte ein: »Und jedes vorbeifahrende Feuerwehrauto ist Stewart, der unseren dreijährigen Sohn grüßt.«

Wir treffen uns mehrmals im Jahr. Jedes Mal begrüßen wir ein neues Mitglied. Wir ehren immer den Ehepartner, den wir verloren haben. Bei jedem Treffen lachen und weinen wir.

Wir teilen unsere Geschichten bei Wein und Käse und gekauften Brownies. Wir sind eine überraschend glückliche – und junge – Gruppe. Die meisten von uns, Männer wie Frauen, haben ihre Ehepartner mit Mitte vierzig verloren, wenn nicht sogar noch jünger. Würde ein Fremder zu unseren Treffen stoßen, würde er wahrscheinlich vermuten, wir seien ein Buchklub oder Kollegen aus dem Büro, oder Eltern, die eine Schulveranstaltung planen. Und nicht eine Gruppe von verwitweten Menschen.

Wir sind alle witw*isch*. Keiner von uns »sieht« wie eine Witwe oder ein Witwer aus. Wenn wir Schwarz tragen, dann nur, weil es gerade Mode ist. Wir haben keine grauen Haare, weil wir uns die Haare färben. Einige von uns haben eine neue Beziehung, und einige von uns helfen den anderen, Online-Dating-Profile zu schreiben. Diejenigen von uns, die Kinder haben, sind jetzt alle *alleinerziehend,* und unsere Kinder sind im Vorschul- bis zum Collegealter.

Wir sind in diesem surrealen Klub wegen Krebs, wegen Herzinfarkten, wegen Hirntumoren, wegen Tragödien.

Und eine von uns ist wegen eines Mückenstichs in diesem Klub.

Das bin ich.

Das ist meine Geschichte.

Danksagung

Dieses Buch wurde Wirklichkeit, weil meine Agentin, Caryn Karmatz Rudy, mir bei unserem ersten Telefongespräch ihr Beileid *und* ihre Unterstützung anbot. Ihr Glaube an meine Geschichte wie auch ihre Intelligenz und ihr ruhiges Auftreten bedeuten mir alles – ich bin so glücklich, dich gefunden zu haben!

Ich habe mich immer wieder gezwickt, ob es tatsächlich wahr ist, dass mein Buch bald veröffentlicht wird. Danke an das gesamte Team von Little A für diese wunderbare Erfahrung!

Es begann mit zwei erstaunlichen Herausgebern: Erin Callahan Mooney, deren frühe Unterstützung ich sehr zu schätzen weiß, und Carmen Johnson, deren scharfe Einsichten und echte Begeisterung für »Widowish« mich fürsorglich durch jeden Teil dieses Prozesses geführt haben.

Danke an Robin Finn dafür, dass er gesehen hat, was möglich war, lange bevor ich es mir überhaupt vorstellen konnte. Danke, mein Guru, für deine fortwährende Unterstützung, Liebe und Freundschaft. Du bist ein Licht in der Welt, auch wenn ich zwölf Jahre gebraucht habe, um das zu bemerken!

Bella Mahaya Carter – du hast mir den sichersten Raum geboten, um meine Geschichte zu erzählen. Und ich bewundere die anderen Autorinnen, mit denen ich Woche für Woche geschrieben habe … Macht alle weiter so!

Courtney Churchill Crane und Megan Austin Oberle – meine geliebten *Ladies Who Lit* –, ich liebe es, mit euch Texte zu schreiben, zu teilen und zu lesen!

Clark Benson, Benjie Gordon und Vince Hans, ich bin mehr als dankbar für eure Großzügigkeit … und ich weiß, dass Joel es auch ist.

Damals war es mir nicht bewusst, aber meine Heilungsreise begann, als ich »Healing After Loss: Daily Meditations for Working Through Grief« von Martha Whitmore Hickman geschenkt bekam. Vielen Dank, Darren Swimmer, für dieses bedeutsame Geschenk.

Chrisa Sadd, meine wunderbare Freundin, die ich am selben Tag wie Joel kennengelernt habe – du wirst immer einen besonderen Platz in meinem Herzen haben.

Suzanne LaCock Browning, Michellene Debonis, Karen Gold, Visi Mooradian, Michelle Peterson und Jennie Rosenthal – ihr wart Leuchtfeuer in der dunkelsten Zeit. Ich liebe euch alle!

Gayle Abrams – meine wunderbare Freundin, du hast mit deinem guten Herzen und deinen detektivischen Fähigkeiten dazu beigetragen, den Wahnsinn im Krankenhaus (und in Hollywood lange davor!) zu verstehen.

Craig Rosen, Joels Freund seit der hebräischen Schule und mein jüdischer Bruder, du warst mein Gedächtnis, als mein eigenes versagt hat. Unsere gemeinsamen Erfahrungen mit Joel helfen, ihn am Leben zu erhalten, und das bedeutet mir alles.

Danke an Melissa Hufjay McAlevey, Carolyn Prousky und David Wild, die mich alle von Anfang an ermutigt haben, meine Geschichte weiterzugeben.

Es gibt keine bessere Witwen-Botschafterin auf der Welt als Susan Berin. Ich danke dir für alles, Suzy. (Als wir uns trafen, taten Frank und Joel das auch, und das bringt mein Herz zum Strahlen …)

Ellie Miller ist nicht nur die beste Testleserin jedes einzelnen Wortes, das ich je geschrieben habe, sondern auch die beste Freundin, Reisebegleiterin, Cheerleaderin und Kollegin, die sich ein Mädchen nur wünschen kann (Joel stimmt zu).

Ich teile alles in meinem Leben (sogar Soda in Dosen) mit Stephanie Levine. Sie ist die Gayle meiner Oprah (und manchmal auch umgekehrt). Selbst wenn wir stundenlang miteinander geredet haben, haben wir uns immer noch mehr zu sagen … und ich danke Susan Levison für ihr Verständnis.

An meine viel ältere und wunderschöne Schwester – niemand bringt mich so zum Lachen wie du, selbst wenn ich weine. *Du bist furchtbar …*

Danke an *alle* meine Eltern für ein Leben voller Liebe und Unterstützung: Mom, du hast mich immer ermutigt und bist mein größter Fan. Dad, deine Liebe zum Lesen und deine Wissbegier haben mich wahrscheinlich zu einer Autorin gemacht (und danke, dass du mir das Gefühl gibst, deine Lieblingstochter zu sein, obwohl das in Wahrheit meine Schwester ist!). Schatzi, ich weiß nicht, wie wir alle ohne dich zurechtkommen würden – du sorgst dafür, dass wir nicht verrückt werden!

An Joels Familie … Ich danke euch allen für eure bedingungslose Liebe und Akzeptanz und dafür, dass ihr den Mann, den ich für immer lieben werde, großgezogen habt. Ich bin euch allen unendlich dankbar.

Danke an meinen Blues spielenden Weltverbesserer Luis Oliart … Du bist und warst immer der beste Mann für diesen Job. Liebe, Baby.

Sophie, du bist meine Welt! Joels Güte lebt in dir, und das ist das Beste, was es gibt. Ich werde immer so verrückt nach dir sein wie an dem Tag, an dem du geboren wurdest. Das alles ist für dich, Smoosh.

Danke an die vielen Witwen und Witwer, die ich im Lauf der Jahre kennengelernt habe. Eure Geschichten und Erinnerungen sind wichtig! Ich danke euch, dass ihr sie mit mir teilt. Das ist ein Privileg. Ich wünsche euch allen weiterhin Heilung und Liebe, die ewig lebt.

Hinweis der Autorin

Die meisten Namen und persönlichen Daten wurden geändert, um die Privatsphäre der Betroffenen zu schützen.

Hat Ihnen dieses Buch gefallen?

Möchten Sie informiert werden, wenn Melissa Gould ihr nächstes Buch veröffentlicht? Dann folgen Sie der Autorin auf Amazon.de!

1) Suchen Sie auf Amazon.de oder in der Amazon App nach dem eben gelesenen Buch.
2) Klicken Sie auf den Namen der Autorin, um auf die Autorenseite zu gelangen.
3) Klicken Sie auf den »Folgen«-Button.

Noch schneller gelangen Sie zur Autorenseite, indem Sie diesen QR-Code mit Ihrem Smartphone oder Tablet scannen:

Wenn Sie dieses Buch auf einem Kindle eReader oder in der Kindle App lesen, wird Ihnen automatisch angeboten, der Autorin zu folgen, sobald Sie die letzte Seite des Buches erreicht haben.

Zeitfracht Medien GmbH
Ferdinand-Jühlke-Straße 7
99095 Erfurt, Deutschland
produktsicherheit@kolibri360.de

Druck:
CPI Druckdienstleistungen GmbH
im Auftrag der
Zeitfracht Medien GmbH
Ein Unternehmen der Zeitfracht - Gruppe
Ferdinand-Jühlke-Str. 7
99095 Erfurt